# 문제적 로맨스 심리 사전

사랑과 연애에 관한 모든 것의 심리학

# 문제적 로맨스
# 심리 사전

**당신은 어떤 스타일의 사랑을 할까?**

박성미·유지현·한민 지음

## 추천의 말

사랑이란 모든 창작자의 숙명적 소재다. 예로부터 그래왔고 지금도 그렇다. 작가 자신이 사랑의 경험으로부터 커다란 깨달음이 생기기도, 삶의 변화의 단초를 발견하기도, 또는 좌절의 크기만큼 하찮은 자신을 발견하기도 하기 때문이다. 이 모든 것을 자신이 감당하고 살기엔 웅장해져 버린 내면을 창작으로라도 다스리지 않으면 안 되는 것이다.

그리고 창작자만큼이나 독자 또한 그러한 경험에서 예외가 아니며, 그래서 우리는 사랑에 관한 이야기를 서로 공유하고, 보다 나은 이의 글과 그림과 노래로 내 사랑의 결실을 노래하거나 다시 음미하거나 또는 비극을 강화할 것이다.

하지만 나는 창작자로서 꽤 큰 결격사유가 있는데 그것은 사랑에 관하여, 연애에 관하여 다루기 어려워하는 작가라는 점이다. 내 작품의 대부분은 대체된 부성, 우정으로 치환된 사랑, 외면하는 상대에 관한 이야기만이다. 연애의 경험이 없겠냐마는 대부분의 이별을 힘들어하고 다시 떠올리기 괴롭고 그때의 나를 못마땅해하는 성정 때문일 거다.

세상은 사랑의 이야기로 가득하지만 그것에서 스스로 열외된 창작자로 살아가는 것은 꽤 괴로운 일이다. 인간이라면 대부분 겪게 되는 사랑의 감정에서 스스로 소외된 작가는 무엇으로 독자의 사랑을 갈구해야 하는가? 무엇이라도 손에 닿으면 쥐고 싶은 간절함은 여전하다. 나의 청년기 어느 때, 마침 그곳에 이 책이 있었다면 기꺼이 뽑아 들었을 텐데.

**윤태호**(만화가, 《미생》 작가)

사랑과 연애는 대부분의 인간 누구에게나 해당되는 중요한 삶의 일부다. 그런데도 이를 어떻게 생각하고 살아가야 하는지를 학교에서 배워 본 적이 없다. 그래서 검증되지도 않은 수많은 근거 없는 뇌피셜만이 넘쳐난다. 지혜로운 전문가가 친절하면서도 자세히 가르쳐 준다면 얼마나 좋을까? 그런데 그 조언이 심지어 재미있다. 하지만 그렇다고 해서 가볍다고 오해하지 말라. 현대 심리학의 연애와 애정에 관한 의미 있는 연구들을 모두 갈아 넣었다고 표현하면 딱 맞는 책이다. 다만 흥미롭고 술술 읽혀 저자들의 땀과 노력 그리고 고민을 독자들이 놓칠까 걱정일 뿐이다. 50이 훌쩍 넘은 중년 심리학자가 이 책을 읽으면서 인간과 세상사에 대해 한 수 배웠다는 느낌이 결코 싫지 않다.

**김경일**(인지심리학자, 아주대학교 심리학과 교수, 《마음의 지혜》 저자)


어릴 때 집에 책이 많았다. 이 책, 저 책 들춰보아도 만족할 수 없을 때 찾게 되는 것이 원색세계대백과 사전이었다. 아무 페이지나 펼쳐 읽기 시작하면 예상치 못한 지식을 만나고, 꼬리를 무는 상상들로 머릿속이 흥겨워지곤 했다. 그런데 무려 사랑과 애착에 대한 사전이라니. 사랑의 다양한 형태에 대한 심리학자들의 탄탄한 이론적 설명과 함께 영화와 소설 속 예시까지 만날 수 있는 책이다. 이 사전이 독자들의 마음에 어떤 기억과 느낌과 이야기를 불러일으킬지 벌써부터 설렌다.

**안주연**(정신건강의학과 전문의, 마인드맨션의원 원장, 《어쩌면 ADHD 때문일지도 몰라》 저자)

**일러두기**

1. 도서는 《 》, 논문, 영화 및 TV 프로그램 등 영상은 〈 〉로 표시했다.
2. 다양한 작품을 예시로 활용하여 사랑 스타일과 애착 유형을 분석하기 때문에, 작품들의 스포일러를 포함한다.
3. 성격장애는 정신장애 중에서도 가장 진단하기 어려운 종류다. 책에서는 '성격장애'라는 용어 대신 '성격 스펙트럼'이라는 용어를 성격적 특성을 나타내는 포괄적인 개념으로 사용하며, 성격장애로 진단 가능한 경우에서만 제한적으로 '성격장애'를 사용했다.

# 사랑이 궁금한 이들을 위한 안내서

너

누구니?

육체도 없이 영혼만으로

어스름처럼 스며든

너 누구니?

(……)

그래, 한 입으로 두말하게 만드는

너,

정말 누구니?


– 강기원, 시 〈저녁 어스름처럼 스며든〉 중에서

사랑은 눈에 보이지 않지만, 개인 내적인 역사의 흐름을 만드는 강력한 요인이다. 어떤 사랑은 우리가 더 좋은 사람이 되고 싶게 하지만, 어떤 사랑은 우리를 파멸로 이끌기도 한다. 사랑의 필요성에 대해서도 개인차가 존재한다. 누군가는 사랑의 효용성을 인정하고 사랑하길 원하지만, 또 다른 누군가는 사랑으로 인해 고통을 느끼고 사랑을 피하기도 한다. 사랑을 표현하는 방식에서도 개인 차이가 있다. 따뜻한 말이 더 중요한 사람이 있고, 말보다는 행동이 더 중요한 사람도 있다. 신체적 매력을 중요시하지만, 지적인 매력을 더 중시하기도 한다. 다자간 사랑이 가능한 사람도 있고, 일대일 관계의 사랑만이 가능한 사람도 있다. (다음 기회가 있다면 다자간 사랑에 대해서도 다룰 예정이다.)

심리학은 보이지 않는 '심리'를 다루는 학문이긴 하지만, 사랑만큼 범위가 넓고 깊이가 매우 깊은 심리 현상은 찾아보기 힘들다. 문화마다 다르게 표현되기도 하지만, 같은 문화권 내에서라도 개인마다 사랑을 보는 심리는 크게 다르다. 성별 간 다르게 볼 수도 있으면서도 성별과 문화를 초월하는 공통의 요인이 있다. 매우 사적인 영역이면서 인간의 사회관계를 구축하는 공통의 문화 요인이기도 하다. 요약하자면, 사랑의 경험은 개인마다 특별한 의미를 가지고 시기와 대상, 상황에 따라 다르게 전개되지만, 동시에 사랑의 경험은 시공간을 넘어서 문화에 구애받지 않고 이해 가능하기도 한 것이다. 사랑을 한마디로 요약하는 시도가 많았지만, 눈을 감고 거대한 코끼리의 한 부분을 만지는 것과 같이 단숨에 사랑의 전체를 파악하는 것은 불가능에 가깝다고 할 수 있다. 《문제적 로맨스 심리 사전》은 사랑을 다면적, 다층적으로 이해하기 위해 사랑에 관련된 심리학적·생리학적·진화론적 이론을 다양하게 제시했고, 이론뿐 아니라, 현재 한국을 사는 우리에게 일어나는 사랑에 관련된 현상을 면밀하게 분석하고자 했다.

첫 장으로, 무엇이 우리를 사랑으로 이끌고 사랑할 때 우리 신체에서 어떤 변화가 일어나는지에 관해 이야기했다. 많은 사람들 중 특별한 누군가를 사랑하게 되고, 우리는 그 사람을 볼 때마다 뇌의 신경전달물질을 통해 생리적으로 특정한 보상을 얻게 된다.

다음으로는 사랑에 관한 심리학 이론들로 여섯 가지 사랑 스타일과 사랑의 삼각형 이론으로 사랑의 '정체'에 접근했다. 사랑 스타일은 개인의 고유한 특성과 가치관이 낭만적 행동 패턴과 연관 지어 나타나는 것으로, 개인마다 추구하는 사랑 방식의 차이를 드러낸다. 사랑의 삼각형은 사랑의 구성 요소를 연구한 것으로, 사랑에는 친밀감, 열정, 결심/헌신이라는 세 가지 핵심 요소가 있어, 세 가지 요소가 어떻게 결합하느냐에 따라 7개의 사랑 유형으로 구분할 수 있다고 보았다. 사랑 스타일과 사랑의 삼각형 이론은 연구자에 따라 비슷하면서도 다르게 전개되는 이론으로, 독자도 두 이론을 비교·분석하면서 접근한다면 흥미로울 거라 기대한다.

사랑에 대한 심리학 이론의 마지막은 애착이다. 애착이 앞의 두 이론과 구별되는 점은 부모와 맺었던 관계 경험이 성인이 된 후 형성하는 친밀한 관계에 영향을 미친다는 것이다. 나아가 양육자가 되었을 때에도 아이와 맺는 관계에도 영향을 미친다. 《문제적 로맨스 심리 사전》에서는 성인이 맺는 친밀한 관계에 좀 더 초점을 맞춰 설명하긴 했지만, 애착을 이해할 때에 애착의 '연속적'이고 '지속적'인 특성을 기억하는 것이 좋다. 그렇지만 애착 유형 결과를 바꿀 수 없는 것으로 받아들이는 것은 위험하다. 다른 사랑 유형 이론과 마찬가지로, 애착 유형 또한 다양한 관계 경험의 누적으로 변화되어가기 때문이다.

저자들은 이론을 넘어서 지금 우리의 현실에서 사랑은 어떻게 전개되고 있는지 바라볼 필요가 있었다. 유쾌하고 가볍다가도 때론 조금 무거운, 다각도의 분석(진화심리학, 행동 분석, MBTI, 연애 관련 콘텐츠를 비롯한 현상 분석)을 통해 요즘 연인들이 사랑에 어떤 기대와 실망을 하고, 어쩌다가 많은 싱글이 사랑하는 것마저도 어려워하게 되었는지 그 과정을 풀어내었다. 또한 전작 《문제적 캐릭터 심리 사전》의 A, B, C군 성격 스펙트럼에 해당하는 10개의 성격 인물의 연애 특성, 연인 관계에서의 표현 양식, 행동 패턴 등을 다루어, 인간의 불완전한 특성이 연애에 어떤 영향을 미치는지 살펴보았다.

사랑뿐만 아니라, 사랑 이면에 있는 어두운 측면들과 관계 범죄를 다룬 장은 사랑이 어떻게 변질되어 개인뿐 아니라 사회를 병들게 만드는지 기술되었으며, 그럼에도 불구하고 많은 이들이 행복하고 안전하게 연애와 이별을 할 수 있게 심리학자로서의 조언을 잊지 않았다.

사랑은 어렵다. 그러나 못할 정도는 아니다. 포기할 필요는 더더욱 없다. 사랑이 아무것도 아니라고(nothing) 생각하는가? 그럴 수도. 하지만 사랑은 모든 것(everything)이기도 하다. 조지 엘리엇(George Eliot)의 짧은 글이 《문제적 로맨스 심리 사전》에 대한 충분한 설명이 될 거라 여기며 마지막으로 적는다.

우리의 삶이 사랑으로 통합될 때 행복을 만끽하고 위로를 받으며, 결핍과 고통의 기억은 달콤한 샘으로 바뀐다.
－ 조지 엘리엇

## • 1장 • 무엇이 우리를 사랑에 빠뜨리는가?

## • 2장 • 나만의 사랑 스타일을 찾아라

## • 5장 • 요즘 연애, 어때?

## • 6장 • 성격 스펙트럼과 문제적 로맨스

1장

♥

# 무엇이 우리를
# 사랑에 빠뜨리는가?

박성미

# 사랑에 빠지는 순간

왜 특별한 어떤 아가씨가 우리의 마음을 뒤흔들까?

– 윌리엄 제임스(미국 심리학자)

윌리엄 제임스의 표현처럼 우리는 특별한 누군가를 사랑하게 된다. '사랑하게 된다'라고 수동적으로 표현할 수밖에 없는 건 사랑에 빠질 때 보이지 않는 어떤 힘이 작용하는 것처럼 보이기 때문이다. 사랑에 빠질 생각이 없었는데 강의실에서 만난 어떤 여학생을 강의실 밖에서 보고 이야기 나누며 사랑에 빠지게 되고(영화 〈건축학 개론〉), 즐거운 우연이 겹쳐 사랑해서는 안 될 사람을 사랑하게 되기도 한다(영화 〈언페이스풀〉). 옛날 사람들도 그런 힘을 느꼈는지 그리스 신화에 에로스라는 인물을 등장시켜 사람들에게 사랑에 빠지게 하는 화살을 쏘며 장난치는 모습을 그렸다. 이토록 사랑이

**문제적 로맨스 심리 사전**

란 예측할 수 없는 '사고' 같기도 하면서도 우리는 소수의 특정한 사람에게만 사랑을 느낀다. 그렇다면, 우리가 사랑에 빠질 때 대체 무슨 일이 일어나는 것일까?

## 사랑에 필요한 3요소

우리는 살면서 많은 사람들을 만나지만, 그들을 모두 사랑하진 않는다. 친하게 지내더라도 그 중 아주 소수의 사람과 사랑에 빠지고, 지속적으로 사랑하기로 결정한다. 사랑은 낯선 대상을 나의 일부로 받아들이는 과정으로, 우리는 가족을 떠나 낯선 사람과 깊은 연대를 이룬다. 각자의 경험은 다르겠지만, 일반적으로 사람들이 사랑에 빠지는 데 필요한 요소가 무엇일까? 이에 대한 사회심리학자들의 답은 신체적 매력과 친숙성, 유사성이다.

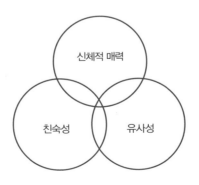

**사랑에 빠지는 데 필요한 (매력) 3요소**

## 신체적 매력, 가장 강력한 호감을 느낀다

시각으로 경험할 수 있는 아름다움은 사랑에 빠지게 하는 데 가장 강력한 요소이다. 얼마나 강력한지 우리는 TV나 모바일 화면에 나오는 아이돌이나 배우를 보기만 했는데도 사랑에 빠지기도 한다. 우리는 아름다운 사람을 보면 기분이 좋아지고, 그 존재에 더 오래 눈이 머무는 경향이 있다. 신체적 매력은 그 자체로 우리를 단번에 사로잡는 감정적·행동적 요인이다.

이성에게 호감을 가질 때 신체적인 매력의 중요성을 검증한 재밌는 실험이 있다. 연구자들은 남녀 대학생들이 즐거운 시간을 보내고 있는 댄스 파티에 들어가, 파티의 중간 휴식 시간에 익명으로 설문지를 통해 자신의 데이트 상대를 평가하게 했다. 연구자들은 만약의 경우를 대비해 파티 참석자들 개개인의 성격 검사 점수도 받아놓았지만, 그들이 파트너로부터 호감을 갖는데 기여한다고 답한 요인은 신체적 매력뿐이었다. 지능, 사교, 기술, 성격 중 어떤 요인도 파트너들에 대한 매력을 느끼는데 영향을 미치지 못했다.[1] 이와 관련된 다른 연구들에서도 호감을 느끼는데 신체적 매력이 중요하게 작용한다는 결과가 일관되게 도출되었으며, 연애와 결혼을 결정할 때도 매우 중요한 요인으로 작용한다는 것을 알 수 있었다.[2] 그러나 외모뿐 아니라, 목소리가 호감을 갖는데 중요하다는 연구가 있다. 이 연구에서도 여전히 외모를 포함한 자세, 표정, 눈빛, 행동, 태도 등의 시각적 요소가 호감을 갖는 데 가장 강력한 요인(58%)이었지만, 의사소통할 때 발음이나 발성, 호흡, 말투 등

**문제적 로맨스 심리 사전**

의 청각적 요소 또한 호감을 갖는데 큰 영향을 미쳤다(38%). 이는 '머레이비언 법칙'[3]으로 UCLA 심리학자 앨버트 머레이비언(Albert Mehrabian)의 이름을 따서 의사소통에서 시각적 요소와 청각적 요소의 중요성을 뜻하고 있다.

다행스럽게도 신체적 매력만이 능사가 아니라는 연구 또한 있다. 장기적인 관계를 맺을 상대를 선택할 때에는 단기적 관계를 맺을 상대를 선택할 때보다는 신체적 매력의 중요도가 감소한다는 결과의 연구다.[4] 신체적 매력 말고도 우리를 사로잡는 요인이 더 있기 때문이다.

## 친숙함, 오래 보아야 아름답다

TV에 나오는 연예인에게 호감을 느끼게 되는 이유는 신체적 매력 말고도 친숙하기 때문이다. 자주 보게 되면 그 사람의 얼굴에 친숙함을 느끼며, 동시에 '내가 이 사람을 잘 알고 있다'는 안정감을 갖게 된다. 반대로 낯선 얼굴의 경우, 우리는 그 사람에 대한 정보가 충분하지 않기 때문에 긴장하게 된다. 외모가 출중한 낯선 얼굴의 경우에도 긴장하긴 마찬가지이지만, 신체적 매력으로 낯설음에서 오는 긴장감을 기분 좋게 해석할 뿐이다. 그러나 신체적 매력만으로 호감을 얻고 사랑을 하는 데에는 충분하지 않다. 신체적 매력만큼이나 우리를 사로잡는 강력한 요인은 친숙함이다. 시 구절에도 그런 것이 있지 않은가. '오래 보아야 아름답다'. 이 문장은 누구에게나 아름다움이 있어 오래 보면 발견할 수 있다는 뜻이 되지만,

오래 보다 보면 친숙함으로 인해 아름답게 느끼기도 한다는 뜻도 된다.

단순히 노출의 빈도만 높였는데도 불구하고 호감이 증가되었다는 연구가 있다. 연구자가 실험 참가자들에게 여러 명의 얼굴 사진들을 보여주고 호감을 평가하게 했다. 참가자들에게 제시한 얼굴 사진들 중 어떤 사람의 얼굴은 자주 제시되었고 어떤 사람의 얼굴은 한 번만 제시되는 등 빈도수를 다르게 했다. 그랬더니, 놀랍게도 단순히 특정한 얼굴을 자주 보았을 뿐인데도 그 얼굴이 좋다고 답했으며, 사진 속 인물을 실제로 만난다 하더라도 더 좋아하게 될 거라고 응답했다.[5]

다른 연구에서도 친숙한 얼굴을 더 선호한다는 결과를 도출했는데, 실험은 아주 간단하다. 실험 참여자의 얼굴을 카메라로 찍어 사진으로 제시해서 실험 참여자와 참여자의 지인들에게 더 좋은 사진을 선택하게 했는데, 실험 참여자의 경우에는 68%가 거울에 비친 얼굴상의 사진을 더 선호했고, 참여자의 애인이나 친구는 그중 61%가 자신들이 보는 각도에서의 본래 얼굴상을 더 선호했다.[6] 너무나 당연한 결과이지만, 똑같은 사람의 얼굴임에도 자신이 자주 보았던 각도의 얼굴을 더 선호했다.

이 글을 읽는 사람 중 만약 짝사랑하는 사람이 있다면, 그 사람에게 당신에 대한 친숙성을 높여 호감을 증가시키게 하는 방법이 하나 있다. 아주 단순한 방법인데, 그 사람 가까이에 자주 가야 한다. 꼭 의식하고 있지 않더라도 당신의 얼굴을 자주 본다면, 그 사

문제적 로맨스 심리 사전

람이 당신에게 호감을 가질 가능성이 높다. 거기에 하나 더. 가까이 있으면 있을수록 좋다. 이를 '근접성의 효과'라고 할 수 있는데, 어떤 사람과 가까이 있는 것만으로도 우리는 그 사람과 친해질 확률이 높다.

예를 들어, 짝사랑 대상이 카공족이라면 그 사람이 자주 가는 카페에 가서 그 사람이 앉은 테이블 옆 테이블에 앉는 것이다. 이를 검증한 실험[7]이 있는데, 이 실험 또한 매우 단순하다. 실험 참여자들에게 설문을 하나 해달라고 하고, 실험 참여자가 설문을 하는 동안 실험 도우미가 참여자 가까이에 앉는 경우와 참여자를 혼자 두는 경우로 나누었다. 그런 뒤 마지막으로 도우미에 대한 호감을 묻는 문항들에 응답해야 했다. 결과는 실험 도우미가 참여자 가까이에 앉는 경우 더 매력적으로 느낀다고 답했다. 그러나 여기에 한 가지 더 변인을 추가했는데, 도우미가 친절한 경우와 친절하지 않은 경우였다. 충분히 예상 가능한 대로 친절한 도우미가 가까이에 앉아있을 때에는 호감이 증가했다. 재밌는 건 그 반대의 경우다. 불친절한 도우미가 가까이에 앉은 경우에는 오히려 호감이 감소했다. 근접성은 타인에 대한 최초 반응의 강도를 증가시킬 뿐이었다.

그러니 여러분도 본인이 가진 강점, 이왕이면 실험처럼 친절한 혹은 다정한 모습을 드러내며 짝사랑 대상 가까이에 머무는 것이 효과적일 것이다. 영화에서 괜히 이성을 유혹할 때 일부러 같은 장소에서 자주 마주치고 그 사람 앞에서 강아지를 예뻐한다거나 그 사람이 위험에 빠졌을 때 도와주는 것이 아니다. 다 심리학 이론에 근거한 효과 있는 방법이다. (주의! 현실에서는 영화에서처럼 지나치게 조작하다 들키면 호감이 반감되어 다신 못 볼 수도 있다. 그러니, 자연스럽게!)

## 유사성, 비슷한 사람에게 끌린다

누군가에게 호감을 갖게 하고, 사랑으로 발전시키게 하는 마지막 요인은 유사성이다. 자주 만나 친하게 지내는 아름다운 외모를 가진 사람에게 끌리면서도 특별한 관계가 될 만큼 끌리지 않는다면, 나와 닮은 부분이 많다고 느끼지 않기 때문이다. 한국에서는 아직 다양한 인종을 자주 접하지 않지만, 미국은 '이민자의 나라'인 만큼 다양한 인종이 어울려 산다. 그런데 미국의 결혼한 부부에 대한 연구를 보면 95% 이상이 같은 인종에, 대부분 같은 종교를 가지고 있었다. 또한 남편과 아내가 연령, 교육 수준, 사회 경제적 지위 같은 사회적 특징들뿐 아니라, 지능과 같은 특징과 신장, 눈동자 색깔 같은 신체적 특징에서도 서로 유사함을 발견했다.[8] 연애 중인 커플에 대한 연구에서도, 연구가 진행될 당시에 커플끼리 서로 배경이 유사했을 경우에 1년 후에도 여전히 연애를 이어 나가고 있을 가능성이 높았다.[9] 비슷한 사람들끼리 연애와 결혼을 할 가능성이 높을 뿐 아니라, 상대의 외모를 평가할 때도 자신과 비슷하게 생긴 사람을 좋아하며, 매력도 수치가 비슷하게 나온 상대를 원한다.[10] 일명 '끼리끼리' 만나게 되는 것이다.

왜 우리는 '나'와 비슷한 사람을 선호할까? 대인관계적 측면에서 살펴봤을 때 가장 설득력 있는 설명은 '우리는 스스로의 의견과 선호에 가치를 두고 있어, 내 선택이 옳고 타당함을 인정해 주는 사람을 만나고 싶어한다'는 것이다. 의도하지 않았어도 함께 있는 것만으로 '자기존중감'을 높여주는 사람과 함께 있기를 좋아한다.

우리는 일상에서 상극에 있는 너무 다른 인물들이 서로를 끌어당기는 것과 같은 경우 또한 종종 마주하게 되는데, 서로 다른 매력이 상보적으로 작용할 수 있지 않을까 기대하게 된다. 그러나 어느 특별한 순간 서로 다른 특성이 매력적으로 느껴질 수는 있어도 관계를 지속하게 하는 힘은 상보성보다는 유사성에 있다.[11] 사랑은 어느 한순간 일어나는 단일한 사건(event)이기도 하면서 동시에 사건의 연속이며, 지속적으로 개인이 선택하는 과정과 결단이기도 하다. 그러니, 나와 너무 다른 배경과 가치관을 가진 사람에게 반할 수는 있어도 그 사람과 삶을 공유하는 데에는 큰 어려움이 있다. 신체적 매력과 친숙성에 이어 마지막 유사성까지, 사랑의 3요소를 모두 접한 당신은 약간 맥이 빠질 수도 있다. 그럼, 우리 같이 평범한 사람은 차은우나 수지와 같은 존재와 사랑할 수 없다는 말 아닌가. 이 말은 맞기도 하고, 틀리기도 하다. 차은우와 수지가 당신에게서 자신과 닮은 점을 많이 발견하고, 그로 인해 항상 곁에 있어 준 당신에게서 많은 위안을 받게 된다면 신체적 매력 요소가 그들만큼 높지 않더라도 그들과 맺어질 수 있다. 그런데 당신의 삶에 그게 어떤 의미가 되는지가 더 중요하다. 우리는 서로에게 의미가 되는 사람을 만나 메마른 삶을 더 풍요롭게 느낄 필요가 있다.

# 사랑할 때 뇌에서 일어나는 일들

사랑의 경험은 개인마다 특별한 의미를 가지고 시기와 대상, 상황에 따라 다르게 전개된다. 그럼에도 먼 옛날 에로스와 프시케의 사랑 이야기나 한국에서 멀리 떨어진 케냐의 사랑 이야기에도 감동을 받는다. 이는 인간이라 부르는 호모 사피엔스의 사랑에 공통점이 있기 때문이다.

현대 의학 기술의 발달로 뇌과학이 주목 받으면서 사랑의 경험에 영향을 미치는 생물학적 요인이 밝혀지고 있다. 사랑할 때 우리 뇌에서는 어떤 일들이 벌어지는지 알아보는 연구들이다. fMRI를 이용해 사랑의 유형과 대상에 따라 활성화되는 뇌의 영역이 다르다는 것을 확인했고, 특정한 호르몬이나 신경전달물질에 의해 사랑의 경험과 가치 부여가 어떻게 달라지는지 알 수 있었다. 이 챕터에서는 사랑할 때 우리 몸 안에서 벌어지는 현상에 대해 살펴보고자 한다. 뇌과학은 우리의 몸 안에서 벌어지는 현상을 통해 인간이 종의 번식을 위해 왜 '사랑'을 선택하게 했는지 이해하게 해주었다. 우리 안에서 분비되는 호르몬들을 통해 인간은 특별한 소수의 사람과 상호의존적인 관계를 형성해, 관계를 통해 개인과 집단의 생존과 행복을 긴밀하게 연결했다.

## 사랑의 호르몬

### 옥시토신, 바소프레신

태어나자마자 부모와 맺는 친밀감과 유대감을 형성하는 긴밀한 애착 경험은 옥시토신과 바소프레신과 같은 호르몬에 영향을 받는다. 옥시토신과 바소프레신은 뇌하수체 후엽 가운데에서 분비되는 신경전달물질로, 불안을 완화하고 편안함과 행복감을 느끼게 한다. 특히 옥시토신은 여성의 자궁 근육을 수축하고, 진통을 촉진하며, 유선을 자극하여 젖의 분비를 촉진하기 때문에, 산모가 아이를 출산하는 과정에서 살이 찢어지고 내장이 재배열하는 과정에서 겪는 극심한 통증을 완화해 준다. 산모가 아이를 품에 안는 순간 엄청난 양의 옥시토신이 분비되어, 이를 '옥시토신 샤워'라 부르기도 한다.

옥시토신은 산모가 아이와 깊은 연결감을 느끼게 하는 데에도 영향을 주어, 아이를 보호하고자 하는 모성 행동을 촉진한다. 동일한 상황에서 아버지의 경우, 산모와 같이 길고 격렬한 신체 변화를 겪지 않기 때문에 '옥시토신 샤워'와 같은 호르몬 효과를 경험하지 못한다. 그러나 아이의 존재를 천천히 받아들이며, 옥시토신의 분비도 아이와 함께 하는 시간에 비례하여 천천히 증가한다. 오래 사귄 연인의 경우에도 옥시토신과 바소프레신의 영향을 받아, 서로에게서 안정감을 느낀다. 옥시토신과 바소프레신은 특별한 관계를 통해서만 분비되는 것이 아니라, 개인이 사회적 인정을 받을 때에도 분비되는 것으로, 가장 '관계를 촉진'하는 호르몬이라 할 수 있다.

## 테스토스테론, 에스트로겐

한 인간이 2차 성징의 사춘기가 되면 성호르몬이 왕성하게 분비되는데, 이때 분비되는 테스토스테론과 에스트로겐은 낭만적 사랑을 꿈꾸고 성적 욕구를 느끼는 데 영향을 미친다. 사춘기 아이는 처음 겪어보는 성호르몬의 분비와 함께 사랑을 경험하게 되고, 처음 겪는 일이다 보니 이 시기의 사랑은 어딘가 모호한 데가 있다. 이전에는 관심도 없던 누군가에게 우연한 기회로 강렬한 감정에 휩싸이다가도 갑자기 감정이 휘발되기도 하고, 직접 만나기도 어려운 연예인을 목숨을 걸고 사랑하기도 한다. 아직 성호르몬이 안정화되지 않아 그럴 수 있으며, 따라서 이 시기의 사랑은 이후에 가끔 생각나면 '이불차기'를 하게 하는 풋사랑일 가능성이 높다.

## 도파민, 세로토닌, 노르에피네프린

사춘기 이후로 우리는 여러 번의 사랑을 경험한다. 사랑에 있어, 옥시토신과 바소프레신, 성호르몬인 테스토스테론과 에스트로겐에 더해 관여하는 호르몬이 도파민, 세로토닌, 노르에피네프린이 있다. 도파민이 분비되면 우리는 신체와 정신이 각성된 것처럼 느껴지며, 생존 본능을 자극하여 빠르게 움직일 준비를 한다. 도파민 분비는 우리를 흥분하게도 하고 억제하기도 하는데, 발현되는 세포 부위와 수용체에 따라 결과가 달라진다. 세로토닌은 행복감을 느끼는데 관여하는 호르몬으로, 기분이나 식욕, 수면 등의 조절에 관여한다. 마지막으로 노르에피네프린은 교감신경계를 자극해 집중력을 증가시키고 스트레스에 강한 효과가 있다. 일반적으로 세로토닌과 노르에피네프린의 재흡수를 막아 두 호르몬의 영향을 지속시키는 약이 우울증 치료에 쓰인다.

　도파민과 세로토닌, 노르에피네프린의 효과를 통해 우리가 사랑에 빠졌을 때 충분히 안 자고 안 먹어도 활동이 가능할 뿐 아니라, 행복감에 빠져 허우적대는 이유가 설명된다. 이 세 호르몬은 특정한 이성에게 강렬한 매력을 느끼고 그 사람만을 바라보게 하고, 자꾸 가까이하고 싶어지게 만든다.

# 낭만적인 사랑의 3단계

헬렌 피셔(Helen Fisher)는 미국의 생물인류학자로, 사랑에 대한 연구자로도 유명하다. 피셔는 낭만적 사랑은 세 단계의 경험으로 구성되어 있으며, 세 단계를 '갈망(lust) – 매혹(attraction) – 애착(attachment)'으로 명명하여 단계에 따라 사랑의 양상과 호르몬을 설명했다.

## 1단계: 갈망

아직은 특정 대상 없이 사랑에 대한 갈망(lust)이 생기는 시기로, 막연한 결핍감을 느끼며 갈망을 채워줄 사람을 찾아 헤맨다. 이 시기에 관여하는 호르몬은 성호르몬인 테스토스테론과 에스트로겐이다. 성호르몬은 성적 관심을 증가시켜 잠재적 섹스 파트너를 찾아 헤매게 하는데, 인간의 경우에는 그 순간 외로움을 느끼며 사랑에 빠질 준비가 되어있다고 할 수 있다.

## 2단계: 매혹

이제 막연한 결핍감으로 인한 갈망을 지나, 특정 대상에게 강렬하게 이끌린다. 매혹(attraction) 단계는 '사랑에 빠졌다'고 느끼는 시기로, 그 대상에게 가까이 가고 싶고 그 대상에게 관심을 받고 싶어진다. 이 시기에는 도파민, 세로토닌, 노르에피네프린(노르아드레날린)이 관여하여 열정적인 사랑을 경험하게 한다. 세 신경전달물질로 인해 뇌의 쾌락 중추가 자극되어 그 사람을 떠올리는 것만으로도 황홀감을 느끼고, 심장이 고장난 것처럼 뛰기 시작한다. 먹지 않고 자지 않아도 멀쩡해서 자꾸 특정 상대에게 어떻게 하면 다가갈 것인지, 어떻게 하면 그 사람과 자신이 특별한 관계가 될 것인지에만 관심을 기울인다.

그러나 안 먹어도 배부르고 잠을 안 자도 피곤하지 않은 시기는 그렇게 오래가지 않는다. 어느 정도 시간이 흐르면 점점 그 강도가 약해지게 되며, 짧게는 6개월에서 길게는 3년 정도 지속된다. '사랑의 유효기간', '낭만적 사랑의 시간'이라고 부르는 기간이 이 단계를 뜻한다.

### 3단계: 애착

마지막 사랑의 단계는 애착(attachment)으로, 장기적 관계를 통해 특정 대상과 정서적 유대감을 형성하는 시기이다. 갈망과 매혹은 일시적 현상이지만, 애착은 두 사람의 신뢰를 기반으로 하여 견고한 관계를 구축한 사랑의 경험이다. 이 단계에서는 옥시토신과 바소프레신에 의해 영향을 받으며, 특정 대상과의 관계에서 친밀감과 안정감을 느낀다. 혼자 있을 때보다 더 안전하고 편안함을 느끼게 하기 때문에, 때로는 함께 있다 헤어질 때 분리불안을 경험하기도 한다. 이 단계에서는 둘 사이에 끊을 수 없는 연대, '정'이 쌓인 단계라 할 수 있다.

# 2장

# 나만의
# 사랑 스타일을 찾아라

박성미

# 사랑에 대한 가치관

카페에 두 남녀가 테이블을 가운데 두고 마주 앉아있다. 두 사람 중 여자는 의자 등받이에 등을 기대고 팔짱을 끼고 다리를 꼬고 있다. 고개는 갸우뚱거리고 표정은 뾰로통하고 지겨워보인다. 반면, 남자는 의자에 반만 걸터앉은 채 책상에 팔꿈치를 대고 여자에게 온 신경을 집중하고 있는 것 같다. 남자의 표정은 절실해 보이고 여자에게 끊임없이 말을 건네고 있다. 지금 둘은, 아니 남자는 사랑했던 지난 시간에 대해 이야기하고 있다. 남자는 여자에게 자신이 여자와 만나는 동안 얼마나 헌신했는지 말하고 있고, 여자는 이제 남자와의 미래가 별 가치가 느껴지지 않는다고 말하고 있다. 곧이어 여자는 자리에서 일어나 카페를 나가버린다. 남자는 여자를 따라나가 여자의 손목을 붙잡아 보지만, 여자는 남자의 손을 뿌리치고 카페 앞에서 사라진다. 남자는 카페 앞에 고개를 숙인 채 한동안 혼자 서 있다가 여성의 반대편으로 사라진다.

사랑은 대체 무엇일까? 이 글을 읽는 당신은 사랑을 무엇이라고 생각하는가? 방금 이별한 저 연인에게 물어보면, 남자는 사랑에 대해 '한 사람이 다른 한 사람에게 자신의 모든 것을 내주는 헌신(헌신형)'이라고 말할 것이고, 여자는 '하나보다는 둘이 있을 때 어떤 가치를 2+α로 만들 수 있는 결합(실용형)'이라고 말할 것이다. 남자와 여자는 사랑으로 하나로 묶였지만, 이별을 통해 사랑에 대해 두 사람이 서로 다른 정의를 내렸고 추구하는 바가 다르다는 것을 알게 되었다.

> 사랑의 문제는 경험하면 할수록 점점 더 높이 솟아오르는 거대한 산처럼 여겨진다.
> -칼 융, 《사랑에 대하여》

수많은 영화와 소설, 음악은 사랑에 대해 이야기하고 있다. 사랑에 관한 이야기는 시대, 시간과 공간을 초월해서 전혀 다른 시공간에 있는 사람들에게도 울림을 준다. 셰익스피어의《로미오와 줄리엣》은 430여 년의 시간이 흘렀어도 영국뿐 아니라, 여러 나라의 사람들에게 이루어질 수 없는 사랑 이야기로 알려져 있다.

사랑이라는 주제는 우리에게 헤아릴 수 없이 아주 오래전부터 현재에 이르기까지 강력한 영향을 미치고 있다는 건 분명하다. 그러나 사랑에 대한 이야기가 모두 동일한 모습을 하고 있진 않다. 《로미오와 줄리엣》의 두 연인은 첫눈에 반하자마자 서로에게 강렬하게 이끌려 며칠 사이에 삶과 죽음의 기로에 서지만, 영화 〈해리가 샐리를 만났을 때〉의 해리와 샐리는 십여 년 동안 친구로, 서로를 놀리고 상대의 아픔에 공감하다가도 날 선 충고를 하며 지낸다. 그러다 어느 순간, 서로에게서 이성적인 끌림이 동반된 '특별함'을 발견하고 연인이 된다. 《로미오와 줄리엣》의 사랑과 〈해리가 샐리를 만났을 때〉의 사랑은 둘 다 '사랑'으로 불리지만, 서로 다른 속성을 지니고 있는 것 같다.

개별적인 사례로 들어가면, 사랑에 빠진 남녀가 서로 다른 사랑을 하고 있을 수 있다. 《위대한 개츠비》의 개츠비가 사랑하는 대상인 데이지는 열정적인 감정보다는 보석과 화려한 생활을 할 수 있게 하는 부유함을 더 추구한다. 데이지에게 사랑이란, 나에게 호화로운 생활을 안겨다 줄 사람이다. 그걸 안 개츠비는 젊은 시절 사랑했던 데이지를 되찾기 위해 수단과 방법을 가리지 않고 부를 축적하여 다시 데이지 앞에 나타난다. 개츠비의 사랑과 데이지의 사랑을 같다고 할 수 있을까? 그렇게 보긴 어렵다.

이야기가 아니라 현실에서도 우린 아무리 친한 관계라 하더라도 사랑의 방식, 사랑에 대해 갖는 생각과 태도에 동조할 수 없을 때가 자주 있다. 나는 사랑에 친밀감과 함께 보내는 시간이 중요하다고 생각하는데, 내 친구는 사랑을 유지하려면 육체적 끌림이 중요하기 때문에 시간 따윈 중요하지 않고 오히려 자주 안 만나는 걸 좋다고 할 수 있다. 그 친구는 '사랑'이라는 단어에 친밀감이 내포되어 있다고 느껴지면 "그런 사랑 따위 필요 없어!"라고 말할지도 모른다. 이는 우리가 아무리 친한 사이라 하더라도 각자 '사랑'에 대해 정의하는 것이 다르기 때문이다.

'사랑'과 '사랑하는 대상'에게 어떤 의미를 두는가에 따라 개인마다 사랑이 시작될 때, 연애 과정은 물론, 사랑을 상실할 때에도 서로 다른 태도를 보인다. 다시 표현하자면, 사랑에도 개인이 갖는 신념, 가치관, 관계에 대한 바람 등에 따라 '사랑 스타일(Love Style)'이 형성되는 것이다.


## 사랑 스타일은 사람마다 다르다

캐나다 심리학자 존 앨런 리(John Alan Lee)는 시대를 초월하여 현재까지 전해져오는 낭만적인 사랑 이야기가 담긴 시에서부터 소설, 철학, 사회과학적인 글의 다수를 모아 분석한 뒤 인터뷰 결과까지 더해 데이터를 분석한 결과, 색의 3속성처럼 사랑에 있어 기본적인 유형 세 가지를 도출해냈다.[1] 이후 미국의 심리학자 클라이드 헨드릭과 수잔 헨드릭(Clyde Hendrick and Susan S. Hendrick)이 사랑에 대한 리의 '사랑의 삼원색' 이론을 더욱 발전시켜, 사랑이란 복잡한 경험을 분석하기 위해 세 가지 기본적인 사랑 유형의 혼합으로 세 가지 유형을 더 추가해, 총 여섯 가지의 사랑 스타일을 정립했다. 헨드릭스[2]는 사랑의 스타일을 다양한 감정적 핵심 요소를 포함하는 태도·신념 시스템으로 해석했으며, 개인의 특성 (personality), 낭만적인 행동 패턴과 연관지었다.[3] 쉽게 표현하자면, 사람마다 사랑에 대한 기대와 행동이 달라, 총 여섯 가지 스타일로 나눌 수 있다는 것이다. 사랑 스타일 이론을 받아들이는 데 있어 주의할 점은 개인마다 더 선호하는 특정 유형이 있지만, 사랑하는 사람에 따라 다르게 나타나며, 선호하는 유형 또한 나이가 들며 다른 가치관에 따라 함께 변할 수 있다는 점이다. 또한, 사랑 스타일은 어린 시절 부모와의 관계에 영향을 받지 않으며, 개인의 고유한 특성에 기인한다.

기본적인 사랑 스타일은 에로스(eros)와 루두스(ludus), 스토르게 (storge)다. 에로스는 열정적이고 육체적인 끌림이 있는 사랑을 뜻하며, 루두스는 게임과 같이 즐기는 사랑, 스토르게는 친근하고 따뜻한 우정과 같은 사랑을 뜻한다.

그 다음 세 가지 유형은 프라그마(pragma), 마니아(mania), 아가페(agape)로 기본적인 사랑 스타일의 혼합이다. 프라그마는 논리적이고 실제적인 사고에 기반한 사랑을 뜻하며, 스토르게와 루두스가 혼합된 유형이다. 마니아는 사랑의 대상에게 집착하고 몰두하는 사랑을 뜻하며, 에로스와 루두스의 혼합된 유형이다. 마지막으로 아가페는 이타적이고 한없이 베푸는 사랑으로, 에로스와 스토르게의 혼합이다.

리와 헨드릭스는 모두 영어권 학자들로, 사랑의 '기본적인 속성'

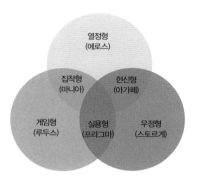

여섯 가지 사랑 스타일

을 강조하기 위해 라틴어 명칭을 사용했다. 따라서 이 책에서는 그들과 전혀 다른 문화권에 사는 독자들을 위해 유형별 특성을 더 잘 살린 이름으로 대체하려 한다. 이 책에서 사용할 여섯 가지 사랑 스타일의 명칭은 다음과 같다.

(1) 에로스(eros) – 사랑하는 사람에 대한 강렬한 육체적 갈망이 있는 **열정형**

(2) 루두스(ludus) – 마음에 드는 상대를 정복하여 승자와 패자가 나뉘는 **게임형**

(3) 스토르게(storge) – 천천히 서로에 대한 이해와 신뢰를 구축하는 **우정형**

(4) 프라그마(pragma) – 논리적으로 서로가 함께 해야 하는 이유를 찾는 **실용형**

(5) 마니아(mania) – 사랑하는 사람을 이상화하여 현실적 감각을

잃는 **집착형**

(6) 아가페(agape) – 자신보다 사랑하는 사람의 안위를 우선시하

는 **헌신형**

## 나의 사랑 스타일은?

'사랑 태도 척도(LAS; Love Attitude Scale) 24'[4]는 당신의 사랑 스타일을 알아보는 것으로, 당신과 당신의 연인에 대한 생각을 묻는 문항들로 구성되어 있다. 각 문항에 따라 당신의 모습에 가장 가깝다고 생각하는 점수에 체크하면 된다.

| 문항 | 전혀 그렇지 않다 | | | | 매우 그렇다 |
|---|---|---|---|---|---|
| 1. 우리의 만남은 운명이라는 느낌이 들어요. | 1 | 2 | 3 | 4 | 5 |
| 2. 우리는 정말 서로를 잘 이해해요. | 1 | 2 | 3 | 4 | 5 |
| 3. 그 사람의 외모는 딱 제 이상형이에요. | 1 | 2 | 3 | 4 | 5 |
| 4. 그 사람과 저는 속궁합이 잘 맞아요. | 1 | 2 | 3 | 4 | 5 |
| 5. 상대가 저에 대해 몰라도 큰 문제는 되지 않을 거라고 생각해요. | 1 | 2 | 3 | 4 | 5 |
| 6. 가끔은 상대가 다른 상대에 대해 모르게 해야 할 때가 있어요. | 1 | 2 | 3 | 4 | 5 |
| 7. 다른 사람과 제가 한 일에 대해 알면 지금 만나는 상대가 화를 낼 거예요. | 1 | 2 | 3 | 4 | 5 |
| 8. 지금 사귀는 사람뿐 아니라 많은 다른 상대와 '게임처럼 사랑을 하는 것'을 즐기는 편이에요. | 1 | 2 | 3 | 4 | 5 |

| | | | | | |
|---|---|---|---|---|---|
| 9. 우리의 사랑은 오랜 우정에서 비롯되었기 때문에 어떤 사랑보다도 최고라고 생각해요. | 1 | 2 | 3 | 4 | 5 |
| 10. 우리는 우정으로 시작해서 조금씩 사랑으로 발전했어요. | 1 | 2 | 3 | 4 | 5 |
| 11. 우리의 사랑은 신비스럽고 불가사의한 감정이 아니라 진정으로 깊이 있는 우정이에요. | 1 | 2 | 3 | 4 | 5 |
| 12. 우리의 애정관계는 좋은 우정에서 발전했기 때문에 만족도가 매우 커요. | 1 | 2 | 3 | 4 | 5 |
| 13. 상대를 고를 때 저의 가족에 대해 어떻게 생각하는 지를 주로 고려해요. | 1 | 2 | 3 | 4 | 5 |
| 14. 상대를 고를 때 가장 중요한 요소는 좋은 부모가 될 수 있는지 여부에요. | 1 | 2 | 3 | 4 | 5 |
| 15. 상대를 고를 때 제가 일을 하는 것에 대해 어떻게 생각하는 지를 고려해요. | 1 | 2 | 3 | 4 | 5 |
| 16. 깊은 관계로 발전하기 전에 아이를 가질 경우에 대비해 유전인자가 적합한지 알아보려고요 해요. | 1 | 2 | 3 | 4 | 5 |
| 17. 상대가 저한테 관심을 갖지 않으면 속이 뒤집히는 기분이에요. | 1 | 2 | 3 | 4 | 5 |
| 18. 사랑에 빠진 이후로는 다른 일에 집중하기가 어려워요. | 1 | 2 | 3 | 4 | 5 |
| 19. 상대가 다른 사람과 있다는 의심이 들면, 마음을 가라앉힐 수 없어요. | 1 | 2 | 3 | 4 | 5 |
| 20. 잠깐 동안이라도 저를 무시하면 관심을 얻으려고 바보스러운 짓을 해요. | 1 | 2 | 3 | 4 | 5 |
| 21. 상대를 괴롭히느니 제가 괴로운 게 나아요. | 1 | 2 | 3 | 4 | 5 |
| 22. 제 행복보다 상대의 행복을 더 우선시하지 않으면 행복할 수 없어요. | 1 | 2 | 3 | 4 | 5 |
| 23. 상대가 바라는 것을 들어주기 위해 제가 원하는 것을 기꺼이 포기하는 편이에요. | 1 | 2 | 3 | 4 | 5 |
| 24. 상대를 위해서라면 무엇이든지 참을 수 있어요. | 1 | 2 | 3 | 4 | 5 |

**문제적 로맨스 심리 사전**

**채점 방식**

각 문항에 응답한 점수를 다음의 유형 별로 합산한다. 문항 1~4, 문항 5~8, 문항 9~12, 문항 13~16, 문항 17~20, 문항 21~24를 각각 합산한 뒤 적어보자.

- 열정형 (문항 1.~4.)　　　　　　　[　　　　　　]점
- 게임형 (문항 5.~8.)　　　　　　　[　　　　　　]점
- 우정형 (문항 9.~12.)　　　　　　[　　　　　　]점
- 실용형 (문항 13.~16.)　　　　　[　　　　　　]점
- 집착형 (문항 17.~20.)　　　　　[　　　　　　]점
- 헌신형 (문항 21.~24.)　　　　　[　　　　　　]점

첫 번째로 살펴볼 것은 가장 점수가 높은 유형은 무엇인지 알아보고, 다음으로는 각 유형의 점수가 골고루 분포되어 균형을 이루지, 아니면 한 유형의 점수가 유독 높은지 알아본다. 이를 통해 여러분이 사랑할 때의 태도와 행동, 사랑에 대해 갖는 가치관을 파악할 수 있다.

# 열정형, 불새의 사랑

'사랑'이라고 했을 때 많은 사람들의 머릿속에 연상되는 사랑의 속성이 바로 열정적 사랑(eros)이다. 로미오와 줄리엣도 열정적 사랑이고, 많은 이들의 첫사랑 또한 열정적 사랑에 해당한다. 열정적 사랑의 다른 표현은 Romantic love로, '사랑에 빠지는 경험', 사랑으로 인해 병이 드는 것과 같은 '열병'을 앓게 한다. 많은 예술 작품에 열정적 사랑, 열정형의 인물들이 등장해 많은 방해물을 넘어서서 서로를 얻기 위해 노력한다. 사랑의 가장 순수한 형태, 얼음의 결정과 수정 같은 것이 바로 열정적 사랑이라 할 수 있다.

당신의 이름을 버려주세요. 아니면 절 사랑한다고 맹세해 주세요. 그러면 저도 캐플릿이란 이름을 버리겠어요. 그대 이름만이 내 미움일 뿐. 장미가 이름을 바꾼다고 해도 그 향기는 변하지 않는 것처럼 그대는 그대일 뿐이에요. 제발 그대 이름을 버리고 절 선택해 주세요.

－영화 〈로미오와 줄리엣〉 1996년 작, 줄리엣의 대사

## 자신이 타버려도 좋다는 감정

열정형에게 사랑이란 자신이 통제할 수 없이 대상을 보자마자 그에게 '묶여버리는' 듯한 감정을 느끼게 하는 것으로, 미국의 심리학자 해트필드와 스프레처(Hatfield & Sprecher, 1986)는 열정적 사랑을 '다른 사람과 하나가 되려는 강렬한 욕망 상태'로 정의하며, 인지적·정서적·행동적 구성요소로 이루어져 있다고 했다.[5] 끊임없이 그(그녀)를 떠올리고, 그(그녀) 앞에서는 심장이 두근거리며 사랑을 얻거나 주고 싶은 갈망이 있으며, 실제로 그(그녀)에게 다가가기 위해, 영향을 미치기 위한 행동을 하게 되는 것을 뜻한다. 열정형의 사랑은 불새의 사랑 같아서, 엄청난 에너지로 불타오르며 내가 사라져도 그만이라고 여기면서도 동시에 영원불멸할 거라는 믿음을 가지게 된다.

무엇보다 열정형에게 중요한 것은 '신체적 흥분'이다. 잠을 못 자더라도 그 사람 앞에서라면 기운이 솟구치기도 하고, 넋을 놓고 실수를 하더라도 그 사람 생각을 하면 그냥 행복해서 웃게 된다. 어떤 열정형은 사랑의 대상 앞에 서면 몸이 얼어붙고 심하게 가슴이 두근거리고 말이 안 나올 수도 있다. 태연한 척 노력해 봐도 고

장 난 로봇처럼 행동하게 된다.

열정형에게 사랑은 그 자체로 삶의 목적이 되어, 무의미한 삶에서 의미를 찾아 계속 삶을 영위할 수 있게 하는 동력으로 작동한다.

영화 〈어바웃 타임〉에서 주인공 팀은 메리를 만나자마자 첫눈에 반한다. 사랑에 빠진 팀은 머릿속에 메리에 대한 생각밖에 없고, 메리를 자신의 연인으로 만들고 싶다. 연애를 해본 적도 없고, 마음에 드는 여자 앞에서도 말도 제대로 못하는 팀은 메리와 맺어지기 위해 가문에서 전해져 내려오는 특별한 능력을 발휘하게 된다. 바로 시간을 되돌릴 수 있는 능력! 이 능력으로 수십 번, 지치지도 않고 시간을 되돌려 자신의 서투른 연애 실력을 보완해 메리를 자신의 연인으로 만들고 결혼까지 가능하게 된다. 보통 사람들이 미숙함으로 첫사랑을 떠나보내고 그 시간을 순수했던 시절로 추억하지만, 팀은 첫사랑 상대인 메리를 자신의 옆에 머무르게 했다.

## 행동 특성

열정형은 자신의 감정을 소중하게 여기고 자신의 감정을 주저 없이 솔직하게 표현하려 하기 때문에 열정형의 사랑은 주변에서 누구나 알아챌 정도이다. 연인에게 자주 "사랑해"라고 말하고, 애정 어린 말투와 행동의 비언어적인 형태로도 끊임없이 사랑을 표현한다. 연인과 함께 있을 때 시선과 관심의 초점은 항상 연인에게 가 있고, 연인 앞에서라면 피곤한 줄도 잘 모른다.

열정형은 '우리 둘만의 기념일'을 중요하게 여기고, 그날을 기념하기 위해 서프라이즈 선물이나 로맨틱한 이벤트를 계획하는 것을 좋아한다. 예를 들어, 둘에게 의미 있는 장소로 여행을 가거나 특별한 선물을 준비할 것이다. 특별한 날을 시간이 지날수록 더 특별하게 만들기 위해 노력한다.

열정형에게 사랑은 불꽃 같아서 사랑으로 인해 파생되는 다른 감정들 또한 다채롭게 변화한다. 열정형을 오래 지켜본 친구라면, 열정형의 실시간 감정 변화를 지켜보며 종잡을 수 없는 그의 모습에 "우리 친구가 달라졌어요"라고 말할 것이다.

## 관계를 맺는 양상

열정형은 자신이 사랑하는 대상을 이상화하는 경향이 있다. 특히 사랑에 빠진 지 얼마 되지 않았을 때와 연애 초기에 그 모습이 가장 두드러지는데, 연인의 볼에 있는 여드름 또한 귀여워서 어쩔 줄 모르고 곱슬거리는 머리도 연인만의 매력으로 받아들이는 등 제3자가 보기에는 별게 아니고 차마 알아채지도 못한 사소한 것을 알아채 특별한 것으로 평가한다. 이상화 과정은 열정형이 사랑에 빠진 놀라운 경험에 대한 자신만의 타당한 근거를 찾아가는 과정이라고 보면 된다. 설명할 수 없는 것을 설명하려고 보니, 주변 사람으로서는 열정형의 설명을 들어도 동의하기가 어렵다. 특히 연애 초기에 보이는 열정형의 사랑은 무조건적인 데가 있어, 어떨 때 보면 자신의 아이를 사랑하는 엄마의 모습처럼 절대적인 사랑에 빠진 것처럼 보이기도 한다.

　연애 중기 이후로는 열정형의 타오르는 불꽃 같은 사랑은 점차 안정화되어, 한겨울의 온돌처럼 따뜻하고 어두운 거리의 가로등처럼 빛을 비추는 것으로 변한다. 그러나 열정형 중 간혹 연애 초기에 느낄 수 있는 강렬함에 중독된 경우에는 관계 지속에 따른 자신의 감정이 식었다고 생각하고 다른 연인을 찾아 떠나기도 한다.

　열정형에게 한 가지 좋은 소식은, 열정형의 사람들은 수용성, 성실성, 외향성과 자존감이 높은 편이며(정적 상관), 신경성과는 거리가 있다(부적 상관).[6] 이는 열정형의 도전, 모험적인 특성과 연관이 되기 때문으로 해석할 수 있을 것이다. 사랑 스타일 관련 다른 연구(Grote & Freize, 1994)에서는 높은 수준의 열정형은 우정형과 더불어, 관계에서 더 높은 수준의 만족을 경험하며, 성공적인 관계를 맺은 커플들도 열정형일 가능성이 높다.[7]

## 취약 상황, 갈등 요인

열정형은 사랑을 강렬한 열망과 급격한 정서적 변화, 신체적 흥분으로 경험하기 때문에 연인에게서 더 이상 강렬한 무언가가 느껴지지 않으면 사랑이 아니라고 여기기도 한다. 열정형 사랑 방식은 관계 초기나 단기적 관계에서는 이상적이지만, 관계가 지속될수록 자신과 연인 모두에게 부담으로 작용한다. 열정형이 공개적으로 애정을 표현하는 것을 즐겼던 상대라도 열정형의 지속적인 애정 표현에 때때로 지칠 수 있다. 또한 강렬함 뒤에 오는 에너지 방전. 이런 사이클을 몇 번 반복하다 보면, 사랑을 하기 전의 생활을 되찾고 싶어지게 한다. 열정형의 강점이었던 공개적인 애정 표현과 로맨틱한 선물, 이벤트 준비는 관계가 오래될수록 부담으로 작용할 수 있다. 온돌과 같이 은근한 따뜻함을 유지하는 관계로 점차 전환되지 않고서는 열정형의 사랑 방식을 처음 그대로 오래 유지하는 것은 어렵다. 열정형 사랑은 불안정할 뿐만 아니라, 점진적으로 약화되는 패턴을 나타내는 것이[8] 일반적이다.

실제로 관계를 지속하며 열정형을 추구하던 사람이 우정형이나 실속형으로 변화되기도 하며, 한 사람 안에도 여러 사랑의 방식을 품고 있어 오로지 열정형 한 가지만의 사랑 방식만을 추구하지도 않는다. 그럼에도 열정형의 사랑 방식을 강하게 추구하는 사람이라면, 자신이 강렬한 감정에 노출하는 것만을 사랑으로 가치 있게 평가하는 것은 아닌지 자기인식의 과정이 필요하다. 다양한 사랑 방식이 있을 수 있음을 받아들여 사랑에 대해 유연한 자세를 갖는 것이 관계를 통해 성숙해지는 데에 도움이 된다.

## 이별

열정형은 이별 과정에서도 사랑에 빠졌을 때와 같이 격렬한 감정을 경험한다. 마치 자신의 일부가 떨어져나간 것과 같은 극심한 고통을 느끼며, 며칠 동안 식음을 전폐하는 모습을 보이기도 한다. 열정형이 사랑에 빠졌을 때 모두가 알아챌 수 있듯이 열정형의 이별 또한 모두가 알아챌 수 있다. 모든 걸 잃은 듯한 표정에 살짝 건

드리기만 해도 눈물을 쏟아낼 것 같아, 주변 사람들은 열정형을 적극적으로 위로해주려 노력할 것이다. 이 과정에서 열정형은 자신의 상처를 솔직하게 표현하려고 할 것이며, 이 시간을 자신의 미숙함과 연약한 부분을 보완하는 기회로 삼기도 한다. 열정형은 사랑에 진심인 만큼 이별의 고통 또한 그대로 받아들이고 자신 안에서 통과해내어, 다음에 만나게 되는 연인에게 더 성숙한 방식으로 자신의 감정을 표현할 가능성이 높다.

그러나 이별을 극복하는 데에 시간만큼 중요하게 작용하는 것이 없다. 열정형의 이별 또한 불꽃 같아서 시간이 지나 다 타버려 사라지고나면 안정감을 되찾을 것이다.

## 내면의 불안이 강하다

### 내면, 무의식적 욕구

강렬한 결합으로 인한 환희를 추구하며 사랑에 있어 확실한 증거를 갖고 싶어하는 열정형의 내면은 불안으로 가득 차 있다. 약간의 거절 신호에도 지옥을 경험한 듯 반응하고 약간의 호의 표현에도 천국을 만난 것 같이 반응하는데, 이는 자신의 불안을 통제하지 못함을 방증한다. 불안이 강하다는 것은 애착 유형에서 몰두형(preoccupied)과 비슷하지만, 몰두형은 관계 내에서 겪는 불안의 강도에 따라 사랑 스타일의 집착형과 더 연관지을 수 있다.

열정형은 강렬한 감정을 통해 타인과 연결을 추구하여 자신을 미지의 세계로 내던지는 모험가와 같다. '나'라고 생각했던 제한된 영역을 확장하고자 하는 욕구가 강하고, 그것을 강렬한 감정을 통해 가능하게 하는 것이다. 열정형의 사랑은 엄마와 아이의 강렬한 연결(bonding)을 모방하며, 그 과정에서 논리적으로 표현할 수 없고 이전의 자신이 할 수 없었던 많은 일들을 '사랑'이라는 이름으로 가능하게 한다.

## 열정형의 매력과 한계

열정형의 사랑은 인간이 낯선 타인과 결합하게 하는 아주 강렬한 감정이며, 인생에서 누구나 한 번 이상은 경험한다. 대다수의 사람들이 사랑 스타일의 여섯 유형 중에서 열정형의 사랑에 가장 공감하며, 사랑의 기본 속성으로 동의한다. 열정형은 모든 연령대에서 나타날 수 있으나 특정 연인과의 장기적 연애 과정으로 살펴보면, 연애 초중반을 이끄는 동력으로 서로에 대한 이해가 부재한 가운데서도 연인이 연합할 수 있도록 만든다. 생물학적 요인으로 사랑을 설명할 때에 해당하는 것 또한 열정형에 가장 부합하는 설명이다.

열정형의 사랑이 생면부지의 두 사람을 같이 있게 하는 기적을 만들기 때문에 그만큼 희생이 따르는 경우도 있다. 열정형은 자신의 사랑을 지키기 위해서라면 죽음을 불사하는 위험한 행동을 하기도 하는데, 로미오와 줄리엣만 보더라도 잘 알 수 있다. 또한, 열정형은 사랑에 빠진 상대를 잘 알지도 못하면서 과도하게 미화하고 현실 파악을 안 하다보니, 스스로 피해자의 길을 자처해 걸어가기도 한다. 이런 위험한 순간에 열정형을 아끼는 지인들의 조언을 들을 필요가 있는데, 사실 그게 말처럼 쉽지 않다.

열정형의 사랑이 두 사람에게 함께 동시다발적으로 일어나더라도 난감한 일이 일어날 수 있지만, 한 사람만 사랑이 진행 중이라면 더 난감한 일이 일어난다. 많은 경우 열정형의 첫사랑은 자기 혼자 반하는 경우가 많고 상대의 손짓 하나에 반응하는 등 혼자만의 단서 찾기에 몰입해 천국과 지옥의 급행열차를 타곤 한다.

열정형의 사랑을 상대가 눈치챘을 때, 그 사랑이 부담으로 느껴져 이전에는 열렸는지 닫았는지 체크하지 않았던 마음의 문을 오히려 그 계기로 닫아버리기도 한다. 그래서 열정형은 자신의 사랑이 상대에게 어떻게 비춰지고 있는지, 본인 혼자 앞서나가는 것은 아닌지 체크하는 것이 중요하다. 열정형은 자신의 사랑을 일방적으로 표현하는 것이 아니라, 열정이 타오르려 할 때 잠시 멈춰서 숨을 고르고 상호호혜성을 갖도록 해야 한다.

19세기 중반 콜레라로 인해 마을이 고립되던 때가 있었고, 그때 우연히 가난한 청년 플로렌티노는 부유한 상인의 딸인 페르미나를 보고 첫눈에 반하고 만다. 플로렌티노는 페르미나에게 사랑의 맹세를 담은 편지를 보내고, 페르미나 또한 플로렌티노의 열정에 반하고 만다. 그러나 둘 사이에 사랑의 편지가 오고 갔음을 안 페르미나의 아버지가 페르미나를 강제로 여행을 떠나게 한다. 플로렌티노와 페르미나는 서로 멀리 떨어져 사랑의 열병인지 콜레라로 인한 열병인지 헷갈리는 기간을 보내게 된다. 병이 낫고 나서 여전히 페르미나를 사랑하는 플로렌티노와 다르게, 페르미나는 현실적으로 자신과 어울리지 않는 플로렌티노에 대한 마음이 사라졌음을 깨닫는다. 페르미나는 자신을 치료해 준 우르비노 박사와 결혼하고 노부부가 되도록 서로를 의지하며 살며, 플로렌티노는 페르미나에게 어울리는 남자가 되기 위해 평생 노력한다. 어느 날, 우르비노 박사가 앵무새를 잡으러 나무 위에 올라갔다가 떨어져 죽게 되었다. 평생 보이지 않는 곳에서 마음속에 페르미나에 대한 사랑을 품어온 플로렌티노는 우르비노 박사의 장례식에 찾아와 상심한 페르미나에게 사랑을 고백한다.

이 이야기는 가브리엘 가르시아 마르케스의 《콜레라 시대의 사랑》으로, 남자 주인공 플로렌티노의 꺼지지 않는 불꽃과 같은 사랑은 현실에서 흔하게 일어나는 일은 아니다. 소설과 영화에서 변치 않는 사랑에 대해 다루는 걸 흔히 볼 수 있는데, 그건 아무래도 우리에게 열정형 사랑이 그렇게 우리 곁에 오래 머물지 않기 때문에, 그리고 가장 순수한 형태의 사랑이라고 여기기 때문에 그런 것은 아닐까 싶다.

## 현실에서 열정형 연인을 둔 당신에게

열정형의 사랑은 뜨겁고 황홀하다. 서로를 열정적으로 사랑하고 있다면, 그 순간을 마음껏 즐기는 것이 좋다. 드라마나 영화, 소설 속 인물들처럼 서로의 열정을 그대로 유지할 수 있다면 좋겠지만, 현실에서 그 열정을 유지할 수 없다 하더라도 괜찮다. 사랑 스타일은 여러분에게 한 가지 사랑만이 정답이 아니라는 것을 알려주는 것으로, 사랑에 있어 열정형만이 정답은 아니라는 것을 알아두었으면 좋겠다. 그러니, 자신의 연인에게 "왜 마음이 변했느냐"고 따져 물을 필요가 없다. 사랑이란 개인의 가치관에 따라 원래 다양하며, 삶의 궤적에 따라 개인의 가치관 또한 변화한다. 그러니, 한 사람에 대한 사랑 또한 처음과 다른 모습이 되는 것은 매우 자연스러운 일이다.

열정형의 사랑만을 유일한 사랑의 형태, 모습으로 받아들이는 것은 위험하다. 열정형의 사랑을 이루는 강한 육체적 매력과 감정적 뜨거움, 선호하는 외모, 필연적 관계라는 느낌 등은 오래 지속되기가 힘들기 때문이다. 아무리 이상형을 만났다 하더라도 그 사람에게 익숙해지면 그 사람의 다른 모습(얼굴에 난 트러블 자국뿐만 아니라 성격이나 생각의 방식 등)을 보게 되기 때문이다. 열정적인 사랑만을 쫓아 살다 보면, 옆에 있는 연인에게 끊임없이 '이전과 다르다'며 불평을 하거나 관계의 단절이 잦아 또 다른 연인을 찾아 가는 것을 반복한다. 열정형의 단점 중 하나가 평안함의 부재이며, 점차 나이가 들면서 청년 시절과 달리 낯선 타인에게 자신의 육체적 매력을 선보이고 가슴 뛰게 하는 데에 한계를 느낄 가능성이 높다. 그러니, 열정형은 무엇보다 사랑의 변화를 편안하게 느끼는 것이 좋다.

### 이야기에서 발견한 열정형 사랑 스타일

- 16세기 영국 희곡 《로미오와 줄리엣》. 이후 희곡, 영화, 소설로 다양한 이야기 형태로 리메이크 되었으며, 리어나도 디캐프리오가 로미오로 나온 1996년 영화 작품이 인상적이다.
- 영화 〈어바웃 타임〉
- 소설 《콜레라 시대의 사랑》, 영화 〈콜레라 시대의 사랑〉
- 영화 〈클래식〉

이 외에도 너무나 많은 작품이 시간과 공간을 초월하여 존재한다.

*#사랑은열정열정열정! #황홀한운명의템테이션*

*#죽으면죽으리다 #누구나한번해본사랑*

# 게임형, 유혹의 천재

게임형에게 사랑이란, 내가 마음에 드는 상대를 정복하는 것을 목표로 하는 게임이다. 이 과정에서 때로 게임형은 상대를 자신에게 넘어오게 하기 위해 헌신형과 열정형으로 위장하기도 한다. 게임형의 목표는 짧게는 상대와의 '뜨거운 하룻밤'에 그칠 때가 많고, 길게는 여러 연인과의 만남을 즐기기도 한다. 여러 연인과의 만남을 지속하는 경우에는 관계의 형태가 달라지지만, 주로 장기적인 연인 관계에서나 기혼인 경우에서는 진지한 관계에 있는 한 명의 연인을 속이고 여러 파트너를 둔다.

게임형은 사랑을 자신이 이겨야 하는 게임으로 여기기 때문에 연인에게 정직하지 않으며, 원하는 목표를 성취하기 위해 때로는 순진한 척, 실제보다 재정적 능력이 있는 척, 상대의 매력에 헤어나오지 못한 척 위장할 뿐이다. 게임형의 진짜 모습은 의도치 않게 들켰을 경우를 제외하고는 자신이 설정한 목표를 성취했을 때 드러난다. 진짜 모습이 드러난 경우에라도 게임형은 상대에게 미안한 마음을 가지지 않으며, 이별에 있어서도 빠른 회복을 보인다. 또한, 놀랍지 않게도 게임형은 독신으로 남아 있는 것을 선호하는 사람들에게서 많이 발견된다.[9]

많은 사람들은 연애 상대로 게임형을 만나고 싶지 않고, 게임형의 사랑 방식에 불편함을 느낀다(사랑 태도 척도의 5~8 문항, 41쪽 참조). 그럼에도 사랑에 대한 문학 작품에서 게임형은 오랫동안 매력적으로 다뤄지고 있으며, 겉으로는 부정하지만 내적으로는 한때나마 게임형의 사랑 스타일을 꿈꾸기도 한다. 또한, 대부분의 사람들이 배우자를 선택하는 과정에서 '일생일대의 선택'이라는 명목으로 자신도 모르게 게임형으로 행동할 가능성이 높다. 따라서 게임형의 사랑은 한 바람둥이의 이야기일 뿐만 아니라, 우리 모두 한 번씩 해봤을 사랑의 방식이다.

## 상대를 유혹하기 위해 최선을 다한다

누군가는 이들을 카사노바라 부르고, 누군가는 쓰레기라고 욕할 것이다. 성별 비율로 봤을 때 게임형에 남성이 차지하는 비율이 75~80%로, 영화나 소설에서도 남성에게서 자주 발견되는 사랑 스타일이다.

연애 과정에서 게임형이 가장 중요하게 여기는 부분은 연애를 시작하는 부분이다. 더 자세하게 표현하자면, 게임형은 연애를 유지하는 것 자체에 관심이 없는 경우도 많으며, 연애 당사자들끼리 서로에 대한 신뢰를 쌓고 그 관계를 공고히 하는 것에 큰 가치를 부여하지 않는다. 이들은 마음에 드는 상대를 유혹하기 위해 최선을 다할 뿐이며, 상대가 자신이 원하는 대로 유혹에 넘어오고 나서는 그 사람에 대한 관심을 끊어버린다. 이번 게임에서 자신이 이겼고, 다음 게임을 하러 다른 이를 유혹하기 위해 떠난다.

영화 〈사랑보다 아름다운 유혹〉의 캐서린과 세바스찬은 사랑을 게임으로 접근하는 전형적인 게임형의 모습을 보여준다. 세바스찬은 의붓남매인 캐서린과의 내기로 혼전 순결을 서약한 아네트를 유혹한다. 이미 자신을 경계하는 아네트에게 접근하기 위해 세바스찬은 아네트의 절친을 협박하고, 치매 노인들을 돌보는 봉사를 하는 등 마음에도 없는 일을 하며 아네트의 호감을 사려고 노력한다. 그런 세바스찬을 보며 아네트는 많은 사람들이 세바스찬을 오해하고 있을지도 모른다고 생각하며, 세바스찬과 점점 가까워진다.

## 행동 특성

쿨한 연애 지향. 타고난 유혹자. 사랑의 전략가. 마음에 드는 상대를 자기 뜻대로 유혹하기 위해서는 외모 단장이 필수다. 거기다 자신이 지금 유혹하고 싶은 상대에 따라 카멜레온처럼 자신의 외모,

가치관을 일시적으로 바꾸기도 한다. 모범생을 유혹할 때에는 자신도 공부를 열심히 하는 학생으로 서로 공감대를 형성하고, 클럽에서 아름다운 상대를 유혹할 때에는 자신의 외모나 재력의 우수성을 허위로라도 강조한다.

《삼국지》에 나오는 전략 중 하나인 '허장성세'처럼 이들은 연애라는 전쟁에서 자신이 승리하기 위해 실제 가진 것보다 더 많이 가진 것처럼 허세를 부릴 때가 많다. 따라서 자신이 겉으로 과시할 수 있는 부분에 신경을 많이 쓰고, 상대를 유혹하거나 위기를 모면할 때 가능한 한 거짓말을 하며, 전혀 죄책감을 느끼지 않는다. 때에 따라 그 상황에 적합한 말을 지어내 할 뿐이다. 따라서 이들의 말을 가만히 들어보면, 같은 주제에 대해 종전과는 정반대의 의견에 대해 이야기하는 걸 알아챌 수 있다. 그렇지 않더라도 약간씩 앞뒤 맥락이 맞지 않게 이야기하곤 하는데, 그건 자신이 유혹하려는 상대가 원하는 모습에 맞추려다보니 그렇다.

## 관계를 맺는 양상

게임형은 한 사람과의 지고지순한 사랑에는 관심이 없고, 새로운 자극을 찾아 새로운 공간, 또 다른 이들을 찾아 헤맨다. 따라서 게임형은 보통 독신주의자인 경우가 많은데, 가끔 장기적인 연애나 결혼에 이르는 경우가 있다. 그런 경우는 주로 보통 자신의 이익을 극대화할 수 있는 상대를 만났을 때다. 별다른 노력 없이 여러 대상을 만나 유혹하기 위해서는 금전적으로 풍요로운 연인을 만나야 하고, 그 연인과의 관계를 위해 그 앞에서만 다정하고 헌신적인 모습을 일시적으로 보여주는 경우가 흔하다. 타고난 연기자처럼 그들은 제대로 위장할 줄 알며, 자신의 연인을 속이는 것 또한 재미있는 게임으로 여긴다. 게임형은 연인에게 있는 그대로 자신을 드러낸다거나 장기적 관계에서 요구되는 성실성을 기대할 수 없다.

연인 사이라 하더라도 더 이상 상대에게서 이익이나 자극을 기대할 수 없다면, 그들은 더 큰 재미를 찾아 떠날 것이다. 게임형이 현재 연인이 있건, 혼자이건 간에 이들은 '함께 하는 사랑'에 대해 별 흥미를 느끼지 못한다.

## 취약 상황, 갈등 요인

게임형 연인은 연애 초기에 매력적이지만, 연애를 지속하다보면 그에게 일관된 태도, 관계에서의 신뢰를 기대할 수 없다는 것을 유사 반복되는 경험을 통해 알게 될 것이다. 게임형 연인과 함께 하는 따뜻한 미래를 그리는 건 환상에 가까우며, 연인의 사랑 스타일이 게임형이라는 판단이 서면 아무리 매력적이라 하더라도 부모님에게 인사시키기엔 꺼리게 된다. 부모 입장에선 내 자식과의 관계에 진지함이 없어 보이는 사람을 좋아할 리가 없기 때문이다. (게임형이 결혼을 목표로 한다면, 이야기가 달라지겠지만.)

연애 과정에서 미래를 약속한다거나 신뢰를 요구받을 때 그중 몇 번은 거짓말로 위기를 넘길 수 있겠지만, 결국 어떤 대답도 하지 않고 회피할 가능성이 높다. 지속적으로 게임형에게 연인 관계에서의 신뢰를 요구하고 그 과정에서 반복적으로 원망을 한다면, 게임형은 감정적 부담감을 일시에 털어내고자 연인 관계를 끝낼 것이다. 연애 초기에는 최고의 연인이, 이별에서는 최악의 연인이 된다. 이별 과정에서도 상대를 배려하기보다는 자신에게 무엇이 이로운지 판단해서 행동할 가능성이 높다.

## 이별

게임형은 많은 만남과 그에 따른 많은 이별을 경험한다. 그러나 이별에 있어서 가장 심리적 타격을 입지 않는 유형이다. 게임형에게는 이별조차 필요 없는 원나잇의 경험이 더 많지만, 연애를 더 긴 게임으로 보고 얼마간의 지속적 관계를 맺는 경우도 많다. 대다수의 연애에서 자신이 먼저 이별을 권하고, 상대가 이별하고 싶을 때조차도 게임형의 신뢰할 수 없는 모습에서 비롯될 때가 많다.

게임형에게 이별은 새로운 상대를 만날 수 있는 공식적인 기회이기 때문에, 연인이 떠나간 빈자리에 하루나 이틀 외로움을 느끼더라도 곧 회복할 수 있는 곳으로 떠날 것이다. 때에 따라 이별이 새로운 자극이 되어, 연인에게 매달리는 모습을 보일 때도 있다. 헤어진 연인을 붙잡기 위해 최선을 다하다가도 막상 만났을 때에는 흥미를 잃어버린다. 그들에게 중요한 건 어디까지나 재미, 흥미이기 때문이다.

# 감정을 숨긴 밀당의 고수

## 내면, 무의식적 욕구

사랑을 게임처럼 접근하는 이들의 내면은 1차적으로 '사랑'이라는 불확실한 감정에 대해 신뢰하기가 어렵고, 상대에게서도 그걸 기대하기가 어려워한다. 이들은 확실히 사랑에 대해 감정적 흥분이나 자신의 육체적 만족 여부 등 매우 한정된 시각으로 바라보며, 누구나 겪을 수 있는 관계에 대한 두려움, 고통을 회피하고자 한다.

게임형들을 애착 유형으로 살펴봤을 때에는 무시적 회피형, 성격 스펙트럼[10]에서는 B군 성격 스펙트럼의 자기애성 성격의 특성과 겹치는 부분이 많은데, 특히 자신에 대한 긍정성이 그렇다. 그러나 무시적 회피형은 자기 긍정성이 지나쳐 타인에 대한 가치를 낮게 평가하여 모태 솔로와 같이 관계의 시작조차 하지 않는 사람들도 포함하기 때문에 관계에 있어 무시적 회피형이 게임형을 포함하는 더 넓은 개념이라 할 수 있으며, 자기애성 성격 또한 여러 상황에서 보다 일관되게 나타나는 개인의 일관된 성격 패턴을 보여주는 것으로, 연인 관계에 국한되어 설명 가능한 게임형에 비해 보다 큰 개념이라 할 수 있다.

사랑 스타일의 다른 유형인 집착형과 게임형은 정반대의 행동 패턴을 보이지만, 두 유형 모두 동일하게 연인을 통제하고 싶은 욕구가 강하다고 볼 수 있다. 집착형의 경우에는 연인에 대한 불안으로 강압적인 태도를 포함하여 물리적인 통제를 가하는 반면, 게임형은 오히려 격렬한 감정에서 한발 물러서서 자신의 긴장감을 재미로 해석하고 연인을 밀어냈다 끌어당긴다. 집착형과 게임형 둘 다 동일하게 내면의 관계에 대한 불편감 때문에 상대를 존중하지 않는다는 특징이 있다.

## 게임형의 매력과 한계

게임형의 매력은 대체로 치명적이다. 왜냐하면, 이들은 유혹하기 위해 최선을 다하기 때문이다. 마치 나에게 꼭 맞춘 것 같아 보여, 이들의 접근을 막기가 어렵다. 게임형이 첫 만남에서 자신의 본모습을 드러내는 일은 거의 없으며, 관계를 이어나가는 와중에 이들을 경계하고 싶어도 이미 내 곁에 다가와 있어 밀어내기란 쉽지 않다. 이는 게임형이 계속 사랑 스타일로 남을 수 있는 이유이기도 하다.

드라마 〈알고있지만,〉의 유나비(한소희)는 매력적인 한재언(송강) 때문에 혼란스럽다. 자신을 좋아하는 것 같고 연인 사이에서나 가능한 행동을 하지만, 막상 '우리 관계는 뭐냐'는 나비의 질문에는 답하지 않기 때문이다. 나비는 둘의 관계에 대해 확답을 하지 않는 재언을 밀어내려 하면서도 지독한 외로움과 지칠 때마다 찾아와 위로하는 재언의 따뜻한 행동에 무너져, 다시 재언을 만났다 헤어지기를 반복한다. 이 드라마를 보는 시청자도 재언을 연기한 송강의 매력에 빠져, 게임형의 치명적 매력에 바람이 불어온 듯 흔들리는 나비의 마음을 십분 이해하게 된다.

게임형 인물이 매력적인 이유는 반복되고 지루한 일상에 긴장감을 유발하기 때문이다. 잡힐 듯 잡히지 않는 그를 '내 사람'으로 만들기 위해 자신도 모르게 게임형에게 매혹되어 헤어 나올 수 없게 된다.

게임형 사랑 스타일을 추구하는 입장에서 봤을 때에는 매력적인 상대를 내 사람으로 만드는데 이보다 효과적인 스타일은 없다. 다만, 게임형의 사랑은 관계를 지속하는 힘이 약하고, 자신이 연인에게 수용 받는 것뿐만 아니라, 연인에게 자신이 수용 받는 것에도 어려움을 겪을 가능성이 높다. 관계에서 말초 신경을 자극할 만한 재미를 경험할 순 있어도 신뢰하는 상대에게 자신이 '있는 그대로' 받아들여지는 경험을 할 순 없어 외로움으로 인한 고통을 겪을 가능성이 크지만, 가능한 한 이를 회피하려 할 것이다. 거기다 게임형은 사회적 평판을 잃을 가능성이 높기 때문에 이 스타일을 고집하기엔 한계가 많이 따른다.


## 현실에서 게임형 연인을 둔 당신에게

매력을 한껏 발산하는 게임형 연인. 손에 잡힐 것 같으면서도 잡히지 않는 연인 때문에 당신은 그를 더 원하게 된다. 당신의 마음을 얻기 위해 최선을 다하는 것 같으면서, 어떨 때는 왜 연락이 안 되냐는 당신에게 연락하지 말라며 멀어지는 그 사람 때문에 당신은 속이 시끄럽지 않은 날이 없을 것이다. 이는 게임형의 전형적인 모습이다.

당신이 연애하는 사람이 게임형이라는 걸 알게 됐다면, 일단은 거리부터 두고 찬찬히, 이성적으로 생각하길 바란다. 당신은 사랑에 대해 어떻게 생각하는가? 당신이 연인처럼 연애를 흥미로운 게임처럼 느낀다면 더 이상 고민할 필요가 없지만, 만약 당신이 현재하고 있는 연애에 대해 '지속가능성'과 '신뢰'라는 가치를 부여하고 있다면 어서 연인에게 안녕을 고해라. 만약 당신의 연인이 전형적인 게임형이라면 당신에게 몇 번 매달리긴 하겠지만, 이별을 잘 받아들이고 실연의 아픔을 짧게 겪은 뒤 곧 털어내고 클럽으로 달려갈 것이다.

당신이 게임형 연인과 절대 헤어지지 못하겠다면, 고통을 피할 방법은 없다. 다만, 고통을 최소화하기 위해 그에게 연인으로서 일관된 모습으로 곁에 머무는 것을 기대하지 않는 것이 좋다. 연락이 안 될 때는 당신의 일을 하면 된다. 그동안 당신 연인이 무엇을 하는지에 대해선 상상하지 말고, 궁금해하지 않는 것이 좋다. 어쩌면 그런 과정에서 당신 연인은 오히려 당신의 곁에 오래 머물지도 모르겠다.

그러나 당신이 게임형 연인에게 받은 상처를 되갚아 주겠다고 만남을 지속한다면, 자칫하다간 그 과정에서 당신의 영혼이 부서

질지도 모른다. 연인이 스스로 변하려는 동기와 의지를 가지지 않는 한, 당신이 그를 변화시키는 건 불가능에 가까운 일이다. 당신이 원하는 사랑 스타일의 사람을 만나러 가자.

**이야기에서 발견한 게임형 사랑 스타일**

- 18세기 프랑스 소설 《위험한 관계》, 현대판 리메이크작 영화 〈사랑보다 아름다운 유혹〉, 〈스캔들 – 조선남녀상열지사〉
- 영화 〈나를 책임져, 알피〉
- 스페인 드라마 〈엘리트들〉 시즌 1
- K – 드라마 〈알고있지만,〉

*#사랑이제일재밌는게임 #유혹하는자*

*#치명적매력 #설레는건좋아그다음은글쎄*

# 우정형, 친구 같은 편안한 사랑

우정형은 사랑에 있어 친밀감과 신뢰감을 중요하게 여기는 유형으로, 사랑 스타일 유형 중 가장 따뜻하고 안정적인 관계를 추구한다. 마치 오래된 친구처럼 우정형의 사랑은 서로에게 친밀한 존재로서 서로를 믿고 의지하며 관계를 천천히 발전시킨다. 견고하게 구축한 관계는 웬만한 위기에는 흔들리는 법이 없다.

기본적인 속성으로 열정형, 게임형, 우정형 중 우정형이 가장 재미가 없어 보이는데, 그건 우정형이 관계를 안정적으로 이끌어가기 때문이다. 열정형처럼 강렬한 감정을 동반하고 로맨틱한 순간을 만들려 한다거나, 게임형처럼 사랑을 경쟁처럼 여겨서 상대를 속이면서 스릴을 즐기며 즐거워하지 않더라도 우정형은 소소한 일상에서 재미를 찾는다.

우정형 연인은 서로 함께 보내는 시간을 가치있게 여기며, 장기적인 계획과 목표를 함께 설정하여 서로의 미래를 응원하고 독려한다. 상대방의 성공과 행복을 진심으로 응원하며, 어려운 순간에도 서로를 지지하며 함께 어려움을 극복하려고 한다. 이들에게는 '인생의 짝꿍', '평생의 벗'이라는 단어가 어울린다.

## 상대를 깊이 이해하는 것

침대는 현대 주거 생활에 중요한 역할을 하며, 침대 위에서 우리는 하루의 피로를 내려놓고 회복하길 원한다. 각자 편하게 느끼는 침대 매트리스의 두께와 스프링 강도는 조금씩 다르지만, 동일한 것은 침대 위에서 편안하길 원한다는 점이다. 침대는 집에서 가장 조용한 곳에 위치하며, 만약 침대방이 조용하지 않다면 아마 그 방 창문에 햇빛은 물론 소리까지도 막아줄 정도의 두꺼운 커튼을 달아 조용하게 만들 것이다. 잠은 살아있는 우리 모두에게 소중하니깐.

우정형의 사랑 또한 침대와 같은 역할을 한다. 지친 하루의 끝을 정리하고 침대에 누웠을 때의 온몸이 풀리는 안락함. 우정형 연인들에게는 침대와 같은 편안함과 안정감이 매우 핵심적인 요소로 작용하며, 그들을 더 단단하게 묶어둔다. 침대를 고를 때에 자신의 몸에 대해 편안함을 느끼는 요인이 무엇인지를 정확하게 알아야 하는 것처럼, 우정형은 연인과의 관계를 통해 자신과 타인에 대한 이해를 깊이 하는 것을 가치있게 여긴다. 열정형과 게임형의 사랑은 서로에 대해 잘 알지 못해도 시작할 수 있지만, 우정형은 반대의 경우다. 서두르지 않고 천천히 알아가고 더 깊이 알면 알수록 상대를 사랑할 수 있다고 여긴다. 우정형은 사랑에 있어 '깊이 이해하는 것'이 가장 중요하다고 생각한다.

우정형은 연인을 깊이 이해하려는 노력의 일환으로 자유롭게 의견을 내고 수용하는 과정을 거친다. 의견을 내고 수용하는 과정은 실용형 또한 중요하게 여기는 부분이지만, 우정형은 실용형과 달리 의견 자체가 중요한 게 아니라, 연인에 대한 따뜻한 시선을 기반으로 한다.

우정형 사랑을 다룬 전설적인 영화는 〈해리가 샐리를 만났을 때〉이다. 1989년 개봉 영화로 한국의 MZ 세대는 거의 본 적이 없는 영화이지만, 2000년대생의 부모님들은 청년 시절 열광했던 로맨틱 코미디 영화이다. (그들은 한때 자유로움을 갈망하는 'X세대'로 불렸다.)

이 영화는 해리와 샐리라는, 요즘 말로 따지면 남사친-여사친에 해당하는 관계의 두 인물이 나온다. 서로를 별종으로 여기고 만날 때마다 말싸움을 벌이지만, 서로가 이별의 아픔을 겪은 몇 년 후 재회하여 이별에 대한 이야기를 나누면서 조금씩 서로를 이해하기에 이른다. 십여 년 넘게 친구로 지내던 그들은 서로에 대한 마음을 조금씩 쌓아가다가 어느 날 위로의 손길이 하룻밤으로 이어지게 되고, 둘의 관계를 우정으로 정의해야 할지, 사랑으로 정의해야 할지 고민하게 된다.

로맨스 코미디의 마지막답게 해리와 샐리는 서로를 선택하지만, 연인이 되어서도 여전히 둘은 친구였을 때처럼 옥신각신하다가도 서로를 따뜻하게 안아주면서 영화는 끝이 난다.

## 행동 특성

우정형은 〈해리가 샐리를 만났을 때〉의 해리와 샐리처럼 오랜 기간 친구로 지내다가 연인이 되는 경우가 많다. 처음에는 말이 잘 통하는가 싶다가, 점점 괜찮은 사람이라고 느끼는 지점이 많아지면서, 어느 순간 특별함을 느끼는 순간이 되었을 때 연인이 된다. 만약 그 특별함을 느낄 만한 순간이 딱히 없었다면, 이들은 '좋은 친구'에 머물렀을 가능성이 높다. 열정형과 게임형은 남사친 – 여사친에 대한 구분이 명확하고 친구와 연인에 대한 구분이 명확하지만, 그에 비해 우정형은 경계가 모호하다. 그렇다고 게임형처럼 신뢰를 저버릴 행동은 절대 하지 않는다. 우정형에게 신뢰는 매우 중요한 가치이기 때문이다.

우정형은 배려와 지지하는 것을 중요하게 여긴다. 필요하다면 연인의 성공과 행복을 응원하며, 연인이 위축되어 있을 때 자신이 도움이 되려고 노력한다. 자신 또한 연인에게 지지받기를 기대한다. 연인이 어려운 상황에 처했다면 자신이 뒷바라지하며 도움을 주려하겠지만, 이는 어디까지나 자신을 잃지 않는 선에서 가능한 것으로, 헌신형처럼 사랑이라는 이름으로 자신마저 희생하려 하진 않는다.

그렇기 때문에 우정형은 위기에 처한 연인과 함께 논의하여 공동의 목표를 설정할 것이다. 목표와 그에 따른 실행 계획을 통해 함께 협력하고 어려움을 극복하기 위해 노력한다. 연인의 성공을 진정으로 바라면서 자신의 성공 또한 바라며 '윈 - 윈(win - win)' 전략을 쓸 것이다.

무엇보다 우정형은 서로에게 솔직한 것을 중요시하는데, 이는 신뢰와도 연관되는 특성이다. 감정이나 의견을 솔직하게 표현하며, 이게 가능하도록 비판보다는 공감으로 상대가 안전하다고 느끼게 할 것이다. 의견이 일치하지 않더라도 "당신은 그렇게 생각할 수 있겠다" 정도의 피드백을 할 것이다. 그러나 의견 대립이 되어 격렬하게 싸운다 하더라도 단숨에 관계를 깨트릴 만한 것으로 쉽게 발전시키진 않을 것이다. 관계를 깨트리기엔 오랜 시간 천천히 쌓아온 '정'이 그들 사이에 굳건하게 자리하고 있기 때문이다.

**관계를 맺는 양상**

우정형은 연인에게 여유롭게 대하고 자신에 대해서도 여유롭게 생각하고 행동한다. 우정형은 친구에서 연인이 되는 경우가 많은 만큼 연인과의 관계를 친밀한 우정을 기반으로 형성한다. 연인이 되었을 때도 친구처럼 서로를 편안하게 받아들이며, 서로의 내면을 이해하고 공감하는 것을 중요하게 여긴다. 그렇다고 우정형에게 로맨틱한 순간이 없는 것은 아니다. 우정형 연인들 또한 서로에게 소중한 순간을 기억하고 기념일을 챙기는 것을 중요하게 여기지만,

그 목적이 열정형처럼 격렬한 감정을 표현하고 이끌어내기 위한 것보다는 서로에게 소중함을 되새기기 위한 의식(ritual) 같은 것이다.

우정형은 안정적인 관계 형성을 위해 예측 가능한 행동을 하려한다. 게임형처럼 연인을 놀라게 하거나 자신의 재미를 위해 정보를 숨기지도 않고, 열정형처럼 감정에 심취하여 돌발적인 행동을 하는 것도 아니다. 우정형은 다른 유형에 비해 덜 열정적이거나 별로 흥미진진하지 않더라도 연인에 대한 존중을 가지고 견고한 관계를 구축한다. 따라서 우정형 연인들은 함께 한 시간이 늘어날수록 관계에 대한 만족도가 높은 편이다. 그들은 서로에게 쉽게 질리지 않으며, 연인을 '세상에서 나를 가장 잘 아는 사람'으로 높이 평가하며, 자신 또한 연인을 잘 아는 사람이라는 것에 자부심을 느낀다.

한 사람과 6개월 이상의 장기적 연애 관계에서 일반적으로 열정형의 사랑은 점차 우정형으로 변화된다. 햇필드(Hafield)와 랩손(Rapson)을 포함한 많은 사랑 연구자들은 우정형의 사랑을 연인이 도달할 수 있는 관계의 이상적·궁극적인 사랑의 형태이며, 진실한 연인 관계의 형성이라 여겼다. 그러나 연인들이 실제 겪는 연인 관계의 양상은 개인의 성숙도, 연인 간 역동성, 문화적 변인 등 여러 요인에 따라 달라질 것이다.

## 취약 상황, 갈등 요인

우정형의 경우 서로에 대한 친밀감을 쌓으며 점진적으로 관계를 강화하기 때문에, 이들은 연인이 될 가능성이 있는 상대를 보자마자 반해서 강하게 연결되는 느낌을 받진 않는다. 우정형은 천천히 서로를 지켜보면서 관계를 발전시키기 때문에, 만약 내가 만나는 상대가 다른 유형인 경우에 우정형의 '느긋한' 스타일에 익숙하지 않아 관계를 발전시키기 전에 떠날지도 모른다.

특히 상대가 열정형이나 집착형이라면, 우정형이 '날 좋아하지 않는 거 아닌가' 하는 불안감을 가지고 혼란스러워할 것이다. 우정형 사랑 스타일을 추구하는 사람들의 여유로움은 장점인 동시에 경우에 따라서 단점으로 작용하는 것이다. 감정적으로 쉽게 동요하지 않고 연인에게 부담을 주지 않으면서 자신 또한 균형감을 잃지 않지만, 우정형이 추구하는 안정감과 여유로움이 연인으로서 관계를 맺는 시기에는 별로 매력적으로 작용하지 않을 수 있고, 경우에 따라 상대를 '재는 것'으로 오해받을 수 있다. 무엇보다 우정형은 다른 유형에 비해 썸이 지독하게 길 가능성이 높다.

우정형은 처음 연인으로서의 관계를 시작하는 것에는 다소 어려움이 있지만, 일단 연인이 된 이후에는 안정적인 관계 유지로 다른 유형의 관계에서 맞는 위기에 비해 그 강도가 약하고 빈도가 적은 편이다. 신뢰를 기반으로 한 우정형 연인에게는 둘의 관계를 깨뜨릴 만한 다른 존재가 끼어들 여지가 별로 없기 때문이다.

우정형 연인들이 주의할 점은 서로 잘 이해해 줄 거라는 안이한 생각으로 상대에게 함부로 말하거나 행동해서는 안 된다는 점이다. 평소에 장난으로라도 거친 말과 행동을 한다면, 갈등 상황에서 갈등이 꼬리에 꼬리를 물고 증폭될 가능성이 높기 때문이다. 평소 서로에 대해 다정하게 말한다면 갈등이 생기더라도 잠시 흥분할 뿐 부드럽게 넘어갈 수 있을 것이다.

## 이별

우정형은 친구에서 연인이 되는 경우가 많기도 하지만, 이별하고서도 서로를 잘 이해하는 좋은 친구가 되는 경우가 많다. 이별로 인해 상처를 받지 않는 것은 아니지만, 이별 사유가 신의를 깨거나 금전적 손실을 유발하는 특별한 사유가 아니고서는 이별로 인해 상대를 원망하기 보다는 깊이 이해하던 친구를 잃어버렸다는 상실감이 클 것이다. 평소 갈등이 생기더라도 원만하게 해결하는 과정을 거쳤다면, 우정형은 이별 과정에서도 서로 상처를 주며 관계를 최악으로 이끌지 않을 것이다. 따라서 좋은 친구로서 서로의 곁에 머물 가능성이 높고 상대의 행복을 기원하고 축복할 것이다.

우정형 연인들은 다른 유형에 비해 헤어질 확률이 적은 편이다. 우정에서 연인이 되었든, 열정적으로 사랑하던 두 사람이 긴 시간 함께 하면서 자연스럽게 우애와 신뢰를 나누게 되었든, 그들은 흔들리는 세상 가운데에서 서로에게 깊은 안정감을 주는 관계이기 때문에 결속력이 강해 쉽게 헤어지지 않는다. 그러나 한 사람이 여러 사랑 스타일을 가질 수 있고 어떤 상대를 만나느냐에 따라 다른 사랑 스타일이 발현될 수 있기 때문에, 또 다른 사랑을 찾아 우정형 연인이 이별을 맞이할 수 있다. 우리가 아무리 예측 가능하게 살려고 노력하더라도 인생은 예측 불가능한 것으로 가득 차 있으니, 재밌는 거 아닐까.

## 더 깊은 친밀감과 연대감

### 내면, 무의식적 욕구

우정형은 자신과 별로 다르지 않은, 유사성이 많은 사람을 사랑한다. 또 다른 자신이라고 여겨질 만한 대상을 연인으로 삼거나 그렇게 되는 과정을 즐긴다. 우정형은 혼돈에 익숙하지 않고, 자신을 더 자신답게 만드는 관계를 추구한다. '아름답다'에서 '아름'은 15세기에 '나'를 지칭하는 용어로 쓰여 아름답다는 것은 '나답다'는 것을 뜻한다는 설이 있으며, '아름'이 '알음'의 변형으로 '잘 아는 것'을 뜻한다는 설이 있다. 두 가지 유래설 모두 우정형의 사랑에 대한 설명으로 적합하다. 우정형 연인들은 서로를 잘 알고, 있는 그대로의 모습을 사랑한다.

우정형은 애착 유형 중 자신과 타인을 모두 긍정적으로 여기는 안정형에 가깝다. 연인에게 자신이 수용되길 기대하고 자신 또한 연인을 수용하며, 연인 관계 내에서도 친밀감을 추구한다. 우정형은 내적으로 평안함을 추구하고 연인 관계뿐 아니라 다른 대인 관계 내에서도 친밀감을 추구한다. 다만, 연인 관계 내에서는 다른 대인 관계에 비해 더 깊은 친밀감, 연대감을 기대하는 것이다.

우정형의 경우, 다른 사랑 스타일 유형에 비해 결핍이 덜하며, 내적으로 뒤틀린 욕구를 형성해 외부로 표현할 가능성이 적은 편이다. 관계를 장기적인 시각으로 바라보고, 관계 내에서 일희일비하기보다는 함께 걸어갈 수 있는 길에 대해 생각한다. 장기적인 관계를 유지하고 있는 연인에 대해선 내 인생의 반려인으로 본다.

〈응답하라 1988〉에서 덕선(이혜리)과 택(박보검)은 오랜 친구에서 연인이 된다. 정환(류준열) 또한 오랜 친구로 덕선을 이성적으로 사랑하게 되지만, 기회를 놓치고 만다. 덕선과 택은 이웃으로 살며 서로의 부모님과도 친하게 지내며, 집에 있는 숟가락 개수까지도 서로 잘 알정도의 친밀한 사이다. 서로의 부족한 부분에 대해서도 잘 알기 때문에 그런 모습을 보완해주려 한다. 천천히 마음을 키워나가던 덕선과 택은 성인이 되어 연인이 되고 이후 결혼해서도 예전 친구였을 때처럼 서로에게 허물 없이 대한다.

## 우정형의 매력과 한계

우정형의 매력은 안정감과 편안함이지만, 강렬함이 적기 때문에 우선순위에서 밀리기 마련이다. 우정형 사랑 스타일을 추구하는 사람은 자신이 사랑하는 마음을 당사자에게 확실하게 전달할 필요가 있다. 자신의 마음처럼 천천히 진행되지 않는다 해도 조금은 모험할 필요가 있으며, 자신을 풍랑 속에 내던질 때도 있음을 알아야 한다. 연인을 잡기 위해서 빨리 움직여야 할 필요가 있기 때문이다. 그렇지 않고 여유를 부리다가는 상대가 우정형의 매력을 저평가하며 다른 연인을 찾아 떠날 것이다.

관계 초기에는 우정형이 약체이지만, 관계 중기로 가서는 우정형이 좋은 연인으로 강세를 보인다. 알면 알수록 괜찮은 사람이 되고, 내 인생을 따뜻하게 감싸주는 사람이 된다. 안정을 추구하는 관계가 서로에게 긍정적으로 기능할 것이다. 다만 유의할 점은 안정감에 심취해 "당연히 내 맘을 알겠지" 하지 말고, 연인에게 자신의 감정, 생각, 특히 사랑하는 마음에 대해 적극적으로 표현해야 한다. 노력 없이 유지할 수 있는 것은 없다.

## 현실에서 우정형 연인을 둔 당신에게

우정형 연인과의 관계에서 당신이 뭘 기대하는지 분명하게 아는 것이 필요하다. 만약 매일이 새롭고 가슴을 두근거리길 원한다면 그 사람은 당신이 원하는 것을 절반도 이뤄주질 못할 것이다. 사랑에 대한 가치관이 어떤지 대화를 나눠보는 것이 중요하다. 만약 그 사람이 "천천히 알아가고 싶어"라고 말한다면, 그다음엔 당신과의 시간에 당신에게 집중하는지를 냉정하게 평가해 보면 좋다. 당신이 하는 말에 집중하는지, 당신의 의견에 집중하는지를 여러 차례에 걸쳐 살펴보고 종합해 천천히 알아가고 싶다는 말의 진의를 파악해야 한다. 일명 '어장 관리'를 위해 당신과의 관계를 느슨하게

만드는 건지, 아니면 당신과의 관계 기초를 튼튼하게 다지고 있는
지 판단해야 한다.

당신 또한 우정형 연인이라면 걱정이 좀 덜할 것이다. "이런 사
람이라면 평생 함께할 수 있겠구나" 하는 생각으로 서로 잘 맞는
연인이 될 것이다. 다만, 주변의 열정적으로 타오르는 커플을 보며
자신의 사랑 스타일을 폄훼하지는 말아라. 누군가는 할리우드 스
타일의 연애를 하고 또 누군가는 프랑스 영화처럼 난해한 연애를
하지만, 당신은 일본 감성 영화 스타일의 연애를 하는 것이다. 열
정형이 '혁명에 따른 사랑'이라면, 우정형은 '진화에 따른 사랑'인
셈이다. 이 또한 사랑이다.

### 이야기에서 발견한 우정형 사랑 스타일

- 영화 〈해리가 샐리를 만났을 때〉
- 영화 〈프렌즈 위드 베네핏〉
- 영화 〈너의 결혼식〉
- 드라마 〈응답하라 1988〉 (응답하라 시리즈는 우정형을 다루고 있다.)
- 음악 〈사랑과 우정 사이〉, 〈친구에서 연인〉 등


*#천천히알아가는게묘미 #친구에서연인은한끗차이*

*#신뢰와존중 #진화에따른사랑*

# 실용형, 논리적이고 이성적인 사랑

실용형은 이성에 근거하여 현실적인 조건을 고려하는, 실용성을 매우 중시하는 사랑이라 할 수 있다. 게임형과 우정형의 혼합형으로, 게임형처럼 감정적 동요 없이 사랑을 객관화하며, 우정형처럼 천천히 감정을 발전시킨다는 특징을 가지고 있다.

　실용형은 자신과 타인의 경계를 명확하게 인식하는 독립적인 성향의 사람들이 연인 관계에서도 효율성을 추구하는 것으로, 자신이 원하는 조건을 연인에게 요구하고 연인이 원하는 조건을 자신이 수용 가능한지 판단하며 서로의 요구를 맞춰나간다. 실용형에게 중요한 가치는 '교환 가능성'이다. 내가 원하는 것을 상대가 제공해 줄 것인지, 상대가 원하는 것을 내가 제공해 줄 수 있는 것인지를 협상하고, 협상의 성공을 위해 양보와 타협하는 과정을 거친다.

우정형과 실용형은 여성의 비율이 높은 유형으로, 남성보다 여성이 연인 관계에서 안정을 더 가치있게 생각하는 것을 알 수 있다. 이는 진화적인 관점에서도 설명이 가능한데, 여성이 남성에 비해 임신으로 인한 손실이 훨씬 크게 발생하기 때문에 관계의 안정성을 중요하게 여기는 것으로 해석 가능하다.

실용형은 관계가 안정되기를 바라며, 관계의 안정성을 위해선 현실적인 조건을 고려해야 한다는 입장을 취한다. 개인마다 중요하게 여기는 조건은 다르겠지만, 일반적으로 실용형은 사회적 위치, 교육 수준, 재정 상태, 종교 등 함께 살면서 격렬하게 부딪칠 수 있는 부분을 배제하고 자신과 조화를 이룰 사람을 찾기 위해 노력한다. 경우에 따라선 상대의 신체적 매력의 가시적 조건을 따질 수도 있고 삶에 대한 태도, 좋은 습관 여부 등의 정신적인 요소를 중시하기도 한다.

실용형들의 만남은 주로 '맞선'과 같은 형태로 가능하다. 듀오, 가연 등과 같은 수많은 결혼정보업체는 조건에 따른 만남을 주선하며, 남녀의 배우자 조건을 중재하고 적합한 조건의 사람들이 만날 수 있게 주선한다. 그러나 꼭 맞선과 같은 형태로 만나지 않는다 하더라도 사랑을 시작할 때 실용형은 우선 상대와 자신의 차이를 정확하게 파악하고 서로 '잘 맞는 연인'으로서 기능할 수 있는지 살펴본다. 연인이 된 이후에는 상대에 대한 감정을 키워나갈 가능성 또한 있으며, 함께 한 시간이 길어질수록 동반자로서의 애틋한 마음을 가진다.

**문제적 로맨스 심리 사전**

## 서로 구속하지 않고 존중하는 자유

어떤 특성을 가진 사람이 실용에 근거한 사랑이 가능할까? 실용형의 사람들은 독립적인 성향을 가지고 있으며, 자신만의 공간과 시간을 중요하게 여기고, 자유로운 삶을 추구한다. 삶에 대한 주도권을 항상 본인이 가지고 있어야 한다고 생각해서 아무리 가까운 사람에게라도 지나치게 의존적인 것을 경계한다. 이는 연인에게도 마찬가지로, 함께 공유하는 공간과 그렇지 않은 공간을 나누고 침범하는 것을 싫어한다. 보이지 않는 선 또한 존재해서 자신의 선택에 연인이 지나치게 오지랖을 부리면, 무례하다고 여긴다.

실용형의 경계는 명확해서 이를 지켜주면 평화롭지만, 만약 연인이 경계를 넘는다거나 경계를 허물기 원한다면 실용형은 이를 전혀 이해하지 못하고 분노할 것이다. 이런 실용형을 보면 사랑에 있어서도 이성을 놓지 않는다는 점에 매력을 느끼면서도 어떤 때는 차갑게 느껴지기도 한다. 그러나 실용형의 생각은 다르다. 연인이라도 서로의 개별성을 존중하길 원하며, 그것이 사랑을 유지하는 비결이라고 여긴다. 서로를 구속하지 않고 존중하는 가운데 자유로움을 느끼고 싶어한다.

실용형 연인은 자기가 원하는 것에 대해 거침없이 요구하는가 싶다가도 어떤 순간에는 감정표현을 절제하기도 한다. 자신의 감정 또한 객관화하며, 상황에 적절하지 않다고 여기면 감정을 감추고 표현을 주저한다. 따라서 실용형은 지나치게 모든 상황을 이성으로 통제하려고 하지 말고 감정을 자유롭게 하는 연습이 필요하다. 감정을 표현하는 것이 열 마디 논리적인 말보다 더 설득력이 강할 수 있기 때문이다.

소설과 영화로 유명한 《오만과 편견》에서 베넷 가의 어머니는 다섯 딸들이 좋은 신랑감을 만나 결혼하는 것을 최고의 목표로 삼는다. 소설의 주인공인 둘째 딸 엘리자베스는 진정한 사랑을 결혼의 조건으로 삼지만, 다른 자매들과 마찬가지로 사랑과 조건 사이에서 흔들리며 고민한다. 그러다 부유한 빙리 가문의 파티에서 빙리보다 더 부유한 다아시를 만나게 되고, 다아시는 엘리자베스에게 첫눈에 반하여 청혼하기에 이른다. 하지만, 엘리자베스는 다아시를 오만한 사람이라고 여겨 청혼을 거절한다. 그러나 후에 여러 사건을 거쳐 오만한 줄 알았던 다아시가 신중하고 배려심 많은 사람이라는 걸 알고 그의 두 번째 청혼을 드디어 받아들인다.

소설 속 엘리자베스는 그저 계층과 재산을 보고 결혼을 선택하는, 소설 속 다른 여성보다도 훨씬 까다로운 모습을 보인다. 다아시의 엄청난 재산과 명성에도 흔들리지 않으면서도 그의 인성까지도 사랑할 수 있는 사람의 목록에 올려놓았으니 말이다. 아주 까다로운 실용형의 모습을 로맨스의 형태로 보여주고 있다.

## 행동 특성

실용형 연인은 혼자일 때보다 둘이 있을 때 더 큰 가치를 창출하길 바라고 그렇게 되도록 실천한다. 그렇지 않은 경우에는 혼자 있는 것이 낫다고 생각할 것이다. 실용형은 우정형처럼 서로의 목표와 꿈에 대해 관심을 가지며 자신이 상대에 기여할 수 있는 건 무엇인지 생각해 보지만, 우정형과 다른 점은 '교환 가능성'에 대해 주목하여 자신이 준 만큼 받으려 한다는 것이다. 정에 이끌리기보다는 좀 더 냉정하고 객관적인 태도를 유지하며, 만약 내가 한 만큼 상대가 주려 하지 않으면 명확하게 자신이 원하는 바를 전달하며 요구할 것이다.

사이가 원만한 실용형 연인들은 우정형과 비슷해 보이기도 한다. 그러나 가장 다른 것은 우정형이 감정적 온기를 가지고 그로 인해 서로의 관계에 영향을 주고받는 반면, 실용형은 감정에 크게 영향을 받는 관계를 형성하지 않는다는 점이다. 이런 특성은 위기의 순간에 더 극적으로 드러난다. 연인이 위기에 처했거나 난처한 상황에서 자신이 더 큰 손해를 보지 않는 선에서 도움을 주며, 최악의 경우에는 손절하고 미련 없이 떠나는 걸 선택할 수 있다. 사랑을 감정이 아니라 거래로 보는 건 게임형과 비슷하지만, 게임형이 자신의 이익을 위해 연인을 속일 수 있는 반면에 실용형 연인들은 속이는 것을 '손실'이라 여기며, 서로 솔직하게 의견을 표현하고 자신과 연인의 자원 및 변동 상황 등에 대해 명확하게 밝혀야 한다고 여긴다.

드라마에서 상류층 부부의 삶을 보여주는 방식이 실용형 연인에 대한 묘사로 적절한 것이 많다. 한 예로, 인기리에 방영을 마친 〈재벌집 막내아들〉의 모현민(박지현)의 경우를 들 수 있다. 모현민은 자신의 이상을 실현해 줄 상대로서 진도준(송중기)과 진성준(김남희) 사이에서 갈등하다 진성준과 결혼한다. 모현민과 진성준의 관계는 마치 동업자 관계처럼 보이며, 두 사람 만의 결합이 아니라 집안의 결합으로, 사위의 성공을 위해 장인어른의 힘까지 동원하는 것을 통해서도 알 수 있다. 모현민은 남편 진성준의 성공에 전력을 다해 협력하며, 친정의 안위뿐 아니라 진성준과의 사이에서 낳은 자신의 아들이 진성준에 이어 재벌 총수가 되길 바라는 마음에서 그렇게 한 것이다. 모현민은 진성준이 자신이 원하는 목표를 이루지 못할 것으로 판단되면, 둘 사이에 맺은 계약은 끝났다고 생각하고 언제든 그의 곁을 떠났을 것이다.

## 관계를 맺는 양상

실용형은 관계에 신중한 편으로, 자신이 원하는 조건에 부합하는 '그' 혹은 '그녀'를 만났다고 생각하기 전에는 깊은 관계에 들어가는 것을 주저할 것이다. 실용형이 연애나 결혼과 같은 특별하게 가까운 관계를 맺는다는 것은 혼자보다 +α가 된다는 확신이 있을 때이다. 관계 초기에는 이를 탐색하는 시간으로 갖고, 실현 가능한 목표와 현재 자산과 같은 현실적인 부분부터 결혼에 대한 가치관이나 삶에 대한 태도 등과 같이 차후 함께 지내는 데 영향을 줄 수 있는 부분에 대해 치열하게 이야기하고 협상하는 과정을 거칠 것이다.

실용형 연인의 관계 초기 모습은 마치 기업 합병을 하는 것과 같아 보인다. 이들은 믿음을 전제로 하지만, 인간적 기대에서 비롯된 것이 아니기 때문에 강제성을 가진 합의를 원한다. 연애를 시작할 때에는 상대에게 내 시간과 돈을 투자할 만한 가치가 있는지 살펴보는 과정을 거치고, 결혼을 앞두고는 연애보다 더 많은 사항을 고려하여 동반자로서 내 자본과 저 사람의 자본을 합치는 것이 나을 것인지 고려한다. 동등한 위치에서 서로가 가진 가치, 자본을 교환하길 바란다. 연애 계약서, 혼전 계약서와 같은 법적 효력을 가진 문서 작성은 실용형 연인들에게 합리적인 대안이며, 관계를 공고히 하는 데에 도움이 된다고 여길 것이다.

실용형이 경제적인 부분만 신경 쓰는 건 아니지만, 그럼에도 실용형이 다른 유형과 가장 뚜렷한 특성은 경제적인 부분, '금전 관리'에 있다. 일방적으로 손해 보는 것을 싫어하는 실용형은 시간과 돈을 써야하는 상황에서 고유의 특성이 가장 잘 드러난다. 꼭 상대 연인에 대한 평가에서만 그런 것이 아니라, 데이트하는 장소의 접근 편의성, 식당 음식의 질과 가격 등에서 가장 합리적인 선택을 하고 싶어한다. 그리고 자신의 합리적인 선택에 대해 이야기 나누는 것을 즐거워하기도 한다.

실용형이라고 상대에 대한 애정이 없는 것은 아니므로, 관계를 맺기 이전에는 여러 요소를 고려하다가 공식적으로 관계가 확립되고 나서는 강렬한 감정을 수반한 애정 공세를 할 수 있다.

## 취약 상황, 갈등 요인

실용형 연인들의 갈등 또한 그들의 특성이 강하게 드러나는 시간 관리와 금전 문제 영역에서 많이 일어날 수 있다. 예산 관리, 지출 패턴, 금전적인 책임 분담 등에 있어 의견 차이가 크거나 시간 관리나 일정 조율에 있어서도 협의가 잘 되지 않으면 팽팽하게 맞서 갈등이 심화될 것이다. 동거나 결혼한 커플의 경우에는 가사 분담에 있어서도 다툴 가능성이 높다. 일방적으로 헌신을 요구받는다면 실용형은 자신에게 유리하게 관계를 끊기 위한 준비 작업에 돌입할 것이다.

실용형에게 가장 중요한 것은 상호 의견 조율의 협의 과정과 합리적인 결과 도출이다. 그러기 위해선 서로 솔직한 의사소통을 하는 것이 중요하며, '상호 협력'하는 관계를 구축해야 한다. 두 사람 중 한 사람이라도 정보를 감춘다거나 이기적으로 행동할 시 관계는 파멸로 가게 될 것이다.

## 이별

실용형이 이별을 결심할 때는 관계 내에서 자신이 '소모적'으로 느껴지는 경우이다. 자신이 연인에게 도움이 안 되는 것도 견디기 힘들지만, 연인 또한 나를 이용하려고만 드는 것 또한 견디기 힘들어 이별을 고려할 것이다. 실용형이 연인 관계를 시작할 때에 '+α'를 고려하듯이 이별에 있어서도 똑같이 이 점을 고려하며, 상대뿐 아니라 자신 또한 객관화하여 살펴본다. 실용형은 사랑 스타일 유형 중 가장 이성적이기 때문이다.

실용형은 이별이 자신이 선택할 수 있는 최선의 합리적인 대안이라고 생각한다면, 이별 그 자체에 대해서는 별로 감정적으로 동요하지 않을 것이다. 이별로 인한 슬픔이 몰려온다 하더라도 적어도 이별이 마무리되기 전까지는 자신의 감정을 겉으로 표현하는 것을 자제하며 슬픔 또한 유보할 것이다. 이별을 잘 마무리했다면, 이후 유보했던 슬픔이 몰려와, 한동안 힘들어 할 가능성이 있다. 이때 감정을 잘 추스른다면 다음에 자신에게 더 적합한 연애 상대를 만날 수 있다.

만약 실용형이 이별 과정에서 경제적 손실을 입게 된다면, 실용형의 차갑게 빛나는 분노를 보게 될 것이다. 상대 또한 자신이 겪은 손실을 겪게 하기 위한 방법을 모색할 것이며, 혹시 그럴 필요까지 못 느낀다 하더라도 실용형의 아주 차가운 모습을 보게 될 것이다.

## 서로가 각자의 방식대로 '쓸모' 있을 때

### 내면, 무의식적 욕구

실용형들은 기본적으로 유용성, '쓸모'에 대해서 많이 생각한다. 이는 사람에게도 적용하는 것으로, 타인뿐 아니라 자신에 대한 평가에도 적용한다. 어린 시절에는 나름대로 가족에게 어떻게 도움이 될 수 있을지 고민하고 실천하다가 성장한 뒤에는 자신이 속한 조직, 더 나아가 국가, 세상에 어떤 도움이 될 것인지 고민한다. 자신이 어디에도 쓸모없다고 느끼는 건 매우 괴로워, 어떻게든 반드시 자신이 쓸모 있게 여길 수 있는 분야를 찾을 것이다. 실용형에게 인간의 존재 이유는 '쓸모'이다. 그리고 사랑은 서로가 각자의 방식으로 쓸모 있다는 전제 하에 생길 수 있다고 여긴다.

## 실용형의 매력과 한계

보통 오래된 연인이나 배우자는 삶의 중요한 영역부터 사소한 영역까지 많은 부분을 공유하기 때문에 서로에게 도움이 되고 도움을 받는 형식으로 함께 있게 된다. 한 사람의 부족한 부분을 다른 한 사람이 채워주면서. 사랑 스타일에서 실용형의 점수가 높게 나온 사람은 사랑을 유지하는데 있어 서로가 도움이 되어야 한다는 가치관이 좀 더 강할 뿐이다.

실용형의 사랑 스타일이 연인 관계에 어느 정도는 필요하지만 그럼에도 조심해야 할 부분을 찾자면, 그건 애정을 표현하는 데 있어 자칫 인색할 수 있다는 점이다. 이성적으로 연인과 생활의 많은 부분을 협의하고 상호 보완하는데 치중해서 둘의 관계를 더 돈독히 할 수 있는 언어적·비언어적인 표현의 필요성을 간과할 수 있다. 만약 애정을 표현하는 게 어색하다면, 칭찬과 감사를 표현하는 건 어떨까? 당연한 것은 없다는 마음으로 상대를 바라본다면, 연인이 나를 위해 하는 작은 행동들에 대해서도 고맙게 느껴질 것이다. 그리고 서로가 함께 하는 이유를 실용적인 이유만으로는 설명할 수 없는 부분이 반드시 있으며, 그 설명할 수 없는 부분에 대해 '기적'이라고 여기며 감정적 충만함으로 받아들여도 좋을 것 같다.

## 현실에서 실용형 연인을 둔 당신에게

당신이 연인처럼 실용형이 아니라면, 당신을 어떤 '조건들의 연합'으로 보는 것 같아 기분 나쁠 수 있다. 나 자체를 좋아할 수는 없는 건가, 고민할 수도 있다. 그러나 실용형 연인이 고려하는 그 조건들은 당신의 일부분이며, 그중에 당신의 강점으로 이룩한 성과들이 있을 것이다. 그 조건들 또한 당신을 잘 설명하는 요소들이다.

당신 또한 실용형이 강한 사람이라면, 연인과의 대화가 아주 원활하게 흘러갈 것이다. 관계 초반부터 서로의 가치관과 조건들을 확인하며 서로 맞는지 안 맞는지 논리적으로 파악할 수 있으며, 만약 서로 조건이 맞지 않는다면 쿨하게 헤어지고 다른 연인을 만날수 있다. 서로 조건이 맞아 연인의 관계를 더 지속할 수 있다면, 당신과 그 사람은 서로를 잘 이해하는 아주 환상의 동료인 동시에 서로를 돕고 발전시켜 기능적으로 뛰어난 연인이 될 것이다.

### 이야기에서 발견한 실용형 사랑 스타일

- 드라마 〈재벌집 막내 아들〉

- 소설 《오만과 편견》
- 드라마 〈셀러브리티〉
- 드라마 〈펜트하우스〉

**#이것도사랑 #실제적인사랑 #인간의자원목록**

**#결혼정보업체방문자들 #사랑도이성적으로**

**문제적 로맨스 심리 사전**

# 집착형, 온전히 소유하려는 사랑

"널 사랑하기 때문에 널 미워하는 거야."

집착형의 사랑은 평소에 어딘가 불안정한 데가 있고, 서로 갈등을 겪게 될 때 그 불안정함이 분명하게 나타난다. 다른 유형이라면 사랑과 미움이라는 양극단을 오가는 감정을 감당하는 것이 어렵지만, 집착형은 자신의 연인에게 사랑과 미움을 품고 양극단의 감정을 수시로 왔다갔다 한다. 집착형에게 사랑은 너무나 강렬한 것이어서 그 강렬함만큼 불안한 감정 상태에 쉽게 빠지는데, 이로 인해 상대방의 사소한 행동에도 민감하게 반응한다. 특히나 거절 신호에 절규하거나 굉장히 공격적으로 반응하기도 한다. 설사 그것이 일상에서 많은 사람들이 쉽게 주고받는 작은 거절 신호라 할지라도 집착형은 연인이 마치 관계의 단절을 요구한 것처럼 심각하게 받아들여, 오히려 상황을 예상치 못했던 방향으로 악화시킬 때가 종종 있다.

이런 집착형의 모습에 연인은 "나를 너무 사랑해서 이렇게 힘들어하는구나"하며, 집착형에게 사랑을 더 표현하고 함께 있는 시간을 늘리면 집착하는 모습이 사라질 거라 생각한다. 그러나 집착형은 '사랑=집착'이라고 생각하기 때문에 쉽게 바뀌지 않는다. (집착형은 자신의 사랑 방식을 절대 '집착'이라고 표현하지 않겠지만, 사랑한다면 당연히 할 수 있는 것들에 대해 '집착' 혹은 '구속'으로 보이는 행동들이 많다.)


## 사랑하는 사람을 완벽하게 소유하는 것

집착형은 열정형과 게임형의 혼합으로, 연인에 대해 뜨거운 열정을 가지고 있으면서 동시에 내가 사랑이라는 게임의 승자가 되어 상대를 온전히 소유할 수 있어야 한다고 여긴다. 그래서 연인의 마음을 사로잡기 위해 자신이 할 수 있는 최선을 다하는 모습을 보이며, 오로지 연인을 위해서만 사는 사람 같다. 연인이 원하는 것이라면 그것이 무엇이든 다 이뤄주려고 하다 보니, 최악의 경우에는 사회 질서를 어지럽히거나 법을 어기는 일이라 하더라도 연인의 마음을 얻기 위해 하는 경우가 있다.

그러나 만약 연인의 마음이 자신에게서 조금이라도 돌아서려는 것 같을 때에는 배신이라 생각하고 연인에게 지나치게 순응적이었던 이전 모습과 반대로 연인을 맹렬하게 비난하는 모습을 보인다. 그 과정에서 폭력적인 모습을 보이기도 한다.

집착형은 에너지를 표출하는 유형으로, 의도치 않게 자신의 극적인 감정을 외부에 실시간 생중계한다. 연인의 애정 어린 칭찬에 천국에 간 것처럼 기뻐하다가도, 연인의 차가운 태도에 지옥에 간 것처럼 절망하기도 한다. 자신이 연인을 소유하려고 하면서도 동시에 연인의 노예가 된 것처럼 사랑을 구걸한다. 따라서 집착형은 가장 눈에 띄는 유형으로, 집착형의 사랑을 받는 당사자 연인뿐 아니라 제3자의 눈에도 집착형의 특성이 확연하게 눈에 띈다.

영화 〈인비저블맨〉의 도입부에서 세실리아는 언니의 도움으로 자신에게 무섭게 집착하며 폭력까지 불사하는 남편 애드리안에게서 도망쳤다. 이후 안전한 곳을 찾은 세실리아는 언니와 친구로부터 애드리안의 자살 소식을 듣게 된다. 애드리안의 죽음보다 놀라운 것은 애드리안이 세실리아에게 전 재산을 남긴다는 유언이었다. 세실리아는 지인의 집에 머무는데, 갑자기 보이지 않는 힘에 의해 세실리아의 지인이 다친다. 남편이 없는 집에 가서도 기이한 일들은 반복되는데, 보이지 않지만 분명 남편이 있는 듯하다. 세실리아는 소리가 났던 다락방으로 올라가 그곳에서 자신을 찍은 사진들을 발견한다. 그리고 다락방으로 빠르게 다가오는 발걸음 소리를 듣고 공포에 휩싸여 다락방 출입구에 있는 페인트를 출입구 사다리에 쏟아낸다. 그랬더니, 그동안 보이지 않았던 존재가 페인트와 함께 드러난다. 세실리아는 그 존재가 남편이라고 확신한다. 자신에게 무섭게 집착하는 유일한 사람이기 때문이다.

## 행동 특성

집착형은 자신의 감정을 지나치게 과장해 표현하는 경향이 있다. 연인에게 사랑과 열정을 드러낼 때 과장된 언어나 제스처를 사용하며, 무엇보다 자주 표현한다. 항상 연결되어 있다는 느낌을 받아야 하기 때문에 전화, 문자, 메일 등의 짧고 긴 연락이 잦으며, 그 연락에서 매번 사랑을 확인하려 하고 사랑을 받기 위해 노력한다. 연애 초기에는 뜨거운 사랑으로 느낄 수 있는 집착형의 특성이 연애가 지속되면 될수록 힘겹게 느껴질 수 있다.

어쩌다 연락이 닿지 않기라도 하면 집착형은 불안에 빠진다. 보통 낮 시간의 회사와 같은 공간에서 연인과 잠시 연락의 공백이 있는 건 낮은 불안감으로 괜찮게 여기겠지만, 퇴근 후나 주말에 연락이 닿지 않으면 집착형은 높은 불안감으로 받지 않는 연인의 전화기에 계속 전화를 걸어 부재중 통화를 수십 통 남길 수 있으며, 집 앞까지 찾아가는 경우가 발생한다. 연인은 너무 피곤해 핸드폰을 충전 안 한지도 모른 채 자다 일어나서 대문 앞에 서 있는 집착형의 분노를 마주할 수도 있다.

또한, 집착형은 불안과 더불어 질투 또한 강해서 연인이 자신보다 더 애정하는 게 있다고 느껴지면 가족이나 반려동물에도 질투할 수 있다. 자신에게 연인밖에 없고 연인의 관심은 오로지 자신에게 향해야 하기 때문에, 연인 앞에서는 연인의 반려동물을 귀여워하다가도 연인이 보이지 않을 때면 괴롭힐지도 모른다. 그리고 자신을 제외한 모든 사람들, 연인의 가족과 친구 사이를 이간질해서 연인이 오로지 자신만을 의지하고 자신과 시간을 보내기를 바랄 것이다.

열정형이 타오르는 불꽃으로 화려하고 아름다우면서도 많은 사람들이 공감하는 아련한 추억과 같다면, 집착형은 활화산 아래서 운동 중인 용암과 같다. 언젠가 폭발해 화산 주변을 모두 초토화시키는 에너지를 표현하거나, 뱀처럼 아주 집중력 있게 온몸으로 먹이가 되는 동물의 숨통을 조이고 천천히 한입에 먹어 치운다. 한 대상에 대한 집중력과 더불어 감정의 폭발을 동시에 가진 유형이 집착형이라 할 수 있다.

### 관계를 맺는 양상

집착형은 첫눈에 반하는 경우가 많다. 마음에 드는 상대를 있는 그대로 바라보며 시간을 들여 상대와 자신의 공통점을 찾아가기 보다는, 짧은 시간 상대와 이야기하고 눈을 맞춘 것만으로도 집착형 마음대로 이상화하여 상대를 자신 안의 '신'과 같은 존재로 만든다. 그렇다고 주변의 시선을 신경 쓰지 않는 건 아니다. 자신의 마음속 그림대로 실제 행동했다가는 상대도 놓치고 주변 사람들도 자신을 이상하게 쳐다볼 것이라는 걸 알고 있다. 사회적 시선을 상당히 신경 쓰는 사람인 경우 더 은밀하게 자신의 욕구를 실현할 가능성이 높다. 자신이 이상화한 상대를 연인으로 만들기 위해 집착형은 최선을 다할 것이다. 이 과정에서 상대가 연인이 되었거나 되지 않았어도 집착형의 극적인 모습이 드러날 수 있다. 애초에 연인이 되지 않았거나 연인이 된 후 헤어졌을 때 스토킹을 할 가능성이 가장 높다. 상대를 자신의 '신'으로 여긴다면 여전히 신성화하며 쫓을 것이고, '죽여 마땅한 ×'이라고 여긴다면 징벌하기 위해 쫓을 것이다.

연애 초반에 집착형은 굉장히 헌신적으로 연인을 살뜰하게 보살핀다. 연인이 아프다고 하면 하던 일을 멈추고 약을 사들고 달려와 연인을 보살피고, 연인에게 필요한 것을 채워주려고 노력할 것이다. 사귄 지 얼마 되지 않았는데 정성스럽게 돌봐주는 모습을 보면, 연인은 자신이 분에 넘치는 사랑을 받고 있다고 생각하고 고마움을 느낄 것이다. 거기다 집착형의 강한 감정표현은 연애 초반에는 열렬한 사랑 고백으로 이어져, 연인은 황홀함을 느낄 것이다. 그러나 면밀하게 살펴보면 연애 초반 달달한 분위기 속에서도 집착형은 연인을 조금씩 통제하려는 모습을 보일 것이다. 그 통제의 표현이 귀여운 질투에서 시작할 수 있고, 과한 헌신으로 연인이 아무것도 못 하게 할 수도 있다. 어떻게 행동하든 집착형의 목표는 '나만 바라봐'이다.

연애 중반과 후반으로 가서는 집착형의 사랑에 숨이 막혀온다. 집착형은 이제 자신의 사랑 스타일을 조금씩 바꾸거나 집착의 강도를 의도적으로 낮춰야만 한다. 그렇지 않으면, 연애의 결말은 슬프게 맺어질 수밖에 없다. 간혹 로맨스 소설이나 만화에는 '집착광

공'의 남자 주인공 캐릭터가 나와 어떤 상황에서도 여자 주인공만 바라보며 모든 감각을 여자 주인공에 맞춰 사는 이야기가 있지만, 그건 어디까지나 픽션이라는 안전장치가 있다. 상상으로는 아주 매력적이지만, 실제로 활화산 같은 사람과 시간을 보내다 보면 내가 누군지도 모르게 변해버릴 것이다.

## 취약 상황, 갈등 요인

관계가 안정기로 갈 때, 보통의 연인들은 자연스럽게 자신들의 원래 자리를 회복하려 한다. 연애에 몰두하느라 못 만났던 친구도 만나고, 회사에서는 자신 앞에 쌓여가는 일을 빠르게 처리해 나가며, 연인을 삶의 일부로 자연스럽게 받아들인다. 그러나 집착형은 오로지 자신이 연인의 삶에서 우선순위가 되어야 하고, 삶의 일부가 아니라 전부가 되어야 한다고 생각하며 무리한 요구를 할 것이다. 그런 과정에서 집착형과 연인 모두 감정이 고조되어, 갈등이 크게 확대될 위험이 있다. 분명 이해받고 이해하기 위해 시작했던 대화가 어느새 서로에게 칼날이 되는 말을 내던지는 것으로 변해 있다.

흔한 갈등 요인은 집착형의 연인에 대한 과도한 연락과 통제이다. 잦은 다툼으로 더 이상 싸우기 싫어 최대한 맞춰주다가도 문득 자신의 곁에 남은 사람이 집착형 연인밖에 없는 것을 깨닫지만, 집착형은 그것에 만족하지 않고 계속 더 무리한 요구를 해 연인을 힘들게 할 가능성이 높다. 집착형은 연인이 물리적으로 함께 하지 않을 때도 연결되어 있음을 느낄 수 있도록 스스로 마음을 안정시키는 노력을 해야 하고, 자신의 행동이 연인과 자신의 관계에 해가 될 수 있음을 인식하고 자제할 필요가 있다.

집착형에게 최악의 연인 유형은 게임형이다. 게임형은 집착형에게 헌신을 받아낼 뿐 자신은 요령껏 헌신의 채무관계에서 빠질 것이다. 그러면서도 맘에 없지만 집착형이 원할 만한 사랑 고백을 하며 집착형을 이용할 것이다. 집착형에게 게임형은 잡힐 듯 잡히지 않는 신기루 같은 존재다. 그래서 게임형을 잡기 위해 자신의 시간과 자원을 소비할 가능성이 있다. 게임형에게도 집착형은 난해한 유형인데, 아무리 타격을 줘도 자신에게 다가오기 때문이다. 가볍게 만나려던 게임형의 의도와는 다르게 자꾸 상황이 걷잡을 수 없이 심각해지곤 한다. 게임형 또한 내심 집착형에게 두려움을 느끼며, 어떻게 해야 할지 모르는 상황을 만나 자주 당황할 것이다.

## 이별

다툼의 횟수가 증가하고 다툼의 강도가 커지는 상황이 몇 번 반복된다면 연인 사이에서 이별 이야기가 나올 수밖에 없다. 이별이 언급되면 집착형은 큰 상실감과 공포를 느끼며 절대 헤어질 수 없는 상황을 만들기도 한다. 자해를 한다거나 자살 암시를 하면서 상대에게 자신과 헤어지는 것은 죽으라고 등 떠미는 것과 같다는 메시지를 던진다. 그렇기 때문에 집착형과의 헤어짐은 가장 난이도 높은 문제이다. 극단적인 상황 연출로 '혹시나 나 때문에 죽으면 어떡하지'하는 마음으로 다시 연인과 사귀게 된다 하더라도 갈등은 형태를 바꿔서 다시 반복될 것이다. 여기서 오해하지 말아야 할 것이 집착형에게 연인과의 관계 단절은 정말 '죽음'을 앞둔 고통과 같다. 온 세상이 무너지고 깨어지는 것과 같은.

이별 후 집착형의 연인에 대한 태도가 돌변할 수도 있다. 연애를 시작할 때는 연인을 '신'이라 여겼다가 이별 후에는 '죽여 마땅한 ×'으로 여기며, 자신의 마음을 갈기갈기 찢어놓은 연인을 찾아가 자신의 고통과 똑같은 고통을 느끼게 하고 싶을 것이다. 폭주하는 분노감으로 여전히 헤어진 연인만을 생각한다. 사회적 시선을 고려해 다행히 자신의 생각을 행동으로 옮기진 않는다 하더라도, 헤어진 연인에 대해 지인들에게 이야기할 때 굉장히 격렬한 감정을 담아 표현할 것이다. 이야기 내용은 조금씩 다르겠지만, 이야기 속 패턴은 동일하게 '내가 이렇게 했는데, 상대는 나에게 이렇게밖에 하지 않았어'이다.

이별 후에도 이별에 대한 고통이 쉬이 사라지지 않아 다음 연인을 만나는 데 주저하게 된다. 이별을 통해 집착형은 자신의 사랑 스타일을 직면할 필요가 있으며, 매우 고통스럽더라도 자신의 사랑 스타일이 어떤 신념과 과거의 어떤 경험으로부터 왔는지 탐구해 봐야만 한다. 그렇지 않으면 자연스럽게 또 연인을 구속하고 항상 관계를 불안하게 만드는 걸 반복하기 때문이다.

영화 〈남자가 여자를 사랑할 때(원제 'Boxing Helena')〉에서 뛰어난 외과 의사인 닉은 클럽에서 우연히 만난 헬레나에게 첫눈에 반해버리고 만다. 헬레나에 대한 환상에 사로잡힌 닉은 헬레나 근처에서 맴돌며, 헬레나를 다시 만날 기회를 만들기로 한다. 닉은 헬레나 모르게 헬레나만을 위한 파티를 열기로 한다. 파티에 초대받은 닉의 지인들은 평소 사람들과 별로 교류하지 않고 일만 하던 닉이 웬일로 파티를 열었냐면서 반가워한다. 마침내 헬레나가 닉의 파티에 오고, 닉은 자신에게 관심도 없는 헬레나를 계속 쫓아다니며 귀찮게 한다. 결국 헬레나는 화가 나 파티를 떠나버린다. 다음 날 핸드백을 놔두고 간 헬레나가 닉에게 연락했고, 닉은 아직 화가 난 헬레나를 설득해 자신의 집에 오게 한다. 집에서도 계속되는 닉의 애정 공세에 헬레나는 화를 내며 급하게 집 밖을 나서다가 닉의 집 앞 도로를 빠른 속도로 지나가던 차에 치이고 만다.

이후 헬레나는 팔과 다리가 모두 잘린 채 닉에게 완벽하게 종속되어 산다. 헬레나는 자신을 살린 것에 대해 닉에게 폭언하고 도망가려 하지만, 매번 실패한다. 닉은 자신의 외과 과장 자리마저 내놓고 오로지 헬레나에게만 신경 쓰며, 헬레나를 먹이고 씻기고 꾸미는 데 열중한다. 닉은 헬레나와 하루 종일 함께 있을 수 있어 행복해하고, 헬레나는 닉의 관심에 자신의 생존 여부가 달렸기 때문에 점점 닉의 사랑에 익숙해진다.

이 영화는 많은 관객들에게 불쾌감과 기이한 공포를 느끼게 했던 작품으로, 닉의 태도가 극단적인 형태의 집착형 사랑을 보여주고 있다. 닉은 헬레나를 여신처럼 여기면서도 동시에 아기처럼 여기며 자신의

**문제적 로맨스 심리 사전**

완전한 소유욕을 충족시킨다.

## 나와 너의 확실한 연결

### 내면, 무의식적 욕구

집착형은 '나와 너의 확실한 연결'을 원한다. 그러나 이것은 절대 도달할 수 없는 목표를 추구하는 것이다. 사람과 사람 사이의 '확실한 연결'은 법적 효력이 있는 계약서 외에는 서로의 살을 꿰는 방법밖에 없으며, 그렇게 극단적인 상황이라도 상대가 몸만 연결되어 있을 뿐 마음과 정신이 나를 향해 있지 않을 수도 있기 때문이다.

집착형에게 사랑이란 세상이 모두 무너져도 서로만 바라보는 것인데, 이 또한 불가능한 목표이다. 집착형 자신 또한 상대만을 바라보며 살 수 없고, 상대 또한 그건 마찬가지다. 연인은 몇 개의 연결고리를 가진 관계이고, 배우자인 경우에는 훨씬 더 많은 연결고리를 가진 관계일 뿐이다. 우리는 모두 완벽하게 소유하고 소유될 수 없는, 분리된 존재이기 때문이다.

집착형은 애착 유형의 집착 혹은 몰두형으로 불리는 유형과 비슷한 양상을 보인다. 애착의 몰두형은 자신에 대해서 부정적인 상을 갖고 타인과 세상에 대해서는 긍정적인 상을 가지고 있기 때문에 부모, 연인과 같은 애착 대상에게 자신의 가치를 확인하고 사랑받고 싶어한다. 그래서 타인의 관심을 받기 위해 뛰어난 성과를 이루기도 하고, 외모 치장에 시간을 들이기도 한다. 집착형과 몰두형은 연인의 관심을 기대하며, 관계에 지나치게 몰입하는 경향이 강하다. 다만, 애착의 몰두형은 부모-자식, 연인 혹은 배우자 관계로 이어지는 수직적이고 연속적인 경향을 설명하지만, 사랑 스타일은 그렇지 않다. 당사자의 사랑에 대한 가치관, 신념에 따른 구분일 뿐이다.

## 집착형의 매력과 한계

집착형의 사랑은 지나치게 뜨겁고 지나치게 슬픈 데가 있다. 사랑이 인생의 전부인 것처럼 관계에 가치를 부여하는 집착형의 모습을 보면 안타까워, 공감이 뛰어난 연인의 경우 집착형을 따뜻하게 보살펴주고 싶은 마음이 들 것이다. 집착형은 자신의 사랑을 갈구하는 행동을 통해 실제로 사랑을 얻을 가능성이 증가하기 때문에 그 행동을 멈출 수 없게 된다.

집착형의 매력은 연인이 신체적으로 취약해져 회복을 원할 때 최상으로 발휘되곤 한다. 연애 지속기간에 상관없이 집착형은 연인에게 헌신적으로 자신의 모든 것을 내어주려 할 것이다. 헌신형과 다른 점은 헌신형은 상대를 사랑하기 때문에 사랑의 결과로서 헌신하는 것이고, 집착형의 경우에는 사랑을 얻어내고 상대를 매료하고 심지어는 완벽하게 내 것으로 만들기 위해 헌신한다는 점이다. 또한 헌신형은 상대가 회복되었을 때 진심으로 기쁨을 느끼지만, 집착형은 아쉬움을 느낀다. 집착형은 상대를 완전하게 사로잡았다고 느낄 때 기쁨을 느끼기 때문이다.

집착형은 관계에 몰입하면서도 불안감을 크게 느껴 자신의 원래 의도와는 반대로, 관계를 자꾸 흔들어댄다. 끊임없이 사랑의 단서와 배신의 단서를 찾아다니며, 찾은 단서에 따라 감정의 기복이 심하다. 그렇기 때문에 집착형과 만나는 연인은 금세 피로감을 느끼고 관계를 정리하려 한다. 그러나 집착형의 강점이자 단점으로 온갖 수단을 사용하여 연인과의 이별을 막을 것이다. 그런 면이 열정형과 게임형의 혼합적인 성격이 잘 드러나는 부분이다.

## 현실에서 집착형 연인을 둔 당신에게

이 글을 읽다가 당신의 연인이 보여줬던 어떤 모습이 머릿속에서 언뜻 스쳐지나가며 연인이 집착형임을 짐작하고 있다면, 연인과의 관계에서 평정심을 유지하는 각고의 노력이 필요하다는 말을 하고 싶다. 집착형 연인은 당신이 알고 있는 당신의 모습, 당신의 관계, 가치관을 혼란스럽게 하고 뒤흔들어 놓을 것이다. 당신이 옳다고 생각했던 점을 경우에 따라 그른 것으로 생각하게 만들지도 모르고, 사랑에 대한 가치관 또한 바꾸어 놓을지도 모른다. 만약 사귄 지 얼마 안 된 연인이 플라톤의 '사랑의 기원'을 말하며, "우린 원래 한 몸이었을지도 몰라"라고 말한다면 흥을 깰 필요는 없지만 조금 진정시킬 필요가 있다. 그런데 플라톤이 '사랑의 기원'에서 언급했던 등을 맞대고 있는 남성과 여성이 합체된 형태였다 반으로 나뉜 세 번째 인간은 정말 집착형의 사랑과 비슷한 면모를 가지고 있다. 쪼개진 반쪽을 평생 그리워하고 하나가 되길 갈망하며 찾아 헤매는 모습은 집착형이 사랑으로서 완전성을 추구하는 방식과 닮았다.

당신은 집착형 연인에게 지금 우리의 관계는 '안정하다'는 것을 강조할 필요가 있다. 집착형에게 가장 필요한 것이 안정감이기 때문에 의식적으로 말과 행동으로 표현한다면 집착형 연인에게도 도움이 되고, 관계 증진에도 도움이 될 것이다.

집착형의 사랑에서 엄마를 잃은 어린아이가 엄마를 찾아 헤매는 듯한 고통이 느껴질 때가 있다. 잃은 엄마를 마침내 찾았을 때의 그 환희와 같은 감정을 연인을 만날 때 느끼는 것이다. 이별은 그런 상징적인 의미의 '엄마'를 잃게 되는 것이니, 뼈가 에는 듯한 고통을 느끼게 된다. 따라서 무턱대고 집착형 연인을 경계하기보다 집착형 연인의 속 깊은 이야기를 듣는 것이 필요하다. 그렇다면 스스로 해결 가능성이 높은 길을 찾아갈 수도 있다. 물론, 지나친 행동에는 적절한 선 긋기가 필요하다.

### 이야기에서 발견한 집착형 사랑 스타일

- 영화 〈인비저블맨〉
- 영화 〈히 러브스 미〉

- 영화 〈남자가 여자를 사랑할 때〉

- 드라마 〈바벨〉

- 수많은 로맨스 웹툰과 웹소설

*#사랑하니깐증오해 #두얼굴의사랑*

*#섬기느냐_징벌하느냐 #오직너*

# 헌신형, 무조건적 희생하는 사랑

헌신형에게 사랑이란 사랑하는 사람에 대한 헌신, 받기보다 베푸는 것이다. 사랑한다면 자신의 것을 조건 없이 다 내어주는 걸 당연하게 여기고 연인을 보살피는 것을 자신이 해야 할 의무로 여긴다. 헌신형을 제외한 다른 사랑 스타일 유형은 자신의 마음이 연인에게 응답 받길 원하지만(게임형은 자신의 마음을 더 과장되게 응답 받기 바람), 헌신형만은 자신의 마음이 상대에게서 응답받지 못한다 하더라도 개의치 않고 상대를 위한다. 헌신형은 사랑 스타일 유형 중 가장 이타적인 특성을 가졌다.

헌신형은 열정형과 우정형의 혼합으로, 사랑에 있어 강렬한 감정을 가지면서도 연인과의 관계에서 신뢰를 중요하게 여긴다. 연인을 향한 지고지순한 사랑에 더해 관계를 가볍게 여기지 않고 오래 지켜보며 쌓은 신뢰를 여러 상황적 이유로 관계가 위기에 처해도 쉽게 무너뜨리지 않는다. 자신 또한 연인에게 신뢰를 잃지 않게 행동하는 것은 아주 당연하고, 연인을 잠시 오해할 수 있는 상황에서도 끝까지 연인을 믿으며, 연인에 대한 신뢰를 쉽게 저버리지 않는다.

## 연인을 위해 조건 없이 다 내어준다

헌신형의 사랑 스타일 특성이 평온한 일상에서는 명확하게 드러나지 않을 수 있다. 연애 초기에는 열정형 같으면서도 어느새 우정형 같아 보이기도 하고, 그 반대로 처음에는 친구처럼 지내던 사람과 사랑에 빠져 엄청난 열정을 보이기도 하는 등 어느 한 유형의 모습만 보일 수도 있다. 그러나 자세히 들여다보면, 헌신형은 연인에게 자신의 삶을 맞추는 데 기쁨을 느끼고 연인의 성공에 기여하기 위해 보이지 않게 노력한다. 연인을 위해 자신의 시간과 물질적 자원을 쓰는 것을 아까워하지 않는다. 헌신형의 시선과 몸은 항상 연인에게 향해 있다. 연인이 무엇을 필요로 할까, 무엇 때문에 아파하는 걸까, 그리고 내가 무엇을 해줄 수 있을까.

헌신형이 연인에 대한 헌신으로 사랑을 표현한다고 하지만, 현대 사회는 헌신형의 사랑 스타일이 발현되기가 어려워 보인다. 현대 사회는 개인의 독립성을 강조하면서 독립성을 침해받는 것을 매우 싫어하고 경계를 지키기를 요구하기 때문이다. 이로 인해 특별한 관계 내의 개인 간 경계를 허무는 '연애' 또한 하기 어렵지만, 이타적인 행동을 하는 헌신형을 기대하기가 어렵다. 사랑 스타일은 사랑에 대한 개인의 가치관을 표현하지만, 이 가치관에는 사회적·문화적 영향이 있을 수밖에 없다. 개인의 가치관에 미치는 사회적 영향을 고려했을 때, 현대 사회에서는 헌신형 사랑 스타일을 '어리석은 사랑'으로 여길 가능성이 높다. "넌 너를 위해 살아야지. 왜 그 사람에게 너의 귀한 에너지를 쓰니"라고 충고를 하면서.

이와 마찬가지로 어느 시대에는 사회문화적으로 헌신형의 사랑 스타일을 독려하는 분위기가 될 수 있다. 헌신형의 행동을 가치 있게 평가하면서 '진정한 사랑'으로 여길 것이다.

영화 〈콘크리트 유토피아〉는 한순간에 폐허가 된 서울에서 오직 황궁아파트만 무너지지 않은 모습을 보여준다. 황궁아파트 사람들은 자신들의 생존을 보장받기 위해, 외부로부터 오는 위협의 가능성을 제거하기 위해 스스로 점점 위험한 선택을 하기에 이른다. 황궁아파트의 행동 대장 역할을 맡은 민성(박서준)은 명화(박보영)와 결혼한 지 얼마 안 된 신혼부부로, 어렵게 마련한 황궁아파트와 자신의 유일한 가족 명화를 지키기 위해 갖은 노력을 한다. 비록 명화의 선택과 조금씩, 크게 어긋나지만. 어린 나이에 부모를 잃은 민성은 가족을 지켜야 한다는 사명감으로 어떤 순간에도 명화를 놓지 않고 끝까지 지키기 위해 궂은일도 마다하지 않는다. 명화에 대한 민성의 태도는 헌신형 사랑 스타일을 보여준다. 명화가 인류애가 강한 인물이라면, 민성은 오로지 명화를 위해서라면 자신의 목숨까지 내어놓는 인물이라 할 수 있겠다.

## 행동 특성

헌신형은 연인의 실수에 관대하게 반응한다. 데이트할 때 약속 시간을 지키지 못하고 자주 늦거나 화가 나서 말실수한다 해도 미안해하는 태도를 적절히 보인다면, 화를 낼 일은 거의 없다. 연인의 실패에도 진심으로 가슴 아파하면서 격려하고 자신이 할 수 있는 것을 찾고, 적절한 해결책을 찾았다면 아무 대가 없이 도울 것이다.

자신이 얻게 되는 보상에 대해서는 별로 신경 쓰지 않으면서 연인에게 호의를 베풀지만, 그렇다고 헌신형이 호구는 아니다. 만약 연인의 이기적인 행동이 여러 번 반복되고 패턴화되는 것 같으면, 헌신형이라고 언제까지나 연인에게 희생적인 모습을 보이지 않는다. 자신에 대한 연인의 태도에 의도적으로라도 사랑하는 마음을 철수하고 더 이상 도움 행동을 하지 않을 것이다. 그런 착취적인 게 아니고 호의적인 관계를 유지하고 있는 경우라면, 헌신형은 언제까지나 연인의 편에 서서 응원할 것이다.

헌신형의 특성이 잘 드러나는 상황은 연인이 육체적으로, 혹은 심리적으로 위기에 처했을 때이다. 집착형에서 언급했다시피 집착형 또한 연인의 위기에 희생적인 모습을 보이는데, 헌신형과의 차이는 집착형의 목표는 그 행위를 통해 연인을 통제하기 위한 것이고, 헌신형은 연인을 위기에서 벗어나게 하는 것 자체가 목표이다.

만약 연인이 아직 인정받지 못한 예술가이거나 사업가인 경우, 헌신형은 연인이 긴 시간의 터널을 지나 성공을 이룰 때까지 옆에서 든든하게 그를 지원해 줄 것이다. 우리는 그와 같은 고백을 연말 시상식이나 작가의 소개에서 전해 듣곤 한다. 긴 시간 동안 빛을 발하지 못했던 뛰어난 예술가가 마침내 찬란한 빛을 발할 수 있을 때까지 곁에서 묵묵히 헌신했던 연인이나 배우자에 대한 고마움에 대해.

### 관계를 맺는 양상

첫 만남부터 헌신형의 특성이 드러나지 않을 가능성이 높다. 사랑에 빠져 연인 관계가 되었을 때에는 오히려 열정형처럼 보일 수 있다. 관계 초기에는 연인을 일정 부분 이상화하고 연인에게 뜨거운 감정을 가지며 육체적 친밀감을 추구한다. 그러나 관계가 지속되고 안정화될수록 신뢰를 중요시하면서 연인의 약점을 덮어주고 돌보려 한다. 이 점이 열정형과 달라지는 부분이다. 열정형은 관계가 지속되면서도 처음 반했을 때 경험했던 황홀감을 계속 이어가고 싶어하지만, 헌신형은 처음에 경험했던 황홀감을 추구하기보다는 지속적인 만남 가운데 자신과 연인의 삶이 의미있게 연결되는 것을 더 추구하며, 그 의미있는 연결에서 또 다른 황홀감을 추구한다.

헌신형은 연인과의 관계에서 협력적인 관계를 형성하고 싶어한다. 실용형이 이성적으로 협력적인 관계를 구축하려 하는 것이라면, 헌신형은 자신의 협력으로 인해 관계의 깊이가 더 깊어진다고 여긴다. 그렇다고 연인에게서 헌신을 요구하지 않는 건 아니다. 헌신형은 사랑에 대해 희생적인 면을 중요시하기 때문에 연인에게도 사랑의 표현으로 희생적인 면을 요구하거나 자신의 희생을 인정받고 싶어한다. 그럼에도 헌신형은 다른 유형에 비해 연인에게 인내하는 편이다.

관계가 깊어질수록 헌신형은 연인에 대해 무조건적인 사랑을 베푼다. 시간에 따라 연인의 외모, 행동, 성격이 변하더라도 그 변화에 상관없이 일관되게 애정을 갖는다. 최악의 경우, 연인이 사고를 당해 반신불수가 된다 하더라도 그 이유로는 연인을 떠나려 하지 않는다. 오랜 시간 신뢰로 사랑이 깊어지고 웬만한 이유로는 헌신형의 사랑은 변치 않는다. 헌신형과 헌신형의 만남은 평생 서로를 위하고 아끼는 관계로 발전할 것이다.

**취약 상황, 갈등 요인**

헌신형은 연인을 위해 자신을 희생하는 경향이 강해, 자신의 필요와 욕구를 무시하는 경우가 생길 위험이 있다. 과도한 자기희생은 자신의 건강을 해치고 고통을 유발한다. 또한 지속적으로 자신의 욕구를 무시한 결과, 자신이 뭘 좋아하고 필요로 했는지 망각한다. 헌신형은 연인을 돌보고 지지하는 것도 중요하지만, 자기희생을 인식해 적절하게 균형을 맞출 필요가 있다. 그렇지 않다간 스스로 무슨 존재였는지 잊어버리고 말 것이다.

반면, 연인이 헌신형의 자기희생적인 행동을 따라가지 못해 낙심할 수 있다. 받은 만큼 자신도 베풀고 싶지만, 상황과 능력이 여의치 않을 경우 헌신형의 희생을 부담으로 느낄 것이다. 일방적으로 한쪽이 희생하는 구도가 생기면 희생을 하는 헌신형은 누적된 피로감과 스트레스로 힘들어하고, 연인은 헌신형처럼 자신 또한 베풀지 못해 괴로워할 것이다. 이렇게 되면 서로를 좀먹는 관계가 될 수 있다. 건강한 관계를 구축하려면 상호적인 이해와 균형을 유지하는데 주의를 기울여야 한다.

연인이 헌신형의 희생을 당연하게 여기게 되는 것도 헌신형이 마주할 수 있는 취약 상황이다. 연인의 이익을 최우선으로 생각하는 건 헌신형에게 너무나 자연스러운 일인데, 이에 익숙해진 연인이 헌신형의 희생에 감사할 줄 모르고 무관심하게 받아들일 수도 있다. 그러다 헌신형이 자신의 고통에 대해 토로할 때 무심한 연인이 "힘들면 말하지 그랬어. 누가 그러래?" 하며 책임을 회피한다면, 갈등을 피할 수는 없을 것이다.

## 이별

이별 상황에서 헌신형은 큰 상실감으로 괴롭기도 하지만, 무엇보다 연인에게 해주지 못했던 것들을 떠올리며 자책에 빠질 것이다. 또한 헤어진 연인이 이별로 인해 힘들어하는 것을 알게 되면, 더 심하게 자책하며 괴로움에 빠질 위험이 높다. 헌신형은 관계의 층

위가 두텁게 쌓인 후에는 웬만한 일에 헤어짐을 생각하지 않는다. 하지만 헌신형이 헤어짐을 결심하게 된다면, 그것은 아마 자신이 더 이상 연인에게 해줄 수 있는 것이 없는 경우이거나 연인이 헌신형의 희생을 지속적으로 착취할 때일 것이다. 연인의 이기적인 행동으로 헌신형뿐 아니라 가족이나 지인에게까지 악영향이 갈 경우에는 더욱 굳건하게 관계의 단절을 결심할 것이다.

이별은 헌신형에게 마치 세상에서 선함에 대한 가치가 무너지는 것과 같이 느끼고, 자신이 도덕적으로 흠이 많은 건 아닌지 괴로워하게 한다. 연인과의 이상적인 미래를 꿈꾸고 계획했지만 그 미래는 신기루처럼 사라져 버리고 잘못은 모두 자신에게 있는 것만 같다. 따라서 이별에서 헌신형은 스스로에게 가혹한 태도를 갖지 않으려 노력해야 한다. 인연이란 한 사람의 희생만으로 가능한 것이 아니니깐.

히가시노 게이고의 소설 《백야행》과 《용의자 X의 헌신》의 이야기를 이끄는 주요 인물은 사랑하는 사람에 대해 무조건적 희생하는 헌신형 사랑 스타일을 잘 보여준다. 《백야행》의 경우에는 료지가 자신이 사랑했던 유키호를 어린 시절 지켜주지 못했던 죄책감과 더불어, 자신의 인생을 오로지 유키호의 완벽한 인생 만들기에 내던진다. 《용의자 X의 헌신》에서 고등학교 수학 교사 이시가미는 평소에 자신이 흠모했던 옆집 여자인 야스코가 이혼 후에도 폭력을 휘두르는 남편을 우발적으로 죽이게 되는 것을 목격하고, 야스코를 위해 이 사건을 완전 범죄로 만들기 위해 나선다. 대학에 다닐 때 세기에 한 번 나올까 말까한 천재로 높은 평가를 받았지만 거듭되는 실패로 좌절하여 고등학교 수학 교사로 남은 이시가미는 경우의 수를 모두 고려하여 수사에 혼선을 일으키고, 누구도 범인으로 가리킬 수 없게 사건을 미궁에 빠지게 한다. 이 모든 것은 오로지 야스코의 안녕과 행복을 위한 것이다. 《백야행》의 료지와 《용의자 X의 헌신》의 이시가미는 둘 다 사랑하는 사람에게서 어떠한 대가도 바라지 않고 사랑하는 마음을 자신이 할 수 있는 최선의 방식으로 표현했다.

## 일방적으로 부모가 자식에게 헌신하는 듯한 관계

### 내면, 무의식적 욕구

헌신형의 사랑이 마치 자신의 아이에게 무조건적으로 사랑을 베푸는 부모의 사랑을 닮았다. 부모와 자식과의 관계는 내리사랑으로, 일방적으로 부모가 자식에게 헌신하는 관계를 맺는다. 부모는 혼자서 아무것도 하지 못하는 어린아이를 온몸과 마음을 들여 정성으로 돌보아 독립된 객체로서 기능할 수 있게 만드는 긴 시간을 보낸다(한국의 경우에는 부모가 자식에게 헌신하는 기간이 OECD 다른 국가보다 더 길다). 아이를 키우는 동안 부모는 아이에게 보답을 바라며 그 행동을 하는 것은 아니다. 그저 아이가 건강하게만 자라기를 바랄 뿐이다. 헌신형은 이상적 사랑을 부모가 자식에게 하는 사랑이라 여기고 자신이 부모의 역할이 되어 연인의 부족함을 채워주며 연인이 행복하고 큰 성취를 이룰 수 있도록 조력해야 한다고 여긴다. 헌신형이 연인에게 관대할 수 있는 것도 이상적 사랑을 '부모의 사랑'으로 두기 때문이다.

## 헌신형의 매력과 한계

상대를 위해 자신을 희생하는 연인의 모습은 영화나 TV 다큐멘터리에서 많이 본 듯하다. 혈액암으로 죽어가는 아내를 마지막까지 극진하게 보살피는 내용의 영화 〈러브 스토리〉와 같은 헌신형 사랑 스타일의 플롯은 로맨스 영화로 종종 등장해 우리의 눈가와 메마른 세상을 촉촉하게 적신다. 치료될 수 없는 병든 아내를 곁에서 지켜주는 남편, 모든 걸 잃고 나락에 빠진 것 같은 인생에서 빛이 되어준 연인. 그러나 헌신형의 사랑은 어쩐지 연인이나 부부의 사랑이기보다는 자식에 대한 부모의 무한대 사랑에 가까워 보인다. 그래서 많은 관객은 〈러브 스토리〉를 보며 눈물을 흘리더라도 영화가 끝난 후에는 "이건 이야기일 뿐이야"라며 비현실적으로 받아들이게 된다.

헌신형의 매력을 일상에서 절절하게 느끼기는 사실 어렵다. 약속에 매번 지각하는 나에게 괜찮다고 해주고, 차가 없으면서도 집 앞까지 날 데려다주고 먼 길을 다시 돌아가는 헌신형 연인의 모습에서 고마움을 느끼긴 하지만, "그 사람은 원래 그렇게 해"하며 익숙해지기도 쉽다. 그리고 어쩐지 나에게 매달리는 것과 같은 느낌도 들고 연인 간 매력을 유지할 수 있는 긴장감이 느껴지지 않기도 하다.

헌신형의 매력이 진정으로 빛을 발하는 순간은 연인이 위기에 처했을 때, 깊은 시련을 경험할 때이다. 만약 당신이 예기치 않게 교통사고를 당해 입원을 해야 한다면 헌신형 연인은 당신이 회복될 때까지 당신 곁에서 보살핌을 제공할 것이다. 만약 당신이 공시생이거나 로스쿨을 준비하는 등 목표로 하는 미래의 직업을 달성하기 위해 노력하는 중이라면, 헌신형 연인은 당신이 지치지 않게 응원하고 자신이 도울 수 있는 것이라면 최선을 다해 도우려 할 것이다. 왜 나에게 그렇게까지 베푸냐고 묻는다면, 헌신형 연인은 딱히 대답을 못 할 수도 있다. 헌신형에게 사랑이란, 당연히 내가 나눌 수 있는 것을 아낌없이 나누는 거라 생각하기 때문이다.

헌신형의 매력은 연인 관계보다는 부부와 같은 형태의 장기적 관계에서 치명적으로 작용하며, 헌신형의 사랑 스타일로 인해 상대 배우자 또한 가치관의 변화를 경험하는 놀라운 일이 일어나기도 한다.

## 현실에서 헌신형 연인을 둔 당신에게

헌신형 연인과의 건강한 연애를 위해서는 균형을 맞추는 노력이 필요하다. 그렇다고 해서 당신이 헌신형의 노력과 비슷하게 해야 한다는 말은 아니다. 헌신형의 노력에 충분히 감사하는 마음, 그리고 헌신형의 노력이 주는 안락함에 안주하지 않고 헌신형을 위해 미래에 당신이 할 수 있는 것에 대해 생각하며 노력해야 할 것이다. 헌신형의 희생이 왜 필요하고 언제까지 필요한지 서로 구체적으로 이야기하는 것 또한 필요한 과정이다. 만약 헌신형 연인의 애쓰는 모습이 안타깝거나 당신을 곤란하게 만든다고 한다면, 그것에 대해서도 의견을 나눌 필요가 있다. 아마 헌신형은 자신도 모르게 마음속으로 '사랑한다면 내가 희생해야지'라고 생각하며 당신에게 맞추고 있을지도 모른다. 그러니, 그럴 필요가 없다면 대화를 통해 헌신형의 비효율적인 '희생'을 명확하게 짚어 언급할 필요가 있다. 한 가지 명심할 것은 명확하고 구체적이지만, 다정한 태도로 말해야 한다는 점이다. 그렇지 않으면 대화가 갈등으로 점화되고 말 것이다.

### 이야기에서 발견한 헌신형 사랑 스타일

- 영화 〈콘크리트 유토피아〉
- 소설 《백야행》과 《용의자 X의 헌신》
- 드라마 〈나의 아저씨〉 (박동훈(이선균)과 이지안(이지은)이 연인 관계는 아니었지만, 박동훈이 부인인 강윤희(이지아)에게 보이는 태도나 지안에게 보이는 태도가 헌신형에 가깝다.)
- 영화 〈슬픔보다 더 슬픈 이야기〉
- 한국 설화 《우렁각시》

#다줄거야 #사랑을위한희생은값져 #트루러브

#자기희생의끝판왕 #보살피는사랑

3장

# 사랑은 무엇으로
# 구성돼 있을까?

유지현

# 사랑의 삼각형

스턴버그의 사랑의 삼각형 이론(Sternberg's Triangular Theory of Love)은 삼원지능이론으로 유명한 심리학자 로버트 스턴버그(Robert J. Sternberg)가 제안한 사랑에 관한 이론이다. 이 이론에서는 이름 그대로 사랑이 세 가지 구성 요소로 이루어진다고 보는데, 이 구성 요소는 친밀함(Intimacy), 열정(Infatuation), 결심 또는 헌신(Commitment)이다. 각각의 구성 요소가 결합되는 방법의 수에 따라 여러 가지 유형의 사랑이 존재하며, 각각의 특성을 가진다는 것이다.

**문제적 로맨스 심리 사전**

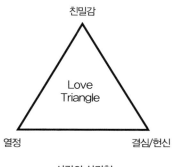

**사랑의 삼각형**

## 친밀감, 썸타는 관계의 시작

친밀감(Intimacy)은 감정적 연결, 가까움 및 두 사람 간의 따뜻한 관계를 말한다. 애착, 연결 및 상호 이해의 감정을 포함한다. 스턴버그와 그래젝(Sternberg & Grajek, 1984)[1] 은 그들의 사랑에 관한 연구에서 가까운 관계에서의 친밀감을 나타내는 열 가지 지표를 다음과 같이 설명했다.

1. 사랑하는 이의 복지를 증진시키기를 열망.
2. 사랑하는 이와 함께 행복을 경험.
3. 사랑하는 이에 대해 존경심을 가짐.
4. 필요할 때 상대방에게 의지할 수 있음.
5. 사랑하는 사람끼리 서로 이해.
6. 상대와 자신 및 자신의 소유를 나눌 수 있음.

7. 상대로부터 정서적 지지를 받음.

8. 상대에게 정서적 지지를 줌.

9. 상대와 친밀한 의사소통을 함.

10. 자신의 삶에서 사랑하는 이의 가치를 높이 평가함.


사랑의 세 가지의 요소 중 하나인 '친밀감'은 가까운 사람 즉, 친구 및 가족 사이에서도 흔히 느낄 수 있는 감정이다. 사이가 가깝고 친하다는 느낌이 들면 그것이 바로 친밀감이다. 다만 스턴버그가 지적한 사랑하는 관계에서의 친밀감은 단순히 친한 상태를 넘어서서 상대의 행복을 빌고, 그 행복을 나누고 싶어하며, 서로가 함께 하는 행복한 미래를 그리고, 상대를 존경하고 이해하고 배려하는 데서 순수한 기쁨을 느끼는 것을 뜻한다. 이 과정에서 어느 한쪽만이 일방적 노력을 하는 게 아닌 서로 베풀고 힘들 때 의지할 수 있게끔 정신적으로도 심리적으로도 서로의 지지가 되어야 한다. 친밀감을 '인식'하고 이를 키워나가려 노력할 때 비로소 사랑이 시작된다고 할 수 있겠다.

친구와 가족 간의 친밀감과는 달리 사랑하는 사이에서의 친밀감은 물리적, 심리적 접촉 및 흥미와 흥분이 동반되어야 한다. 보통 짜릿하고 통했다는 느낌이 친밀감이 형성되는 순간에서 발생한다. 혹은 친구와 가족 같은 오래 형성된 관계에서 특정한 계기를 통해 서로를 '다시 보게 되는' 사고의 전환을 통해 친밀감이 형성되기도 한다.

## 행동 특성

연락 혹은 만나는 횟수가 잦아진다. 서로의 눈을 쳐다보는 횟수와 시간이 길어진다. 서로에게 관심을 갖게 된 것을 의식했기 때문에 다른 사람들도 이 두 사람이 서로에게 호감을 갖고 있다는 것을 눈치채게 된다. 속칭 '썸을 타는 기간'이 여기에 해당할 수 있다. 서로 좋아한다는 확신이 생길 때까지 썸을 오래 타는 경우도 발생하는데, 두 사람의 성격유형에 따라 한쪽이 의사 표현 혹은 감정표현에 서툰 경우 이 과정에서 한쪽의 친밀감이 사그라들 수도 있으니 조심하자.

## 취약 사항

"눈에서 멀어지면 마음에서도 멀어진다"는 말도 있듯이 친밀감은 상호작용에 의해 강해지기 때문에 한쪽이 군 입대, 유학, 이사, 취업, 이직 등으로 물리적 거리가 생겨 상호작용의 빈도가 낮아질 경우 친밀감이 안정적으로 형성되기 어려울 수 있다. 운이 나쁜 경우에는 서로의 마음을 확인하지도 못한 애매한 상태에서 관계가 흐지부지될 수도 있다.

영화 〈김씨 표류기〉는 사회에서 각기 다른 방식으로 고립되었던 두 사람이 서서히 가까워지면서 각자의 틀을 깨고 나와 서로에게 다가가는 과정을 다룬 영화이다. 주인공 남자 김씨(정재영)가 한강에 투신 자살하려다 밤섬에 표류한 뒤 결국 그 섬에 적응하여 자기만의 작은 세상에서 안분지족하는 동안, 여의도 아파트에서 히키코모리로 자신을 가두고 있던 주인공 여자 김씨(정려원)가 취미로 사진을 찍다가 민방위 훈련으로 텅 빈 서울에서 우연찮게 남자 김씨를 발견한다. 그 후 여자 김씨가 남자 김씨를 관찰하며 병에 든 편지를 통해 교류하게 된다. 결국 영화는 두 김씨가 민방위 훈련일에 다시 만나는 것으로 끝난다. 영화의 마지막은 두 사람의 친밀감이 더 강해질 것이라는 여운을 남긴다.

## 우정, 친밀감만 있는 사랑

사랑의 3요소 중 친밀감만 있는 경우를 보통 '우정'이라 할 수 있다. 강한 열정이나 장기적 헌신 없이도 상대를 향한 친밀감, 결합되어 있다는 느낌을 가질 수 있어서 이 정도에 만족할 경우, 더 이상의 진전 없이 우정에 머무르게 된다. 친밀감 이상의 관계로 나아가고 싶지만 친밀한 관계가 깨어질까 두려워 이 단계에 머무르는, 소위 '우정 이상 사랑 미만'의 관계도 여기에 속할 수 있다.

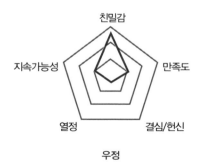

우정

영화 〈84번가의 연인(원제 '84 Charing Cross Road')〉은 물리적 거리가 두 사람 간의 매우 깊은 결속을 우정 단계에서 머무르게 한 부분을 보여주는 영화이다.

사실 이 영화는 미국의 작가인 헬렌 한프가 20여 년에 걸쳐 영국의 서점 직원 프랭크와 편지를 주고받았던 실화에 근거한 작품으로, 두 사람은 연인이 아니라 매우 친한 친구 사이이다. 배경은 2차 세계대전이 지난 후인 1950년대로, 두 사람은 프랭크가 사망할 때까지 한 번도 만나지 않고 편지로만 소통한다. 다만 영화 배급 당시 남녀 사이에 그런 오랜 '우정'이 존재하는 것이 낯간지러웠던지, 실제로 두 사람이 사랑하는 관계가 아니었음에도 한국판 제목에는 '연인'이라는 단어가 들어가버렸다.

하지만 두 사람이 현대에서 직접 만났다면 어떻게 되었을까? 두 사람은 물리적인 거리에도 불구하고 정신적으로 매우 친밀감을 느끼고 있었다. 서로의 행복을 빌고 농담을 건네기도 하고 선물을 보내기도 했다.

두 사람은 서로를 존경하고 이해하고 배려했다. 다만 둘 사이에 성적 긴장감이 없었기 때문에 이 깊은 친밀감이 사랑으로 발전하지는 않았다. 이 영화의 예로 볼 때, 친밀감이 농후해지면서 사랑으로 발전하려면 두 사람만의 신체 접촉, 성적 긴장감 같은 물리적 가까움이 있어야 함을 알 수 있다.

**심리 사전 솔루션**

누군가는 용기를 내야 한다. 이 관계가 친밀감 이상의 것임을 깨달아 헌신을 결심했거나 상대에 대한 열정을 깨달았다면, 이 관계를 우정 이상으로 발전시키기 위해 모험을 해야 한다. 넌지시 상대의 의향을 물어볼 수도 있고, 적극적으로 프러포즈를 할 수도 있다. 하지만 상대가 거부할 경우 깨끗이 물러나서 다시 우정뿐인 관계로 돌아가거나, 어색함을 인정하고 그 사람 자체를 포기해야 할 것이다.

*#용기있는자가사랑을얻는다*

## 열정, 이성을 압도하는 욕망

열정(Passion)은 강한 욕망과 갈망이 특징으로 상대와의 관계에서 신체적 매력, 성적인 몰입으로 이끄는 욕망을 말한다. 많은 관계에서 성적 욕구가 열정의 주요 부분을 차지하지만 다른 요구들, 즉 자아존중감, 타인과의 친화, 타인에 대한 지배, 타인에 대한 복종, 자아실현 같은 욕구들이 열정에 기여하기도 한다. 독립투사 만해 한용운의 유명한 시 〈복종〉에서 가장 유명하다고 할 수 있는 1연의 '남들은 자유를 사랑한다지마는 저는 복종을 좋아하여요'에서 한용운은 열정적 사랑을 고백하는 사람에 빗대어 애국심을 노래하였다. 이 부분에서의 사랑은 육체적 욕망이 아닌 타인과 얽히고 싶은 갈망을 엿볼 수 있다.

사랑이 성립하는 데 있어 친밀감이 불쏘시개라면, 열정은 이를 자극하는 가연성 물질이라고 할 수 있다. 이성적 계산으로 내게 맞는 상대를 고른다거나 서서히 친해지는 사이에서 나타난다기보다는 감정적으로 한눈에 반하는 사랑, 혹은 특정한 계기로 사랑의 대상으로서 상대를 새롭게 보게 되었을 때 피어오르기 때문에 당사자가 압도당한다는 느낌을 받게 된다.

## 행동 특성

'야, 쟤 개 좋아하나 봐'라는 소리를 들을 정도로 상대에 대한 호감을 감추지 못하거나, 제 입으로 상대를 좋아하게 된 것 같다고 말하고 다니기도 한다. '사람이 변했다'는 평가를 받기도 하는 등 '사랑과 가난은 숨길 수 없다'는 속담이 일컫는 상태를 나타낸다. 드라마와 영화로 만들어진 바 있는 일본만화 《허니와 클로버》에서 천재 신입생 하나모토 메구미를 보고 첫눈에 반하는 타케모토 유타의 모습이 이런 순간을 잘 묘사한 것으로 많이 언급되곤 한다. 물론 이 상황에선 눈치 빠른 마야마 타쿠미가 먼저 눈치채고 민망해하긴 하지만.

## 취약 상황

상대에 대한 친밀감을 넘어 이성을 흐릴 만큼의 신체적 흥분이 정신을 지배하는 상태라면, 이성적 판단을 내리기 어려워질 수 있다. 무사히 상호간의 감정임을 확인하고 나면 괜찮지만, 일방향의 감정이라면 추후 이걸 깨닫고 느끼는 반작용이 커서 우울해질 수 있다. 상대의 감정이 자신과는 같지 않음을 알고 깨끗이 물러서지 못하는 경우, 짝사랑만 오래 하면서 더 나은 사랑을 하지 못하고 자신을 더 괴롭게 만들거나 심하게는 상대를 스토킹하기도 한다. 열정을 갖고 자신을 바라보는 사람이 자신의 부탁을 거절하기 어려워 한다는 점을 이용하여 상대를 이용하거나 그런 상대에게 이용당할 수도 있다.[2]

그리스 로마 신화에서는 신비하고 아름다운 반신(demi-god), 요정 혹은 신 그 자체의 신화적 존재에게 열정을 느끼거나 혹은 그 열정의 대상이 되었다가 파멸하는 인간에 대한 경고성 일화가 많이 존재한다. 열정적 구애에 진저리를 쳐서 신에게 자신을 다른 존재로 바꾸기를 청하는 여성(님프)들의 이야기가 그 예이다.

처음에는 서로를 좋아하지 않은 상태에서 투닥투닥 싸우다가 어느 시점부터는 서로의 매력을 깨닫기 시작해서 결국 깨소금 냄새 쏟아지는 연인이 되는 경우도 있다. 로맨스 창작물에서는 클리셰적 연출이기도 하고 실패하지 않는 스토리라인이기도 하다. 고전 명작 뮤지컬 영화 〈사운드 오브 뮤직〉은 아내가 죽은 후 마음을 닫고 지내는 해군 대령 폰 트랩과 그에게 군대식 가정교육을 받는 등 나이에 맞지 않게 힘들게 자라고 있는 일곱 아이들, 그리고 그들이 사는 집에 가정교사로 들이닥친 견습 수녀 마리아의 이야기이다. 폰 트랩 대령은 자신의 지시를 무시하는 한참 어리고 당돌한 마리아가 영 맘에 들지 않지만, 자신의 아이들과 노래를 하면서 아픔을 어루만지고 친해지는 마리아의 순수함에 서서히 호감을 느끼게 된다. 마리아 역시 무뚝뚝하고 화만 낼 줄 아는 군인인 폰 트랩 대령이 이성으로 느껴지게 된다. 하지만 순진한 마리아는 죄책감을 느끼고 짐을 싸서 수녀원으로 돌아가 버린다. 이들의 열정을 알아챈 아이들과 주변 사람들의 도움으로 두 사람은 서로의 사랑을 확인하고 결혼에 골인한다. 대령과 마리아가 서로 주거니 받거니 하는 말과 눈빛이 어느샌가 연인들이 하는 방식으로 바뀌어 가는 것을 보는 것이 영화를 감상하는 재미 요소 중 하나이다.

영화 〈바람과 함께 사라지다〉의 스칼렛 오하라(비비안 리)와 레트 버틀러(클라크 게이블)가 열정적 사랑을 대표하는 커플이라고 할 수 있겠다. 여주인공 스칼렛의 경우, 그 특이한 심리와 행동유형 때문에 심리학에서는 그녀의 이름을 따라 연극성 성격 스펙트럼을 설명하기도 하며(스칼렛 오하라 증후군), 바로 그 히스테릭함 때문에 결국 레트와 결별한다. 스칼렛의 사랑에는 다른 사람을 살피는 호감이나 희생하는 헌신이 전혀 없었기 때문에 평생 짝사랑했던 애슐리 윌크스도 얻을 수 없었다.

## 열정만 있는 맹목적 사랑

맹목적 사랑은 '첫눈에 빠진 사랑' 또는 상대를 있는 그대로가 아니라 이상화하는 망상으로 치우치는 사랑의 형태로, 열정적인 흥분만으로 이루어진 사랑이 주로 여기에 해당한다. 정신적, 육체적인 흥분만이 상당히 크게 나타난다는 특징이 있다. 정신적 흥분에 치우치면 짝사랑이 될 것이고, 육체적 흥분에 치우치면 단지 성관계만 추구하는 얕은 관계에 머무르게 된다.

스페인의 작가 미겔 데 세르반테스의 소설 《돈키호테》의 주인공 돈키호테는 평범한 농부의 딸인 알돈자 로렌조에게 기사도적 사랑을 바치던 나머지 망상을 더하기 시작해, 그녀를 이상화하여 가상의 공주 레이디 둘시네아로 공경하게 된다. 첩보물 〈007〉 시리즈에서 주인공 제임스 본드는 첩보물의 클리셰적 요건인 '본드걸' 여성과 위기의 상황에서 본심을 숨기고 도구적이고 성적인 관계만 유지한다.

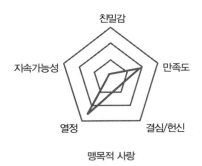

맹목적 사랑

## 심리 사전 솔루션

사랑만을 위한 사랑을 하고 있지는 않은지 생각해봐야 한다. 게임을 하는 것 같은 찰나의 쾌락만을 추구하는 사랑은 허무함만 남길 수 있다. 상대에 대해 알려고 노력하여 친밀감을 쌓고, 그 상대와의 관계를 잘 유지할 수 있도록 양보하여 헌신할 수 있는지 자신에게 묻고 관계를 발전시킬 여지를 마련하자.

#UNHOLY #쉽게불붙으면쉽게꺼진다
#NOPAIN_NOGAIN

## 결심/헌신, 상대를 사랑한다는 것을 확신하는 순간

세 번째 요소인 결심/헌신(Commitment)은 단기적인 측면과 장기적인 측면으로 나누어 볼 수 있다. 우선 단기적인 측면에서의 결심은 '어떤 사람을 사랑하기로 마음을 먹는 일'이다. 결심에서 시작된 마음이 장기적으로 이어지면 그것이 헌신이 된다. 그 사랑을 계속 유지하고 싶다는 마음에서 비롯된 것이다.

결심과 헌신은 하나로 묶여 있지만, 이 둘이 동시에 일어나지 않아도 된다. 결심하되 헌신은 하지 않아도 되고, 헌신하되 확실한 결심을 증명하지 않을 수도 있다. 호감을 느끼는 것과 달리 사랑의 결심은 자신이 상대를 사랑한다는 것을 명확히 알게 되는 순간이며, 로맨스에서 이것은 큰 환희를 가져다 줄 수 있다.

## 행동 특성

개인 내부에서 일어나는 일이다보니 호감이나 열정보다는 행동화되어 두드러지지 않을 수 있다. 하지만 많은 문화권에서 사랑에 대한 결심 및 헌신을 상징화, 의식화하곤 한다. 상대방에게 세레나데[3]를 불러준다거나 두 사람의 사랑의 결실을 나타내는 약혼식이나 결혼식 등의 의식, 약혼반지, 결혼반지, 커플 아이템 같은 상징적 물건의 소지 등으로 표현되기도 한다.

## 취약 상황

개인 내부에서 일어나는 일이다보니 더 이상의 진전 없이 개인의 마음만으로 끝나고 마는 경우이다. 열정만 타오르는 맹목적 사랑과 달리, 결심과 헌신만 있는 공허한 사랑 같은 경우에는 사랑이 주는 긍정적 경험 없이 당사자 혼자 메말라갈 수 있다. 상대방이 그루밍을 통해 사랑에 대한 결심과 헌신을 하게 한 뒤 착취할 경우는 관계를 빠져나올 때 걸림돌이 될 수도 있다.

> 많은 창작물에서 주인공이 사랑의 결심을 하는 장면은 매우 아름답게 묘사된다. 뮤지컬 영화 〈레미제라블〉에서는 에포닌 테나르디에가 비를 맞으며 부르는 곡 〈On my own〉을 통해 마리우스가 자신이 아닌 코제트를 사랑하는 것을 알면서도 마리우스에 대한 사랑을 결심 및 헌신할 것을 다짐하는 장면이 가슴 아프고도 감동적으로 묘사된다.

————

## 헌신만 있는 공허한 사랑

공허한 사랑은 상대방에 대한 사랑의 결심 혹은 일방적 헌신만 있는 상태이다. 사랑에 대한 결심과 이를 실행에 옮기는 것만으로도 만족하는 사랑은 부모가 자식에게 베푸는 내리사랑 같은 큰 희생을 바탕으로 하는 사랑이다. 그만큼 헌신이 크고 보답에 대한 기대가 없어야만 괴롭지 않을 수 있다.

만약 헌신만 하고 있는 것에 대해 불만을 품거나 자신을 돌아봐 주지 않는 상대 때문에 슬프다면 사랑의 기쁨은커녕 의무로 인한 피로와 보답 없는 사랑에 따른 외로움만 느끼기 쉽다. 얼빠진 사랑에서 열정이 빠르게 사라지고 나면 이러한 관계가 되기 쉽다고도 할 수 있다. 자신이 투자한 시간과 노력 때문에 억울하다면 이미 그 관계는 끝났다고 봐야 한다.

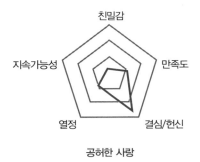

공허한 사랑

## 심리 사전 솔루션

주기만 하는 해바라기 사랑이라도 행복하다면 오케이지만, 사랑에도 매몰 비용[4]이 존재한다는 것을 잊지 말아야 한다. 사랑받길 원하는데 그 사랑을 받을 가능성이 없거나 낮다면, 가슴 아파도 그 사랑을 그만두는 것이 최선의 방법이다.

**#최선대신차선 #밑빠진독에사랑붓기 #포기하면편해**

# 내 사랑의 도형 점수는?

《사랑의 삼각형 이론 척도(The Triangle Theory of Love Scale)》[5]에서 ○○는 당신이 현재 사귀고 있는 이성친구의 이름을 뜻하며, 각 문장이 ○○에 대한 당신의 심리 상태를 잘 나타내는 정도를 체크하면 된다.

| 문항 | 전혀<br>그렇지 않다 | | | | | | | 매우<br>그렇다 | |
|---|---|---|---|---|---|---|---|---|---|
| 1. 나는 ○○의 행복을 위해서 적극적으로 지원한다. | 1 | 2 | 3 | 4 | 5 | 6 | 7 | 8 | 9 |
| 2. 나는 ○○과 따뜻한 관계를 맺고 있다. | 1 | 2 | 3 | 4 | 5 | 6 | 7 | 8 | 9 |
| 3. 나는 힘들 때 ○○에게 의지할 수 있다. | 1 | 2 | 3 | 4 | 5 | 6 | 7 | 8 | 9 |
| 4. ○○는 힘들 때 나에게 의지 할 수 있다. | 1 | 2 | 3 | 4 | 5 | 6 | 7 | 8 | 9 |
| 5. 나는 ○○와 나의 모든 것을 공유할 의향이 있다. | 1 | 2 | 3 | 4 | 5 | 6 | 7 | 8 | 9 |
| 6. 나는 ○○로부터 상당한 정서적 지지를 받고 있다. | 1 | 2 | 3 | 4 | 5 | 6 | 7 | 8 | 9 |
| 7. 나는 ○○에게 상당한 정서적 지지를 주고 있다. | 1 | 2 | 3 | 4 | 5 | 6 | 7 | 8 | 9 |
| 8. 나는 ○○와 말이 잘 통한다. | 1 | 2 | 3 | 4 | 5 | 6 | 7 | 8 | 9 |
| 9. 나는 내 인생에서 ○○를 매우 중요시한다. | 1 | 2 | 3 | 4 | 5 | 6 | 7 | 8 | 9 |
| 10. 나는 ○○에게 친밀감을 느낀다. | 1 | 2 | 3 | 4 | 5 | 6 | 7 | 8 | 9 |
| 11. 나는 ○○와 편안한 관계를 느끼고 있다. | 1 | 2 | 3 | 4 | 5 | 6 | 7 | 8 | 9 |

| | | | | | | | | | |
|---|---|---|---|---|---|---|---|---|---|
| 12. 나는 ○○를 정말 이해하고 있다고 느낀다. | 1 | 2 | 3 | 4 | 5 | 6 | 7 | 8 | 9 |
| 13. 나는 ○○가 나를 정말 이해하고 있다고 느낀다. | 1 | 2 | 3 | 4 | 5 | 6 | 7 | 8 | 9 |
| 14. 나는 내가 ○○를 정말 신뢰한다는 것을 느낀다. | 1 | 2 | 3 | 4 | 5 | 6 | 7 | 8 | 9 |
| 15. 나에 관한 매우 개인적인 정보를 ○○와 공유하고 있다. | 1 | 2 | 3 | 4 | 5 | 6 | 7 | 8 | 9 |
| 16. ○○를 보기만 해도 나는 매우 흥분된다. | 1 | 2 | 3 | 4 | 5 | 6 | 7 | 8 | 9 |
| 17. 나는 낮에도 ○○에 대해서 생각하는 나 자신을 자주 발견한다. | 1 | 2 | 3 | 4 | 5 | 6 | 7 | 8 | 9 |
| 18. ○○와 나의 관계는 정말 낭만적이다. | 1 | 2 | 3 | 4 | 5 | 6 | 7 | 8 | 9 |
| 19. 나는 ○○이 매우 매력적이라고 느낀다. | 1 | 2 | 3 | 4 | 5 | 6 | 7 | 8 | 9 |
| 20. 나는 ○○를 이상화하고 있다. | 1 | 2 | 3 | 4 | 5 | 6 | 7 | 8 | 9 |
| 21. 나는 ○○처럼 나를 행복하게 만드는 사람을 상상할 수 없다. | 1 | 2 | 3 | 4 | 5 | 6 | 7 | 8 | 9 |
| 22. 나는 다른 어떤 사람보다도 ○○와 함께 있고 싶다. | 1 | 2 | 3 | 4 | 5 | 6 | 7 | 8 | 9 |
| 23. ○○와의 관계보다 더 중요한 것은 이 세상에 없다. | 1 | 2 | 3 | 4 | 5 | 6 | 7 | 8 | 9 |
| 24. 나는 ○○와 신체적으로 접촉하는 것을 특히 좋아한다. | 1 | 2 | 3 | 4 | 5 | 6 | 7 | 8 | 9 |
| 25. ○○와의 관계에서 '마술'적인 점이 있다. | 1 | 2 | 3 | 4 | 5 | 6 | 7 | 8 | 9 |
| 26. 나는 ○○를 찬미한다. | 1 | 2 | 3 | 4 | 5 | 6 | 7 | 8 | 9 |
| 27. 나는 ○○ 없는 인생을 생각할 수 없다. | 1 | 2 | 3 | 4 | 5 | 6 | 7 | 8 | 9 |
| 28. ○○와 나의 관계는 열정적이다. | 1 | 2 | 3 | 4 | 5 | 6 | 7 | 8 | 9 |
| 29. 낭만적인 영화나 책을 볼 때면, ○○를 생각하게 된다. | 1 | 2 | 3 | 4 | 5 | 6 | 7 | 8 | 9 |
| 30. 나는 ○○에 대해서 공상을 하곤 한다. | 1 | 2 | 3 | 4 | 5 | 6 | 7 | 8 | 9 |
| 31. 내가 ○○에 대해서 염려하고 있다는 것을 나는 잘 알고 있다. | 1 | 2 | 3 | 4 | 5 | 6 | 7 | 8 | 9 |

| | | | | | | | | | |
|---|---|---|---|---|---|---|---|---|---|
| 32. 나는 ○○와의 관계를 지속 시키기 위해 최선을 다하고 있다. | 1 | 2 | 3 | 4 | 5 | 6 | 7 | 8 | 9 |
| 33. 다른 사람이 우리 사이에 끼어들지 않도록 나는 ○○에 대해 헌신할 것이다. | 1 | 2 | 3 | 4 | 5 | 6 | 7 | 8 | 9 |
| 34. 나는 ○○와의 관계가 흔들리지 않을 것이라는 점에 대해 자신감을 가지고 있다. | 1 | 2 | 3 | 4 | 5 | 6 | 7 | 8 | 9 |
| 35. 나는 어떤 난관에도 불구하고 ○○에게 헌신할 것이다. | 1 | 2 | 3 | 4 | 5 | 6 | 7 | 8 | 9 |
| 36. ○○에 대한 나의 사랑은 남은 인생 동안 계속되리라고 예상한다. | 1 | 2 | 3 | 4 | 5 | 6 | 7 | 8 | 9 |
| 37. 나는 ○○를 위해서 항상 강한 책임감을 느낄 것이다. | 1 | 2 | 3 | 4 | 5 | 6 | 7 | 8 | 9 |
| 38. ○○에 대한 나의 사랑은 확고한 것이다. | 1 | 2 | 3 | 4 | 5 | 6 | 7 | 8 | 9 |
| 39. 나는 ○○와의 관계가 끝나는 것을 상상할 수 없다. | 1 | 2 | 3 | 4 | 5 | 6 | 7 | 8 | 9 |
| 40. 나는 ○○에 대한 나의 사랑을 확신한다. | 1 | 2 | 3 | 4 | 5 | 6 | 7 | 8 | 9 |
| 41. 나는 ○○와의 관계가 영원히 지속될 것이라고 생각된다. | 1 | 2 | 3 | 4 | 5 | 6 | 7 | 8 | 9 |
| 42. 나는 ○○와 사귀는 것을 잘한 결정이라고 생각한다. | 1 | 2 | 3 | 4 | 5 | 6 | 7 | 8 | 9 |
| 43. 나는 ○○에 대한 책임의식을 느낀다. | 1 | 2 | 3 | 4 | 5 | 6 | 7 | 8 | 9 |
| 44. 나는 ○○와의 관계를 계속 유지할 작정이다. | 1 | 2 | 3 | 4 | 5 | 6 | 7 | 8 | 9 |
| 45. 혹시나 ○○와 갈등이 발생한다 해도, 나는 여전히 우리 관계를 유지할 것이다. | 1 | 2 | 3 | 4 | 5 | 6 | 7 | 8 | 9 |

## 내 사랑의 도형 점수는?

- 친밀감 (문항 1.~15.)　　　　　　　[　　　　　] 점
- 열정 (문항 16.~30.)　　　　　　　[　　　　　] 점
- 결심/헌신 (문항 31.~45.)　　　　　[　　　　　] 점

# 사랑의 여러 가지 유형

사랑의 세 가지 구성 요소가 조합되면 여덟 가지 유형의 사랑이 된다(139쪽 표 참조). 그중 0~1가지 요소만 있는 것은 현실에서 '사랑'으로 분류하기엔 어렵기 때문에, 두 가지 이상의 요소를 포함한 유형인 낭만적 사랑, 우애적 사랑, 얼빠진 사랑, 완전한 사랑에 대해 더 깊이 살펴보려 한다.


## 낭만적 사랑, 처음 사랑에 빠진 연인들

상대방에 대한 친밀감과 열정이 있다면 낭만적 사랑이라 할 수 있다. 육체적으로 감정적으로 얽혀 있기에 미래에 대한 계획이나 장기적인 연애 계획을 세우지 않았을 수 있고, 순간의 짜릿함을

| 사랑의 유형 | 친밀감 | 열정 | 헌신 |
|---|---|---|---|
| 비사랑 | — | — | — |
| 우정 | ● | — | — |
| 눈먼 사랑 | — | ● | — |
| 공허한 사랑 | — | — | ● |
| 낭만적 사랑 | ● | ● | — |
| 우애적 사랑 | ● | — | ● |
| 얼빠진 사랑 | — | ● | ● |
| 완전한 사랑 | ● | ● | ● |

여덟 가지 유형의 사랑 표

즐기고 있는 상태이다. 헌신이 없는 상태인데 당사자들이 이를 중요하게 여기지 않거나 심지어는 헌신으로 인한 장기적인 사랑이 가능하다고 보지 않아 이 부분을 포기했을 수 있다. 우연히 만나 빠르게 발전한 관계 혹은 처음 사랑에 빠진 연인들에게서 볼 수 있다.

낭만적 사랑

## 행동 특성

상대방에게 느끼는 친밀감과 관계에서의 열정에 푹 빠져 있기 때문에 인생에서 모든 것의 우선순위가 '사랑'인 상태이다. 샹송 가수 에디트 피아프의 노래 〈장밋빛 인생(La Vie en Rose)〉으로 유명해진 표현처럼, 세상 모든 일이 낭만적 필터로 가려진다.

> 총 3부작으로 완성된 로맨스 영화 비포 시리즈의 1편 〈비포 선라이즈〉에서는 기차 안에서 일어난 부부 싸움을 피해 우연히 합석하게 된 파리 소르본대학교 학생인 프랑스 여성 셀린(줄리 델피)과 미국 남성 제시(에단 호크)의 이야기가 시작된다. 대화를 나누다 둘은 의기투합하여 오스트리아의 아름다운 도시 비엔나에 내리고, 하루를 보내며 '해가 지기까지' 함께 보내는 하루를 묘사한다. 낭만적 사랑을 다룬 영화의 대표격이라고 볼 수 있다. 결국 헤어졌지만 서로를 잊지 못한 두 사람은 파리에서 9년 만에 재회하는데, 이 이야기를 다룬 영화가 2편인 〈비포 선셋〉이다. 역시 두 사람은 처음 만난 날의 사랑만 확인하고 다시 헤어진다.

## 취약 상황

헌신이 없는 상태이므로 낭만적 사랑에는 유효기간이 있다. 친밀감과 열정이 사라지거나, 혹은 두 사람의 관계가 물리적으로나 심리적으로 멀어지는 시련이 올 경우 두 사람의 관계 자체가 깨질 수 있다. 소위 '금사빠'인 경우 낭만적 사랑에 빠졌다가 '콩깍지'가

떨어지고 나서 금방 '현타'를 맞거나, 위기를 겪을 때 일찌감치 관계 유지를 위해 노력할 것을 포기하는 현상이 나타날 수 있다. 많은 연인들이 열정이 조금씩 식어갈 때 싸우기 시작하는데 이때를 잘 넘기지 못하면 이별하게 된다.

**심리 사전 솔루션**

두 사람이 장기적 관계를 유지하기로 서로 결심하고 서로에게 헌신해야 한다. 이 부분에서 합의점을 찾지 못할 경우 관계는 깨어지고 만다. 이를 방지하기 위해서는 서로가 원하는 점에 대해 진지하게 토론해 보고 양보하고 배려하는 자세가 필요하다. 친밀감이나 열정만으로 서로를 견딜 수 없어지는 시기에 도달했을 때 어떻게 하면 서로를 보완하여 관계를 성숙하게 할 수 있을지 충분히 대화하며 고민해 보자.

*#빨리끓는것은빨리식는다 #말하지않으면알수없어요*

*#대화와존중은관계의땔감*


## 우애적 사랑, 상대에게 존중받길 원하는 관계

상대에 대한 육체적·감정적 갈망은 옅어졌지만, 둘만의 미래를 진지하게 계획하며 상대에게 기대고 존중받길 원하는 관계로 진입하면 우애적 사랑이라고 할 수 있다. 오래된 커플, 결혼 후 아이를 키우는 부부에게서 관찰되는 유형으로, 가끔 열정을 확인하지 않거나 이 관계를 계속 보수하며 가꾸지 못하는 경우 권태기가 올 수 있다. 과거엔 낭만적 사랑을 했지만 이젠 열정을 잃어버려 괴로워하는 상태일 수도 있다.

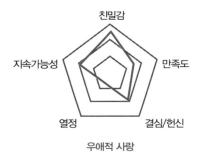

우애적 사랑

## 행동 특성

건강한 관계일 경우 열정은 없지만 관계를 유지하기 위해 협동하고 서로를 이해하려고 애쓰며 안정적 애정을 느낄 수 있다. 거의 부부처럼 행동하기도 한다. 유튜브 채널 〈숏박스〉의 콘텐츠 '모텔이나 갈까?' 편은 11년차 장수 커플의 쿵짝 잘 맞는 모습을 묘사하여 무려 1,500만회가 넘는 조회수를 기록하기도 했다. 해당 콘텐츠 댓글에 '자신들도 n년차 커플인데 정말 저렇다'라는 인증이 많아 눈길을 끈다. TV 예능 프로그램 〈결혼 말고 동거〉는 장기간 연애하며 동거하는 커플들에 대해 집중 조명하여 눈길을 끌었다.

하지만 관성에 의해 헤어지지도 못하고 그냥 사귀고만 있을 수

**문제적 로맨스 심리 사전**

도 있다. 이 경우 '결혼'이라는 현실 앞에서 관계를 변화시켜야 하는 상황을 이겨내지 못하고 결국 헤어지거나, 둘 중 하나 혹은 심지어 두 사람 모두 다른 사람과 바람을 피워 관계가 종결되기도 한다.

비포 3부작 중 마지막 편인 〈비포 미드나잇〉에서 주인공 셀린과 제시는 이제 부부가 되어 살고 있지만, 첫 만남을 이끌어낸 〈비포 선라이즈〉의 부부싸움을 하던 커플과 같은 처지가 되고 만다. 하지만 〈비포 선셋〉에서 심도 깊은 대화를 나누어 큰 친밀감을 단숨에 성립하고 여러 고난을 거쳐 내공을 쌓은 부부답게 화해를 하게 된다.

## 취약 상황

앞서 언급했던 것처럼, 관계가 오래 지속되었기 때문에 관계의 지속성에 대해 좋게 말하면 안심, 나쁘게 말하면 방심하는 상태일 수 있다. 이때 이 관계에 어느 한 사람에게 다시 열정을 지피는 상태가 나타나면 두 사람의 관계가 깨질 수 있다. 특히 나이가 든 커플의 경우 결혼이라는 현실 앞에서 타협점을 찾지 못하고 헤어지기도 한다. 결혼하여 부부로 살고 있을 때에도 낭만적 사랑을 하던 시기를 그리워하며 현재의 우애적 사랑에 불만을 갖게 되거나, 어느 한쪽이 상대방의 애정을 시험하거나 피드백에 부정적으로 화답할 경우 급격히 사이가 나빠질 수 있다.

영화 〈나를 찾아줘〉에서 유명한 동화작가인 부모님의 동화책 속 주인
공으로 유명인의 삶을 살던 에이미(로자먼드 파이크)는 파티에서 칼럼
니스트 닉 던(벤 에플렉)과 만나 첫눈에 반해 사랑에 빠진다. 둘은 결
혼하지만, 뉴욕의 화려한 삶을 등지고 미주리에서 서서히 퇴색되어
가는 쇼윈도 부부 생활을 한다. 에이미는 닉이 바람을 피우는 걸 알
아내고 분노에 차 스스로 자취를 감추고, 닉이 자신을 살해한 것처럼
꾸며 미주리의 사형제를 이용해 그를 제거하려고 하려는 계획을 실
행해 버리고 만다. 결혼한 부부의 사랑이 식었을 때 일어날 수 있는
최악의 상황을 스릴러로 풀어간 명작이다.

## 심리 사전 솔루션

나이 든 잉꼬부부에게 비결을 물으면 거의 대부분 신혼부부와 같
은 생활을 유지하며 아직도 상대를 보면 설렘을 느낀다고 하는 등
열정을 간직하고 있는 것을 알 수 있다. 혹은 친밀감을 우아하게
유지하는 나름의 묘수를 갖고 있다. 이런 부부들은 서로의 장점을
지켜주고 단점을 보완하면서 시간이 지나도 상대방의 매력에 매
번 새로이 감탄하는 자세를 보여준다.

건강한 관계를 성립한 후에도 노력을 통해 이를 유지, 보수하려
고 노력하자. 권태기는 당연히 오는 것이고 이겨낼 수 없는 게 아
니다. 오히려 너무 당연히 여기기 때문에 이겨낼 수 없는 것이다.
사랑이 유한하다고 생각하면 오히려 이 유한한 사랑을 더 아끼고
싶은 마음이 들 것이다.

**문제적 로맨스 심리 사전**

## 얼빠진 사랑, 잘 모르는 사람과 빠진 불같은 사랑

얼빠진 사랑은 상대에 대한 친밀감 없이 한눈에 반해, 교감 없이 열정과 헌신만 있는 상태다. 어리석은, 허구적인 사랑이라고도 한다. 많은 할리우드 로맨스 영화에서 남녀가 이런 식의 불같은 사랑에 빠지곤 한다. 요즘은 원하는 상대를 찾는 것이 온라인으로 가능해져 연애가 지역과 국가를 넘나들게 된 시대이다. 애플리케이션상의 채팅에서 호감을 표시하는 것만으로 바로 대화를 나눌 수 있고, 관계가 빠르게 진전되는 경우가 많아졌다. 때문에 실제로 상대에 대해 잘 알지 못하면서 연인 관계가 성립되기도 한다.

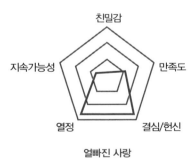

얼빠진 사랑

## 행동 특성

이성 관계에 대한 만족은 성인기초기의 중대한 발달 과업이기 때문에 '자만추(자연스럽게 만남 추구)'에 자신이 없는 사람들은 '남들은 다 연애하는데 내가 거기서 뒤떨어지면 안 된다'라는 불안이나 초조함을 느낄 수 있다. 때문에 상대방에 대한 충분한 탐구 없이 사회적 기준에 적합해 보이면 바로 연애를 시작해 버리거나, 혹은 상대방과 충분히 시간과 노력을 들여 서로를 탐색할 시간을 갖는 것이 두려운 나머지 자신이 느끼기에 조금이라도 부정적 피드백을 받으면 관계를 바로 단절해 버리기도 한다.

또한 SNS나 익명 채팅 앱을 통해 서로에 대한 몰입이나 친밀감이 성립되지 않은 상태에서 온라인 상으로 사랑이 빠르게 진행되기 때문에 오프라인에서 만나 바로 스킨십과 성관계를 갖는 경우도 많다. 〈대학생의 애착·사랑 유형에 따른 성행동에 대한 국내 연구〉[6]에 따르면, 연애 상대에 대해 '회피 애착' 유형이 '불안－저항' 유형이나 '안정' 유형에 비해 성행동 경험 자체는 적게 했으나 '만나자마자' 치른 경우가 많았으며, 성관계를 한 이유도 '내가 원해서', '서로가 원해서'라기 보다 '상대가 원해서'라고 설문에 답했다고 한다.

## 취약 상황

얼빠진 사랑의 경우, 거부당할 것이라는 불안한 기대로 거부가 현실화되지 않은 애매한 상황에서도 거부에 대한 요인을 과민하게 지각하여 반응하는 인지 – 정서적 상태에 빠질 수 있다.[7] 다우니와 펠드먼(Downey & Feldman)이 애착 이론과 인지 – 사회적 이론에서 개념화시킨 '거부민감성'(Rejection Sensitivity, RS)'은 친밀한 관계를 형성하고 유지하는데 중요한 영향력을 갖는다고 한다.[8]

연구자들은 연애 시 상대의 감정에 애매함을 느끼는 경우, 거부민감성이 높은 남성은 상대에게 질투심, 여성은 적대감을 보이며 상대에 대한 지지를 거두어 만족도가 떨어진다고 했다.[9] 거부민감성은 친밀감에 대한 두려움에 영향을 주는 것으로 밝혀졌으며,[10] 거부민감성이 높으면 버림받을 거라고 기대하고 불안과 걱정을 느끼기 때문에 연애 시 공격적이거나 반대로 회피적인 반응을 보이게 된다.[11]

거부민감성이 높은 사람이 연애를 하게 되면 그렇지 않은 연인들과 비교했을 때 관계 불만족을 경험할 가능성이 더 높다. 거절에 민감한 사람은 이성 관계에서의 상호작용을 더 부정적인 방식으로 해석해 연애의 질을 낮추는 행동을 보이고, 이는 관계에 악영향을 미쳐 상대방과의 친밀감 형성에 부정적 영향을 주고 자신과 연애 상대의 불만족까지 높이고 마는 것이다.[12] 이는 국내 연구에서도 마찬가지로, 거부민감성이 높은 사람은 연애 상대에게 부정적인 피드백을 받을 것으로 미리 예측해 상대를 불신하거나, 반대로 무조건적으로 신뢰를 나타내 만족스럽지 못한 관계를 형성하는 경우가 많다[13]고 밝히고 있다.

**심리 사전 솔루션**

'차이기 전에 찬다'가 만능 해결책은 아니다. 서로 모르던 사람이 서로 알아가다 보면 생각했던 것보다 상대방이 맘에 들지 않을 수도 있고, 상대방과 의사소통을 하거나 공감하는 일이 어렵고 재미없다고 느낄 수 있다. 친밀감은 시간과 노력을 들여 쌓아가는 것이다. 내가 어떤 말이나 행동을 했을 때 상대가 어떻게 나올까 혼자 미리 걱정하거나, 부정적인 피드백이 겁이 난다는 이유로 상대에 대한 궁금증을 해소하려는 노력을 거두지 말고, 상대를 인격체로서 정성 들여 이해하려고 노력해 보자.

또한 상대의 마음을 붙잡고 싶다는 마음으로 상대의 부탁을 들어주거나 심지어는 원하지 않는 성관계를 갖는 등 동등한 관계를 갖지 못하고 자신을 위험에 처하게 하지 않아야 한다.

*#사랑은게임이아냐 #사람은NPC가아냐*

*#틀려도괜찮아 #정말원하는것을말해봐*

## 성숙한 사랑, 가장 높은 단계의 완전한 사랑

성숙한 사랑은 열정, 친밀감, 헌신이 모두 갖춰진 사랑이다. 단숨에 성립하지 않으며, 낭만적 사랑, 우애적 사랑, 얼빠진 사랑을 하던 연인이 시간이 지남에 따라 서로를 이해하고 관계의 소중함을 깨닫고 모자란 점을 보완해 가며 도달하는 '가장 높은 단계의 사랑'이라고 할 수 있다. 낭만적 사랑의 경우 헌신을, 우애적 사랑의 경우 열정을, 얼빠진 사랑의 경우 친밀감을 갖춰야 한다. 우리 모두가 궁극적으로 원하는 사랑이라고 할 수 있다.

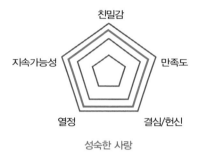

성숙한 사랑

## 행동 특성

서로를 신뢰하고 이해하며 배려하기 때문에 관계를 발전시키는데 있어서 시간을 들이는 것을 오히려 기쁘게 여긴다. 사랑이 성숙하는 과정 자체에서 함께 성장하기 때문이다. 서로에 대한 믿음이 있기 때문에 애정을 확인하는 데 있어서도 조급함이 없다.

스킨십과 성관계를 시작하는 시기에 있어서도 안정적인 애착 유형은 회피형이나 불안-저항보다 '만난 지 100일 이후' 혹은 '만난 지 1년 이후'라고 답하는 비율이 높아 성행동을 시작함에 있어서도 신중함을 보였다.[14] 성행동을 한 이유에서도 다른 유형보다 '서로가 원해서'라고 응답한 비율이 높아 좀 더 상호적인 성행동을 경험한다는 것을 알 수 있다. 이는 일상생활에서도 적절한 행동을

하는 성숙한 안정유형의 사람들이 성적 영역에서도 그렇다는 기존 연구와도 일치한다.[15]

## 취약 상황

모든 것을 다 갖춘 궁극적인 형태의 사랑이라지만, 그 상태를 유지하는 것은 노력이 필요하다. 이심전심(以心傳心)의 관계라도 늘 상대에 대한 사랑, 존경, 경탄을 표현해야 한다. 서로 너무나 믿고 의지하며 편안해진 나머지, 그 관계를 당연하게 여길 수 있다. 혹은 성숙한 사랑의 상태와 그 상대가 너무나도 좋은 나머지 다른 것을 다 제쳐두고 여기에만 매달릴 수도 있다. 연인이 너무 좋아 죽을 것 같아도 문제이다.[16] 하지만 그런 경우 안정된 삼각형은 깨져버릴 것이다. 성숙한 사랑은 소중한 보물이지만 이것만 애지중지하다간 다른 소중한 것을 잃어버릴 지도 모른다.

## 심리 사전 솔루션

상호 연애를 통해 인간으로서 성인으로서 성숙할 수 있는 기회이며, 감정적으로 큰 행복을 맛볼 수 있는 귀중한 경험을 가질 수 있다. 만약 당신이 이런 사랑을 하고 있다면 축하하며, 그 사랑이 원하는 목표에 도달하길 응원할 뿐이다. 처음 상대에게 호감을 갖고 친밀함을 키우고 헌신을 약속하고 열정적으로 사랑을 키워왔던 과거와 이를 유지하는 현재가 미래까지 이어지지 않는다면 성숙한 사랑도 찰나의 쾌락에 지나지 않을 수 있다. 종교와 상관없이

문제적 로맨스 심리 사전

누구나 잘 알고 있는 찬송가 중 일부 구절을 인용하면서 솔루션을
마치고자 한다.

사랑은 언제나 오래 참고
사랑은 언제나 온유하며
사랑은 시기하지 않으며
자랑도 교만도 아니하며

사랑은 무례히 행치않고
자기의 유익을 구치않고
사랑은 성내지 아니하며
진리와 함께 기뻐하네.

사랑은 모든 것 감싸주고
바라고 믿고 참아내며
사랑은 영원토록 변함없네.

**_#사랑은2인3각_**

# 4장

# 애착이 사랑에
# 미치는 영향

한민

# 그렇게 짝사랑은 끝났다

고등학교 때의 일이다. 남녀공학을 다녔던 나는 학교에서 자꾸 눈이 가는 여학생을 발견했다. 하얗고 깨끗한 얼굴에 동그란 안경을 쓴 귀여운 소녀였다(추억 보정이 들어가 있다). 한참 동안 혼자 끙끙 앓던 끝에 그녀가 친구의 여자친구의 친구라는 사실을 알게 된 나는 그들에게 다리를 놓아줄 것을 부탁했고, 친구들의 활약으로 드디어 만남이 성사되었다.

어느 화창한 주말, 한 공원에서 우리는 만났다. 첫 만남이라 내 친구와 그의 여자친구도 함께였다. 그녀가 만남에 응해주었다는 사실은 그녀도 어느 정도는 나에게 마음이 있다는 것 아닌가. 설렘 가득한 마음으로 나름 깔끔한 코디까지 갖추고 공원으로 향한 나는… 그녀를 마주한 순간 한마디도 할 수 없었는데….

남중을 나와 여학생이 낯설어서, 숫기가 없어서, 부끄러워서 등의 이유가 아니었다. 남중을 다녔지만 교회에서 여학생들과 이야기도 많이 해봤고, 숫기가 없다면 이런 만남을 추진할 생각도 못했겠지. 그 감정은 당혹 또는 두려움이었다.

내가 좋아하던 그녀가 상큼한 옷차림으로 나를 만나기 위해 나와 있다는 사실을 깨닫는 순간, 당황스럽기가 이루 말할 수 없었다. '아니, 이건 생각 못 했는데?!', '설마 나한테 마음이 있나?', '그럼, 이제 어떡하지?'. 무슨 얘기를 했는지도 모르게 만남은 흐지부지 끝났고 그렇게 나의 짝사랑은 끝났다.

## 친밀한 관계의 성공과 실패

누구보다 사랑을 갈구하지만 상대방이 다가오면 두려움을 느끼는 사람들이 있다. 처음 몇 번은 경험이 없어서라고 생각할 수 있는데, 이는 그 사람의 행동 유형일 가능성이 크다. 나도 그 후로 몇 번의 짝사랑을 그런 식으로 떠나보내고서야 그 사실을 깨달았다. 이게 내 문제일 수 있구나.

심리학자들은 사랑하는 대상과 관련한 행동을 '애착'이라는 개념으로 설명한다. 愛(사랑 애), 着(붙을 착)을 쓰는 애착이란 국어대사전에 따르면, 몹시 사랑하거나 끌리어서 떨어지지 아니하거나 그런 마음을 뜻한다. 영어로는 attachement로, 'attach'는 붙이다, 들러붙다라는 뜻을 가지고 있다. 심리학에서 애착은 애착 연구의 선구자인 존 볼비(Jonh Bowlby)의 정의를 따른다.

> 애착은 사람과 사람을 연결하는 시간과 공간을 넘어선 깊고 지속적
> 인 유대감이다.
>
> – 존 볼비(영국 정신분석가)

볼비는 2차 세계대전 시기 늘어난 청소년 범죄에 주목했다. 절도 경험이 있는 비행 청소년 44명을 조사한 결과, 심한 애정결핍 증상을 보이는 12명의 아이들 모두 5살 이전까지 안정적으로 돌봐주는 양육자가 부재했다는 사실을 밝혔다. 전쟁이 끝난 후 런던의 한 아동 상담소에서 일하며 볼비는 양육자와 떨어져 지내는 아동들을 관찰하고, 여러 실험과 연구를 통해 어린 시절의 경험이 인간의 생애에 중요한 역할을 한다고 믿게 되었다.

특히 생애 처음으로 이루어지는 주 양육자와의 애착 형성이 무엇보다 중요하다. 갓 태어난 아기는 다른 사람의 보살핌 없이는 아무것도 할 수 없는 상태이기 때문이다. 따라서 주 양육자(대개 어머니)의 양육에 따라 아기는 타인과 상호작용하는 법과 자신의 욕구를 충족하는 방식을 발달시킨다. 볼비는 개인의 생애 전 발달 과정에서 친밀한 관계 형성의 성공과 실패의 경험이 누적되어 애착을 형성하며, 친밀한 관계에 대한 개인의 경험에 따라 애착 유형 혹은 친밀한 관계 양식이 달라진다고 보았다.

## 초기 애착 유형, 낯선 상황에 홀로 남겨졌을 때

볼비의 제자 메리 에인스워스(Mary Ainsworth)는 '낯선 상황' 실험을 통해 아이들의 애착 유형을 네 가지로 분류했다. 애착 유형은 아이를 낯선 상황에 홀로 남겨지게 하고 주 양육자가 돌아왔을 때의 반응에 따라 구분된다.

첫 번째 유형은 안정 애착(secure attachment)이다. 안정 애착은 가장 건강하고 안정적인 애착 유형이다. 안정 애착을 가진 아이들은 부모와 떨어졌다 다시 만난 후에도 안정감을 느끼며 기쁨을 표현하고, 낯선 상황에서도 상대적으로 덜 불안해한다. 부모는 아이에게 일관된 지지를 보내며 편안함을 느끼게 하고, 아이가 어떤 감정을 느끼는지 이해한다.

두 번째 유형은 불안-회피 애착(anxious-avoidant attachment)이다. 불안-회피 애착은 부모나 주 양육자에게서 감정적인 지원을 기대하지 않는 애착 유형이다. 아이들은 부모의 부재나 이탈에 큰 반응을 보이지 않으며, 낯선 어른과 상호작용할 때도 무신경한 모습을 보인다. 부모가 감정적으로 의사소통을 제한하거나 부정적으로 대응할 때 발생할 수 있다. 이러한 아이들은 자신의 감정을 억제하고, 독립적이며 자기 보호적인 경향이 있다.

세 번째 유형은 불안-저항 애착(anxious-ambivalent attachment/resistant attachment)이다. 불안-저항 애착은 아이가 부모나 주 양육자에게 지속적인 감정적인 지원을 요구하는 애착 유형이다. 아이들은 부모의 부재나 이탈에 대해 과도하게 반응하며, 낯선 어른과 상호작용할 때 불안해하는 반응을 보인다. 이러한 아이들은 감정적으로 불안하며, 부모의 도움을 기다리며 스스로를 진정시키지 못하는 경향이 있다.

마지막 네 번째 유형은 혼란 애착(disorganized attachment)이다. 이 유형의 아이들은 부모나 주 양육자와의 상호작용에서 혼란과 두려움을 나타낸다. 상황에 따라 아동은 부모를 향해 안전을 찾으려 하지만, 동시에 부모로부터 두려움을 느끼며 회피하기도 한다. 이러한 아동들의 심리는 과거의 상처나 부정적인 경험과 관련이 있을 수 있다.


## 성인 애착 유형, 자신에 대한 불안과 타인에 대한 회피

필립 셰이버(Phillip Shaver)는 이러한 초기 애착 이론을 확장하여 성인기 남녀의 사랑 행동을 설명하였다. 생애 초기에 형성된 애착이 성인이 된 이후 만나게 되는 이성 친구나 배우자 등의 친밀한 관계와의 애착에 영향을 미친다는 것이다. 실제로 유아기의 유대와 성인기의 사랑은 시선 교환과 포옹, 접촉, 어루만짐, 미소, 울음, 매달림, 힘들 때 파트너(부모나 낭만적인 연인 혹은 배우자)에게 위로받고 싶은 욕구, 분노의 경험, 헤어짐이나 상실에 따른 슬픔, 다시 만났을 때의 행복과 기쁨의 경험 면에서 유사하다.

셰이버는 성인의 애착 유형을 '자신에 대한 불안'과 '타인에 대한 회피' 두 차원으로 나누고, 불안과 회피의 높고 낮음에 따라 안정형, 몰두형, 무시적 회피형, 공포적 회피형 등 네 개의 유형으로 구분한다.

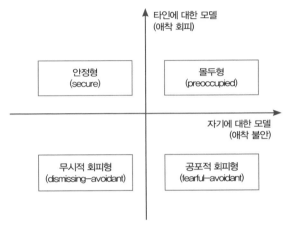

**필립 셰이버의 애착 2차원-4유형 모형**

불안 차원의 지수가 높으면 자기에 대한 부정적인 표상을 가지고 있다는 의미로 불안한 '정서'를 자주 느끼며, 회피 차원의 지수가 높으면 타인에 대한 부정적인 표상을 가지고 있어 타인에게서 멀어지려는 '행동'을 취하는 경향이 있다.

# 애착 유형별 사랑의 모습

이제부터 애착 유형별 사랑의 모습에 대해 살펴볼 것이다. 각 유형의 행동 특성과 관계 양상, 취약한 상황과 갈등 요인, 무의식적 욕구 등을 통해 당신의 사랑을 진단해 보자.

## 안정형, 뛰어난 감정 공유 능력의 소유자

안정형(secure)은 자신에 대한 불안과 타인에 대한 회피가 모두 낮은 유형으로, 자신과 타인에 대해 긍정적인 생각을 갖고 있다. 안정형은 자아존중감이 높고 자신은 사랑받을 가치가 있다고 여긴다. 또한 타인에 대한 신뢰감이 높고 자신을 수용해 줄 거라 여기기 때문에 타인에게 다가가 친밀한 관계를 형성하려 한다. 초기 애착 유형이 안정형인 경우 성인기 애착도 안정형으로 나타날 것으로 예상할 수 있다.

## 행동 특성

이들은 자신과 타인에 대해 모두 긍정적인 인식을 갖고 있기 때문에, 심리적으로 안정되어 있으며 대인관계에서 편안하고 안정적인 반응을 보인다. 자신의 감정뿐만 아니라 상대의 감정을 존중하고 공유하는 능력이 뛰어나 누구와도 적절한 상호작용이 가능하다.

> 드라마 〈사랑한다고 말해줘〉의 정모은(신현빈)이 안정형 애착 유형을 잘 보여준다. 극 중 부모님의 모습을 보면 따뜻하고 친밀한 가정에서 성장한 것으로 보이며, 안정된 심리를 바탕으로 청각 장애인인 차진우(정우성)와 편견 없이 안정적인 사랑을 한다(상대가 정우성이기 때문이 아니다). 크고 작은 갈등과 위기도 서로에 대한 신뢰와 적절한 상호작용으로 잘 타개해 나가는 모습을 보여준다.

## 관계를 맺는 양상

연인 관계에서도 안정적인 관계를 추구한다. 안정형 애착은 주 양육자의 신뢰가 담긴 양육 방식과 감정 공유에서 비롯된다. 때문에 상대의 감정, 반응을 잘 읽고 서로 이해와 지지를 주고받을 수 있다는 점이 이들의 장점이다.

## 취약 상황, 갈등 요인

성격 차이나 의견충돌 같은 흔한 갈등에 유연하게 대처한다. 최대한 상대를 이해하려 하고 기다려 주거나 접점을 찾기 위해 노력할 수 있다. 의견 차이나 다툼이 있어도 서로에 대한 신뢰가 상할 정도로 진행되는 일은 거의 없다.

심지어 자신을 속이려 해도 어느 수준을 넘기 전에는 상대를 믿으려 하는데 이러한 특성이 안정형의 취약한 부분이다. 이들의 신뢰를 이용하려는 목적을 가진 상대 때문에 혼란에 빠질 수 있으며, 또는 상대에 대한 신뢰가 깨어지는 것 자체가 큰 심리적 충격이 될 수 있다.

## 내면, 무의식적 욕구

안정형의 관계욕구는 영유아기에 형성된 자신에 대한 믿음과 타인에 대한 신뢰에서 비롯된다. 이들에게 사랑은 익숙하고 안정적인 것이다. 타인에게 다가가는 것을 두려워하지 않으며 내가 진심으로 상대를 대하면 상대 또한 나에게 그렇게 행동할 것이라 생각한다. 안정형은 보통 건강한 성격으로 나타나지만, 자신에 대한 믿음보다 타인에 대한 믿음이 강한 경우 예외적으로 문제적 행동을 보일 수 있다. 이 경우 의존성 성격의 행동 특성과 유사하다.

*#잠깐흔들려도다시안정 #자신과타인에대한신뢰*

*#두려움보다는기대 #사랑의완성*

# 몰두형, 사랑에 목말라 갈구하고 집착하다

몰두형(preoccupied)은 자신에 대해선 부정적이나 타인에 대해선 긍정적인 애착 유형으로, 타인에게 수용 받음으로써 자신의 가치를 확인하고 싶어 한다. 때문에 '관계'에 몰두하고 '애착 대상'에게 밀착하는 편이다. 초기 애착 유형 중 불안 – 저항 애착의 성인기 애착 유형으로 볼 수 있다.

## 행동 특성

타인에게 의존하는 경향이 강하며, 타인의 감정표현이나 행동에 민감하게 반응한다. 그래서 연인 관계 내에서 과도한 우려와 집착으로 본의 아니게 상대를 괴롭게 할 때가 종종 있다. 또한 연인의 애착 신호에 과하게 반응할 때가 있어, 연인을 통제하려 할 수도 있다. 이로 인해 지친 연인이 이별하려 할 때는 자해, 자살을 암시하는 말이나 과도한 성적 시도를 해서라도 연인을 회유하려 할 수도 있다. 문제적 성격의 분류 중 편집성, 히스테리성, 자기애성, 반사회성 성격에 해당하는 유형이다. 구체적인 차이는 6장(251쪽)을 참고하자.

## 관계를 맺는 양상

몰두형의 사랑은 '매달리는' 형태로 나타날 확률이 크다. 몰두형은 마음에 드는 상대에게 먼저 구애하는 편이다. 때문에 쉽게 사랑을 시작한다. 하지만 이들의 도를 넘는 행동은 상대를 지치게 만들고 갈등을 유발한다. 드물지만 편집적 집착이나 가스라이팅, 폭행, 자해 등 사회적으로 받아들여지는 상식을 초월하는 행동은 관계의 종말로 이어질 수밖에 없다. 따라서 자신의 과한 행동을 인식하고 통제하는 것이 관계를 유지하는 관건이다.

> 몰두형 사랑은 다양한 유형이 있을 수 있지만 그중 밝고 긍정적인 유형으로 2006년 방영된 드라마 〈101번째 프러포즈〉의 박달재(이문식)를 들 수 있다. 노총각 목수인 달재는 착하고 순수하고 성실하고 능력도 있지만, 사랑은 참 어렵다. 그러다 지성과 미모를 갖춘 최고의 아나운서 한수정(박선영)과 맞선을 보게 되면서 그녀에게 빠져들게 되는데….
> 달재의 사랑이 결국 결실을 맺을 수 있었던 이유는 달재의 진면목을 알아보고 그의 진심을 받아들인 수정도 수정이지만, 서툴지만 사랑을 위해 '상식적으로' 끊임없이 노력했던 달재의 역할이 컸다.

**취약 상황, 갈등 요인**

몰두형은 사랑을 갈구하기 때문에 사랑을 얻지 못하거나 상대가 떠나가는 상황에 취약하다. 감정표현 등 대인 기술은 부족한 경우가 많기 때문에 연애 초반에는 서툴게 들이대다가 거절당하기 쉽고, 연애 중반에는 집착적 행동으로 다툼이나 갈등을 불러일으키기 쉽다.

몰두형이면서 성격상 적극적으로 사랑을 표현하지 못하는 경우에는 소위 상사병에 걸려 마음고생을 하게 되는데 드물게는 망상에 빠져 극단적인 일을 저지를 가능성도 있다. 문제적 사랑의 조현성/조현형 성격(259~269쪽)을 참고하자.

### 내면, 무의식적 욕구

몰두형은 자신에 대해서는 어느 정도 확신이 있으나 타인에 대한 믿음을 갖지 못한 경우다. 쉽게 말해, 타인의 사랑을 충분히 경험하지 못했기 때문에 늘 사랑에 목마르다. 그러나 감정적 교류가 익숙하지 않기 때문에 사랑을 표현하고 유지하는 방식에 서툴다. 따라서 사랑을 얻기 위해 끊임없이 노력하거나 찾아온 사랑을 잃을까 봐 전전긍긍하게 된다.

*#채워지지않는사랑에대한허기 #난너만있으면돼*

*#불타오르네 #서툴러도사랑이야*

## 무시적 회피형, 사랑에 관심 없는 차가운 연인

무시적 회피형(dismissing-avoidant)은 몰두형과 반대로, 자신에 대해 긍정적이나 타인에 대해선 부정적이기 때문에 타인을 신뢰하지 않고, 타인과 일정한 거리를 두면서 자신에 대한 긍정적인 이미

지를 유지하고자 한다. 대인관계의 중요성을 매우 낮게 평가하며 친밀한 관계 자체를 회피하기도 한다. 이로 인해 때로는 홀로 고립되는 경우가 많다. 초기 애착 유형 중 불안–회피 유형의 성인기 유형으로 볼 수 있다.

## 행동 특성

무시적 회피형은 자신의 감정을 억누를 뿐만 아니라, 상대의 감정적 신호 또한 무시하기 때문에 연인 관계 내에서 매우 차가운 태도를 보인다. 연인이 무시적 회피형에게 자신을 따뜻하게 대해주길 바란다거나 위로해 주길 바라는 등의 친밀감을 추구하는 신호를 보내면, 오히려 연인에게서 거부감을 느끼고 거리를 두려 한다. 문제적 성격 중 조현성 성격이 이와 유사하다(259쪽 참고).

## 관계를 맺는 양상

무시적 회피형은 사랑에 관심이 없는 것처럼 보인다. 자신이 이성에게 연애 감정을 드러내는 일도 없고 먼저 다가오는 이성도 무시로 일관하든가 아예 상대가 보내오는 신호를 인지하지 못한다. 그러나 어떤 이유에서 상대에게 사랑의 감정을 느끼거나 연애에 돌입하게 되면 다분히 자기중심적인 모습이 드러날 가능성이 크다. 이를테면 자신이 상대를 좋아하는 마음이 있음에도 상대가 사귀자고 해서 사귀어 준다는 식이다.

영화 〈로맨틱 홀리데이〉의 아만다(카메론 디아즈)는 돈과 명예를 다 갖춘 성공한 커리어우먼이다. 그러나 워커홀릭인 그녀는 연애에는 영서툴다. 어느 정도 관계가 진전되는 듯하면 자꾸만 밀어내는 그녀의 모습에 남자친구들은 결국 이별을 고한다. 아만다가 진정한 사랑을 할 수 있게 된 것은 그레엄(주드 로)을 향한 자신의 마음이 사랑이었음을 깨달은 뒤였다.

## 취약 상황, 갈등 요인

애초에 연애 관계를 회피하기 때문에 취약할 일도 갈등이 생길 일도 없지만, 무시적 회피형에게 꽂힌 몰두형 상대에 의해 연애가 시작될 수 있다. 공포적 회피형과는 달리 오는 사람은 딱히 막지 않는 무시적 회피형은 종종 연애를 하지만, 그것이 쌍방 간의 성숙한 사랑으로 이행하는 데는 많은 노력이 필요하다.

연애를 한다는 전제에서 무시적 회피형의 약점은 자존심이다. 타인에 대한 신뢰가 약한 무시적 회피형들은 자존심을 세움으로써 자신을 보호하는데, 연인 관계에 있는 사람이 자신을 무시하게 되면 큰 상처를 입는다. 때로는 상대에게 공격적으로 반응할 수도 있다.

## 내면, 무의식적 욕구

무시적 회피형은 안정적인 애정을 느껴본 적이 없기에 타인을 사랑한다는 것을 잘 모른다. 아예 관심이 없을 수도 있고, 마음은 가지만 그것이 사랑인지, 어떻게 표현해야 하는지 모르는 경우도 있다. 이러한 혼란 또는 불안 때문에 어쩌다가 가까워진 사람이 있어도 무의식적으로 밀어낸다. 상처를 받기 싫어하며 관계가 소원해지면 상대 탓을 하며 관계를 끊거나 상처받기 싫어서 아예 사랑을 포기하기도 한다.

*#다좋은데마음은줄수없어 #널밀어내는게날지키는 것*
*#친밀감욕구억제 #고독정식추구*

## 공포적 회피형, 다가오는 사랑이 두려운 이들

마지막으로 공포적 회피형(fearful-avoidant)은 자신과 타인 모두를 부정적으로 여기는 유형으로, 자기 가치감이 결여되어 있으며 자신뿐 아니라 타인 또한 신뢰하지 않는다. 자아존중감이 낮고 친밀한 관계에 대한 갈망은 있지만, 타인에게 거부당할 수 있다는 두려움을 가지고 있기 때문에 대인관계에서 양가적인 태도와 불안정한 스타일을 보인다. 누군가와 친밀해질 때 높은 수준의 불안, 때로는 '공포'까지도 경험한다. 그래서 결과적으로 친밀한 관계를 회피한다. 초기 애착 유형 중 혼란 애착의 성인기 양상이라 할 수 있다.

## 행동 특성

공포적 회피형은 기본적으로 사람들과 거리를 둔다. 따라서 누구를 좋아해도 먼저 고백을 하고 다가가는 것은 기대하기 힘들다. 상대가 먼저 다가오면 그 사람을 좋아한다고 해도 어쩔 줄 몰라 하며 오히려 멀어진다. 이러한 행동은 연인 관계에서 상대를 혼란스럽게 할 수 있다. 따라서 공포적 회피형은 불안과 회피로 만족을 경험하기가 매우 어렵다. 문제적 성격 중에서는 회피성 성격(299쪽)이 이와 가깝다.

## 관계를 맺는 양상

혼란스럽다. 분명히 나를 좋아하는 거 같은데 한발 다가가면 한발 멀어진다. 관계가 시작되기 어렵고, 시작되었더라도 이들의 변덕 또는 예상치 못한 반응 때문에 상대가 견디기 어렵다. 예상치 못한 반응은 말 그대로 어찌할 바를 몰라 나오는 반응인데, 상대 입장에서는 적절하게 대응하기 쉽지 않다.

## 취약 상황, 갈등 요인

애초에 연애 관계에 진입하기가 어렵지만 연애를 시작했을 때는 상대의 사랑을 받지 못하거나 상대가 떠나가는 상황에 취약하다. 상대가 자신을 사랑하지 않는다는 느낌이 들면 상당히 좌절하고, 이 때문에 충동적인 행동을 저지를 수도 있다.

## 내면, 무의식적 욕구

공포적 회피형은 사랑을 원하고 또 받은 적도 있지만, 타인의 반응에 어떻게 대처해야 할지 혼란스러운 유형이다. 기본적으로 사랑에 대한 확신이 없으며 누군가를 사랑하고 사랑받는 상황에 대해 두려움을 느끼고 회피하려 한다.

자신이 사랑받을 만한 존재인지에 대한 안정적인 믿음을 획득하지 못했기에 자신을 사랑해 주는 사람에게 인정받으려고 하고 때로는 과하게 집착하기도 한다. 때문에 내적 혼란이 큰 경우 드물게 경계선 성격의 특성(287쪽)이 나타나기도 한다.


그렇다. 서두에서 언급했던 나의 애착 유형이 바로 공포적 회피형이었다. 부모님의 직장과 몸이 아픈 동생 때문에 안정적인 애착을 형성할 수 없었던 나는 항상 누군가의 애정을 바랬지만, 막상 그 사람이 다가오면 두려움에 어쩔 줄 몰랐던 것이다. 늘 사랑을 하고 싶었고 여자 친구도 몇 번 사귀었지만 관계를 어떻게 진전시켜야 할 줄 몰랐고 사소한 갈등에 쉽게 헤어지곤 했다.

그렇다면 이런 사람들은 어떻게 사랑을 해야 할까. 결론적으로, 나는 연애도 하고 결혼도 했다. 사랑은 둘이 하는 것이다. 내게 문제가 있다면 그 문제를 감싸줄 사람을 만나면 된다. 어떤 사람은 나의 문제를 문제로 보지 않을 수도 있다. 어떤 사람 때문에 나의 문제를 극복하고자 하는 의지가 발현되는 경우도 있다. 핵심은 사랑하고 싶은 사람을 만나서 서로가 노력하는 것이다. 그 전에 상대방이, 그리고 내가 어떤 사람인지 파악해야 하는 것은 물론이다.

*#사랑은고통그자체 #내마음나도몰라*

*#사랑에앞선두려움 #오도가도못하는내사랑*

# 그들만의 사랑의 방식

모든 사람들이 서로를 믿고 의지하는 안정적인 사랑을 하면 참 좋겠으나 현실은 그렇지 않다. 앞에서 살펴본 성인 애착 유형의 조합을 통해 그들만의 사랑의 방식을 살펴보자.

## 안정형과 안정형

연인 관계에서 친밀성을 추구하는 안정형은 안정형과의 연애가 가장 즐겁다. 연인의 기쁨에 동참하고 고통의 신호에 공감적인 반응을 하며, 자신이 해줄 수 있는 섬세하고 효과적인 도움을 제공하려 노력한다.

자신 또한 상대에게서 보살핌을 받을 수 있을 것으로 기대하며,

다가간다. 이들의 연애는 선순환될 가능성이 높으며, 서로의 발전을 도모하는 장기적 연애로 발전 가능성이 높다. 시간이 지날수록 이들의 연대는 더 두터워지며, 서로에 대한 깊은 이해로 둘 사이에 쉽게 다른 대상이 들어오기가 어렵다.

애착 유형 조합 중 가장 이상적이지만 현실에서 만나기는 어려운 조합이라 하겠다. 일단 내가 안정형이 아닐 수도 있고 내가 사랑에 빠진 사람, 또는 나를 사랑하는 사람이 안정형이라는 보장도 없기 때문이다. 중요한 사실은 나와 상대방의 애착 유형을 파악하고 서로에게 맞는 접근법을 취해야 한다는 점이다. 그러나 반가운 소식은 청년기에 불안정형 커플이었다 하더라도 연령의 증가와 관계의 지속 기간, 배우자와의 친밀성 등에 따라 안정형 커플이 될 가능성이 높아진다는 점이다.

## 몰두형과 무시적 회피형

애착의 불안 차원이 높은 몰두형과 회피 차원이 높은 무시적 회피형은 정반대지만, 놀랍게도 '안정형과 안정형'처럼 장기적 연애로 발전할 가능성이 높은 조합이다. 하지만, 이 관계는 '고통스럽게' 지속될 가능성이 높다. 왜냐하면 문제 상황에서 무시적 회피형은 끊임없이 도망가려 할 것이고, 몰두형은 무시적 회피형을 쫓아갈 것이기 때문이다.

이들은 관계를 통해 안식을 취할 수 없을지라도 서로의 결핍을 채울 수 있는 유형의 조합이다. 이들의 연애를 지켜보는 외부자의 입장에선 이들의 관계가 위태로우면서도 끈끈하다는 것을 느낄 수 있어, 둘만의 애정 세계와 그 세계에 통용되는 가치관이 있다고 생각할 것이다. 몰두형과 무시적 회피형의 관계는 어떻게든 '이어져간다'.

드라마 〈내 이름은 김삼순〉의 현진헌(현빈)과 김삼순(김선아)은 계약 커플로 시작된 관계였다. 오래지 않아 삼순의 당당하고 엉뚱한 매력에 빠져든 진헌은 삼순과의 관계를 진전시키려 하지만, 삼순은 진헌의 마음을 젊은 재벌의 치기 혹은 만용으로 치부하고 거부한다. 우여곡절 끝에 여러 장애물에도 흔들리지 않는 진헌의 진심을 확인한 삼순은 그의 마음을 받아들이기로 한다.

드라마 〈옷소매 붉은 끝동〉의 정조(이준호)와 덕임(이세영) 역시 몰두형과 무시적 회피형의 사랑을 잘 보여준다. 정조는 어릴 때부터 덕임을 사랑하여 두 번이나 고백했지만 그때마다 퇴짜를 맞는다. 승은을 입으면 곧 후궁으로 신분 상승을 할 수 있는 궁녀가 왕의(왕위에 오를 사람의) 구애를 두 번이나 거절했다는 것도 놀랍지만, 전제국가의 군주가 일개 궁녀에게 선택권을 주고 그녀의 마음을 얻을 때까지 기다렸다는 사실도 놀랍다. 결국 20년이 넘는 짝사랑 끝에 세 번째 고백만에 정조와 덕임의 관계는 이루어질 수 있었다.

〈내 이름은 김삼순〉이나 〈옷소매 붉은 끝동〉의 사례처럼 몰두형의 꾸준한 구애는 무시적 회피형의 마음을 돌려놓을 수 있다. 하지만 '열 번 찍어 안 넘어가는 나무 없다' 식은 곤란하다. 현대 사회에서 상대의 거절이 확실하다면 꾸준한 구애는 곧 스토킹이 될 수 있음을 명심해야 한다.

## 안정형과 다른 불안정형

### 안정형과 몰두형

연인 관계에서 안정형이 친밀성을 추구하며 다가갈 때 몰두형은 이 신호를 과하게 해석할 가능성이 높고, 몰두형 또한 강하게 안정형을 끌어당기려 할 것이다. 안정형의 연인은 몰두형의 연인에게 비난과 모욕을 경험할 가능성이 높고, 자신을 향한 몰두형의 에너지를 감당하지 못해, 금세 벗어나려 할 것이다.

영화 〈이보다 더 좋을 순 없다〉에서 몰두형 멜빈 유달(잭 니콜슨)과 안정형 캐롤 코넬리(헬렌 헌트)가 이 유형들의 관계를 잘 보여준다. 괴팍한 강박증 환자인 자신을 그나마 사람 대접해 주는 캐롤에게 사랑을 느낀 멜빈은 캐롤에게 직진하지만, 서툰 데다가 일방적인 그의 방식에 캐롤은 금방 지쳐버린다. 사실 대부분의 사람들은 일방적인 사랑을 견디지 못한다. 캐롤의 단단하고 안정적인 마음이 없었더라면 사랑을 위해 자신을 바꿔나가는 맬빈의 노력도 수포로 돌아갔을 것이다.

## 안정형과 무시적 회피형, 안정형과 공포적 회피형

반면, 안정형과 무시적 회피형은 연인 관계의 초입까지는 갈 수 있지만 깊은 관계로는 가기 어려운 조합이다. 안정형이 다가가려 하면 무시적 회피형은 부담스러워하며 멀어지려고 하고, 이 거부 신호의 반복은 안정형에게 깊은 상처로 남을 것이다. 따라서 안정형과 무시적 회피형의 관계는 연인 관계가 시작한 지 얼마 안 되어 깨질 가능성이 높다.

이는 안정형과 공포적 회피형 또한 마찬가지다. 공포적 회피형의 친밀감을 원하는 신호로 안정형이 다가가면, 공포적 회피형은 도망갈 것이기 때문이다. 이런 구도를 서너 번만 반복하면 안정형은 공포적 회피형과의 연애가 혼란과 고통으로 다가올 것이며, 관계를 지속할 의지를 잃게 된다. 하지만 안정형의 안정감이 공포적 회피형의 불안을 누그러뜨리면서 깊은 관계로 이어질 수도 있다.

〈미녀와 야수〉의 벨과 야수는 안정형과 무시적 회피형의 전형이다. 야수는 조금씩 마음을 여는 벨을 무시로 일관하지만, 야수의 외모와 거친 성격에 대한 편견 없이 자신의 본모습을 알아주는 벨에게 야수는 결국 사랑을 느낀다.

안정형과 공포적 회피형의 예는 영화 〈플랜맨〉의 유소정(한지민)과

한정석(정재영)에서 찾을 수 있다. 소정이 자신의 세계에 끼어드는 것을 기겁하며 두려워하던 정석은 어느새 소정에게 스며들고 그녀를 향한 자신의 마음을 받아들인다.

드라마 〈사랑한다고 말해줘〉의 정모은(신현빈)과 차진우(정우성)도 안정형과 공포적 회피형으로 볼 수 있다. 다가오는 모은을 장애인인 진우는 자꾸 밀어낸다. 장애인에 대한 편견과 여러 현실적 어려움 때문에 '내가 널 지켜줄 수 없어서' 밀어낸다는 진우에게 모은은 '같이 있고 싶을 뿐'이라며 계속 마음의 문을 두드린다.

안정형과 다른 불안정형 유형들과의 관계는 안정형이 좌우한다고 할 수 있다. 사랑에 몰두하는 몰두형은 사회적 기술이나 맥락 파악 능력 등이 떨어지는 경우가 많고, 회피형에 속하는 이들 역시 사랑에 있어서는 대동소이하기 때문이다. 사랑한다면 이들도 나름대로 노력은 하겠지만 이들의 진심을 알아주고 부족한 사회적 기술들을 인내해 주는 안정형의 의지가 중요한 관계라 하겠다.

## 몰두형과 몰두형, 몰두형과 공포적 회피형

몰두형과 몰두형, 몰두형과 공포적 회피형의 조합은 연인 관계를 형성하는 문턱에서 아주 잠시 '불같은 사랑'을 한다고 하더라도 그들의 관계는 금세 서로를 원망하는 것으로 흘러갈 가능성이 높다.

공포적 회피형은 거기에 더해 몰두형의 '밀착'에 겁을 내고 거리를 두려 할 것이다.

> 몰두형과 공포적 회피형의 예로 시트콤 〈빅뱅이론〉의 레너드와 페니를 들 수 있다. 어머니의 사랑을 받지 못하고 자란 레너드는 늘 이성의 사랑을 갈구한다. 하지만 부족한 남성성에 관계의 기술마저 서툴러 실패를 거듭하던 레너드에게 옆집 여자 페니가 나타난다. 이공계 괴짜와 배우 지망생이라는, 이질적인 둘은 곧 서로의 매력에 끌려 연인이 되지만···. 페니 역시 아버지의 인정을 받지 못하고 쉽게 남자들에게 마음을 여는 타입이었음에도 사귀자마자 사랑을 고백하거나 시도 때도 없이 청혼하는 레너드에게 질리고 만다. 물론 수많은 시간 동안 만남과 헤어짐을 반복하다가 결국 해피엔딩으로 마무리되지만, 이는 장르가 시트콤이었기에 가능했을 수 있다.

몰두형과 몰두형의 조합은 만나는 시간에 비해 서로를 깊이 이해하는 것 같은 환상에 빠진다. 로미오와 줄리엣, 또는 영화 〈타이타닉〉의 잭과 로즈처럼 만난 지 며칠 만에 사랑으로 인해 죽음을 택하는 극단적인 양상으로 발전할 가능성이 높다. 마치 '영혼의 쌍둥이'처럼 같은 옷을 입고 같은 신발을 신으며 하나가 되려 하지만, 이러한 '화재성 연애'는 화력이 강해 금방 불타 사라질 수 있어, 관계를 지속하기가 어렵다. 또는 불타 사라진다.

**문제적 로맨스 심리 사전**

몰두형과 몰두형의 관계는 〈왕좌의 게임〉의 세르세이 라니스터와 제이미 라니스터를 보면 잘 알 수 있다. 조건 없이 자신을 사랑해 주는 유일한 남자인 동생을 끊어낼 수 없는 세르세이와 그 사랑만이 존재 이유가 된 제이미는 예정된 파멸을 향해 달려간다.

몰두형의 사랑은 상대를 고려하지 않기 때문에 위험하거나 문제가 될 수 있다. 사랑에 대한 이들의 몰두는 때로는 자신마저 돌보지 않게 만든다. 때문에 불륜이나 세르세이와 제이미같은 근친상간, 소아성애, 치정범죄 등 법의 테두리를 벗어나는 일을 저지를 수 있다. 〈타이타닉〉의 잭과 로즈의 사랑도 법적으로 보면 남의 약혼녀를 빼앗는 불륜이다.


## 무시적 회피형과 다른 회피형

### 무시적 회피형과 무시적 회피형

무시적 회피형은 친밀한 관계의 가치 자체를 낮게 평가하기 때문에 이 유형끼리의 만남은 아주 쿨한 관계이거나 형식적인 만남에 그칠 가능성이 높다. 이들은 서로 연인으로서 상대를 믿지 않으며, 성적으로만 교류한다 하더라도 만족하고, 상대가 떠난다고 하더라도 아쉬워하기보다는 오히려 자신을 보호하기 위한 방법을 구사할 것이다.

## 무시적 회피형과 공포적 회피형

무시적 회피형과 공포적 회피형의 만남 또한 같은 회피형으로 관계 형성이나 지속에 어려움이 있다. 그러나 만약 이들이 애정으로 얽히게 된다면, 공포적 회피형은 무시적 회피형에게 다가가지는 않고 멀리서 가만히 지켜볼 가능성이 높다. 자신만의 '아이돌'을 만드는 과정이다.

> 시트콤 〈빅뱅이론〉의 에이미(무시적 회피형)와 셸던(공포적 회피형)의 초기 관계가 이 경우라 볼 수 있다. 연애에는 관심이 없고 남녀의 사랑을 동물적이고 끔찍한 것이라 생각하는 이과형 돌아이들인 이 커플이 맺어질 가능성은 전혀 없어 보였다. 순수하게 지적 관계였던 이들의 관계는 셸던의 천재성을 알게 된 에이미가 서로의 훌륭한 유전자로 뛰어난 2세를 만들겠다는 생각을 하면서 변화하게 된다. 에이미의 꾸준한 애정 표현과 구애에 무시와 회피로 일관하던 셸던이 차차 에이미에게 마음을 열면서 불가능할 것 같던 이들의 사랑은 결실을 맺는다.

물론 에이미와 셸던의 변화 과정에는 변함없는 우정으로 이들을 지지해 주고 또 이들의 부족한 사회성을 발달시켜 준 친구들의 역할이 컸다. 그리고 서로에 대한 사랑으로 더 나은 사람이 되고자 했던 둘의 노력도 무시할 수 없다. 순전히 무시적 회피형과 공포적 회피형의 상호작용만으로는 사랑에 이르기 어렵다. 〈빅뱅이론〉은 사랑에는 주변인들의 신뢰와 지지, 본인들의 의지 및 노력이 중요하다는 사실을 일깨운다.


## 공포적 회피형과 공포적 회피형

공포적 회피형과 공포적 회피형의 연인 관계는 상상하기가 어렵다. 이들은 서로에게 매력을 느끼기도 어렵지만, 서로의 신호를 잘못 해석하고 결정적으로 둘 다 서로에게 다가가려 하지 않기 때문이다.

'관계'를 형성하기도 전에 둘은 소스라치며 거리를 두려 하기 때문에 가까워지는 속도보다 멀어지는 속도가 훨씬 빠르다. 설사 누가 이들의 등을 떠밀어서 가까워진다 하더라도 한 발 가까워지자마자 결과적으로 네 발은 멀어지게 되는 식이다. 이들이 서로 공감하기도 어려운 것이 서로를 알 수 있는 만큼 친밀하게 될 가능성이 낮고, 무엇보다 이들이 가진 높은 불안으로 서로를 오해할 가능성이 높다.

독자 여러분이 알만한 영화나 드라마에서는 사례를 찾기 힘들고, 지인 중에 공포적 회피형과 공포적 회피형 커플이 있었는데 이들은 일단 사귀는 데까지 엄청난 시간이 걸렸다. 상대의 마음을 확인하고, 다가갈 용기를 내고, 사귀자는 말을 하기가 대단히 조심스럽기 때문이다. 하지만 어렵게나마 서로의 마음을 확인하고 나면 은근히 오래가는 사랑을 하게 되는 것 같다. 그들은 아직도 헤어지지 않고 잘 사귀고 있다.

# 나는 어떤 애착 유형일까?

〈친밀 관계 경험 검사(Experience in Close Relationship-Revised; ECR-R)〉[1]의 문항들은 평상시 친밀한 관계를 맺는 양식을 묻는 것이다. 문항에 따라 자신의 경향을 나타내는 숫자에 표시하면 된다.

| 문항 | 전혀 동의하지 않는다 | | | | | | 매우 동의한다 |
|---|---|---|---|---|---|---|---|
| 1. 다른 사람들과 지나치게 가까워지는 것을 원하지 않는 편이다. | 1 | 2 | 3 | 4 | 5 | 6 | 7 |
| 2. 때로 다른 사람들은 분명한 이유 없이 나에 대한 자신의 감정을 바꾸곤 한다. | 1 | 2 | 3 | 4 | 5 | 6 | 7 |
| 3. 다른 사람들과 가까워지는 것은 비교적 쉽다. | 7 | 6 | 5 | 4 | 3 | 2 | 1 |
| 4. 다른 사람들은 나와 내 욕구를 잘 이해하지 못한다. | 1 | 2 | 3 | 4 | 5 | 6 | 7 |
| 5. 다른 사람들에게 모든 것을 다 이야기한다. | 7 | 6 | 5 | 4 | 3 | 2 | 1 |
| 6. 다른 사람들은 내가 화가 나 있을 때만 나에게 주목하는 것 같다. | 1 | 2 | 3 | 4 | 5 | 6 | 7 |
| 7. 다른 사람들이 나와 가까워지려고 하면 불편하다. | 1 | 2 | 3 | 4 | 5 | 6 | 7 |
| 8. 종종 가까운 사람들에게 버림받을까봐 걱정한다. | 1 | 2 | 3 | 4 | 5 | 6 | 7 |
| 9. 다른 사람들과 여러 가지 문제에 대해 의논하는 것이 힘들다. | 1 | 2 | 3 | 4 | 5 | 6 | 7 |
| 10. 내가 다른 사람들에게 관심을 갖는 것만큼 다른 사람들도 내게 관심을 가져주지 않을까봐 걱정된다. | 1 | 2 | 3 | 4 | 5 | 6 | 7 |

| | | | | | | | |
|---|---|---|---|---|---|---|---|
| 11. 다른 사람들에게 내 마음속 깊은 감정을 드러내는 것을 원치 않는 편이다. | 1 | 2 | 3 | 4 | 5 | 6 | 7 |
| 12. 다른 사람들의 기대에 못 미칠까봐 걱정된다. | 1 | 2 | 3 | 4 | 5 | 6 | 7 |
| 13. 다른 사람들이 내가 얻고자 하는 애정과 지지를 보내주지 않을 때는 화가 난다. | 1 | 2 | 3 | 4 | 5 | 6 | 7 |
| 14. 내가 다른 사람들에게 호감을 표현했을 때, 그들이 나에 대해 같은 감정이 아닐까봐 걱정된다. | 1 | 2 | 3 | 4 | 5 | 6 | 7 |
| 15. 다른 사람들이 나를 진심으로 사랑하지 않을까봐 걱정하는 일은 별로 없다. | 7 | 6 | 5 | 4 | 3 | 2 | 1 |
| 16. 다른 사람들에게 속내를 털어놓는 것이 편하지 않다. | 1 | 2 | 3 | 4 | 5 | 6 | 7 |
| 17. 다른 사람들은 내가 내 자신에 대해 회의를 하게 만든다. | 1 | 2 | 3 | 4 | 5 | 6 | 7 |
| 18. 필요할 때 다른 사람들에게 의지하는 것은 도움이 된다. | 7 | 6 | 5 | 4 | 3 | 2 | 1 |
| 19. 다른 사람을 의지하는 것이 어렵다. | 1 | 2 | 3 | 4 | 5 | 6 | 7 |
| 20. 내가 다른 사람들에게 갖는 호감만큼 그들도 내게 강한 호감을 가지기를 자주 원한다. | 1 | 2 | 3 | 4 | 5 | 6 | 7 |
| 21. 다른 사람들과의 대인관계에 대해 걱정이 많다. | 1 | 2 | 3 | 4 | 5 | 6 | 7 |
| 22. 다른 사람들과 매우 가까워지고 싶은 나의 욕구 때문에 사람들이 내게서 멀어지기도 한다. | 1 | 2 | 3 | 4 | 5 | 6 | 7 |

## 채점 방식

채점은 두 개의 애착 차원 점수를 각각 산출하는 방식으로, 불안 애착에 관련된 문항 점수와 회피 애착 문항 점수를 각각 합을 낸 뒤 각 문항 수로 나눈다.

- 불안 애착 문항(회색 배경 12개 문항): 2, 6, 8, 10, 12, 13, 14, 15, 17, 20, 21, 22

  → 불안 애착 지수 = 회색 배경 점수의 총합을 12로 나눈 것.

**문제적 로맨스 심리 사전**

- 회피 애착 문항(하얀 배경 10개 문항): 1, 3, 4, 5, 7, 9, 11, 16, 18, 19

  → 회피 애착 지수 = 하얀 배경 점수의 총합을 10으로 나눈 것.

**나의 지수는?**

- 불안 지수        [             ] 점 (한국인 평균 3.5점)
- 회피 지수        [             ] 점 (한국인 평균 3.6점)

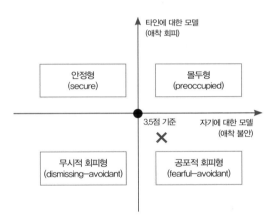

불안과 회피 지수를 3.5점을 기준으로 내 점수가 4사분면에서 어디쯤 위치하는지 표시해 보자. 예를 들어, 불안 애착 지수가 4.0, 회피 애착 지수가 2.5라면 × 표시쯤 위치하게 되고, 당신은 공포적 회피형에 해당한다.

5장

# 요즘 연애,
# 어때?

박성미 ｜ 한민 《사랑이 어려운 시대》

# 여성과 남성의 욕망의 진화

인간은 지구에 거주하는 다른 생명체들과 마찬가지로 두 가지 과
제가 있다. 개체 생존과 종족 번식. 이것은 성경 창세기에 나오는
하나님의 지상 명령이기도 하다.

생육하고 번성하여 땅에 충만하라.
– 창세기 1장 28절

생육하고 번성하기 위해서 인간은 집단을 형성하기 시작했고,
가족은 인간이 생존과 번성에 있어, 가장 핵심이 되는 집단이다.
이 가족의 최소 단위는 부부로, 남성과 여성이 만나 가족을 이루기
위해 성적으로 결합하여 아이를 낳고, 함께 아이를 보살핀다. 아이
는 어른으로 성장하여 또 다른 성의 개체를 만나 아이를 낳아왔고,

이것이 거듭 반복하여 지금의 우리가 존재한다. 다시 표현하자면, 우리가 존재하기 위해 수많은 남녀의 결합이 있었고, 이들의 결합을 위해서는 수많은 전략이 숨어 있었다. 상대가 번성하기 위한 좋은 유전자를 보유한 사람인지, 유전자 전달자인 우리의 아이가 자신을 지킬 수 있을 때까지 보호해 줄 사람인지 식별하고, 내가 원하는 사람을 얻기 위해 나의 어떤 점을 부각시켜야 하는지를 판단해, 행동해야 했다. 우리에겐 조상들로부터 전해져 새겨진 고유한 성 전략이 있다는 것이 진화심리학의 설명이다.

## 동상이몽, 남녀의 생물학적 특성

성 전략은 남녀의 생물학적 특성에 따라 다르며, 관계의 특성에 따라 다르다. 특히, 단회성 만남이거나 서로의 삶을 전혀 공유하지 않는 단기적 관계와 확실한 유전자 보존과 안녕을 위해 삶을 결합하는 장기적 관계에 따라 다른데, 남성은 여성과 달리 관계적 특성에 따라 전혀 다른 전략을 취한다.

여성의 경우, 단 한 번의 성교로 인해 10개월가량의 임신 기간을 거쳐야 하며, 출산 이후에도 수유 기간까지 하면 약 3~4년의 긴 모성 투자를 해야 한다. 이 기간 동안 엄청난 신체적 에너지 손실을 감당해야 하며, 생존의 위협까지도 받기 때문에 여성은 관계의 특성에 상관없이 남성 배우자를 평가하는데 여러 요인을 살펴보며 까다롭게 평가한다.

　반면, 남성은 단기적 관계에서는 자신의 유전자를 전달하는 것만을 목표로 삼기 때문에 여성의 신체적 매력에 쉽게 매료된다. 또한, 추구하는 신체적 매력의 수준을 낮추고 다른 요인들의 중요도 또한 낮춘다. 남성은 여성을 유혹하기 위해 심각한 수준으로 자신을 과장하기도 한다. (여성에게 완벽한 피임이 가능하다고 가정하면, 여성 또한 일회성 만남과 같은 단기적 관계에서 신체적 매력을 제외하고 다른 요인들의 중요성을 낮춰 이왕이면 최대한 많은 남성과의 성관계를 시도할 수도 있다. 그러나 이는 통계의 극단치에 해당하는 사례에 해당하며, 진화적 기제는 그렇게 단숨에 바뀌지 않는다.) 장기적 관계에서는 남성 또한 부성 투자를 해야하기 때문에 여러 요인을 까다롭게 평가하며, 신체적 매력뿐 아니라 지능, 헌신, 순결에 대한 지표 등 여러 요인을 살펴본다. 장기적 관계에서도 남성과 여성은 서로 다른 생물학적 위치 때문에 중요하게 생각하는 요인 또한 다르다. 그렇다면, 어떻게 다를까?

## 여성이 남성에게 끌리는 이유

여성은 확실하게 모성 투자를 해야하기 때문에 어떤 남성을 매력적으로 느끼고 선택하는지에 따라 자신과 아이의 안전에 영향을 미친다. 현실에서는 여러 요인들이 충돌하기도 하고(예, 잘생긴 남성 vs. 똑똑한 남성), 거기에 여성을 유혹하기 위한 남성의 과장 혹은 속임수(cheating strategy)가 난무하기 때문에 선택의 어려움을 겪는다. 또한, 개인마다 한 요인을 다른 요인보다 더 중요하게 여길 수 있기 때문에 여기에서 소개하는 남성의 매력 요인 순서는 중요도와는 별개다.

## 경제적 능력

수컷의 자원 제공 능력에 대한 암컷의 선호는 동물계에서 가장 오래되고 널리 퍼져 있는 배우자 선택 기준의 하나로,[1] 만약 자원이 없는 수컷을 선택한 암컷의 경우 생존과 번식에 모두 위협을 받게 된다. 이는 인간도 마찬가지이며, 남성의 경제적 능력을 나타내는 지표(고급 차, 집문서, 통장 잔고 등)에 민감하게 반응한다. 이 과정에서 남성은 여성에게 매력적으로 보이기 위해 실제 보유한 것보다 과장할 수 있고, 여성은 진위 여부를 파악하려고 의심한다. 미래까지 생각하는 여성의 경우에는 남성의 '야망과 근면성'을 높게 평가하는데, 이 또한 남성의 경제적 능력과 연관되는 요인이다.

## 사회적 지위

로맨스 소설만 보더라도 재벌 남자 주인공이 많다. 재벌 남자 주인공은 경제적 능력과 사회적 지위를 모두 충족하는 요인으로, 여성에게 높은 수준의 안락한 삶을 보장한다. 사회적 지위는 가족의 경제성과 안전을 보장해 주는 것으로, 결혼정보업체에서 의사·검사·판사 등 일명 '사'자가 들어가는 직업의 남성이 인기가 많은 이

유다. 여성이 나이 많은 남성을 선택하는 이유도 사회적 지위로 인한 안정성을 높이 평가하기 때문이다.

### 정서적 안정성과 신뢰성

남성에 비해 여성이 정서적 안정성과 신뢰성을 더 높은 덕목으로 꼽는데, 그 이유는 자원이 장기적으로 꾸준히 공급되리라는 지표가 되기 때문이다. 또한, 남성이 여성에 비해 신체적 능력이 우위에 경우가 많은데, 높은 정서적 안정과 신뢰는 남성이 여성을 공격하지 않는다는 반증이 되기 때문이다.

### 지능과 신체적 매력

지능과 신체적 매력은 남녀 모두 후세를 생각할 때 상대에게서 중요하게 평가하는 요인이다. 여성이 남성의 지능을 높이 평가하는 이유는 후세뿐 아니라, 자원 확보와 사회적 지위를 예측할 수 있는 요인이기 때문이다. 똑똑하면 똑똑할수록 높은 사회적 지위를 갖게 되고, 경제적인 안정을 이룰 수 있다. 또한 덜 똑똑함은 잘못된 선택을 하게 될 가능성이 높다는 것이며, 잘못된 선택으로 인해 손실을 입게 될 위험이 있다.

여성이 남성을 매력적으로 느끼는 신체적 매력은 건장함과 힘에 있다. 자신보다 크고 건장한 사람을 원하는 것은 외부의 위협으로부터 남성이 여성과 아이를 확실하게 지켜줄 수 있기 때문이다. 또한 건장하다는 것은 신체적 건강과 연관되는 지표로, 여성과 남성의 유전자가 세상에서 살아남아 전파될 가능성이 높다는 걸 의미한다.

## 적합성

어떤 여성은 적합성을 가장 높이 평가할 것이다. 나와 유머 코드가 맞는 사람 혹은 가치관이 맞는 상대는 나에게 지속적으로 안정감을 준다. 성 역할에 대한 태도, 종교적 믿음, 문화 수용 능력, 양육관, 정치적 태도 등 가치 기준이 비슷한 사람을 만나면 서로를 오해해 갈등을 빚을 가능성이 낮다. 적합성이 높다는 것은 마치 상대에게서 '나'를 발견하는 것으로, 나의 반쪽 같은 존재라는 증거다.

## 애정과 헌신

모든 걸 다 갖춘 남성이라 하더라도 나를 좋아하지 않는다면, 그리고 나에게 헌신하지 않는다면 여성의 삶은 고난에 처할 가능성이 높다. 따라서 여성은 남성의 애정과 헌신을 끊임없이 알고자 한다. 여성의 애정 확인으로 인해 연인 간 갈등을 빚기도 하는데, 서로 간 신뢰를 확인하는 경험을 많이 하면 해결될 문제이다.

## 여성을 헷갈리게 하는 남성의 전략

내가 어떤 매력을 가진 사람을 좋아하는지 알았다면, 이제 내가 원하는 상대 또한 나를 좋아하게 해야 한다. 이를 위해 남성은 여성을 헷갈리게 하는 전략(mating strategy)을 펼친다. 나를 좋아하게 하려면, 상대가 원하는 것을 내가 갖고 있거나 갖고 있는 것처럼 보여야 한다. 이 과정에서 자신이 가진 것을 과장하거나 없는 것을 있는 것처럼 하는 속임수(cheating)를 쓰기도 한다. 물론 연애와 같이 지속적인 만남을 가진다면, 속임수는 언젠가 들키고 말 것이다. 그때에는 또 다른 전략, 만나온 시간의 누적으로 생긴 친숙성으로 어필하거나 정에 호소한다. 내가 원하는 사람을 갖기 위해선 우선 그 사람에게 한 번이라도 선택받는 게 중요하다.

남성이 여성을 속이는 것은 여성이 원하는 것과 상당히 일치한다. 깔창을 신어 키를 높이고 몸을 과시하거나 돈이 많은 척 고급 차종의 키를 테이블 위에 놓는다. 사회 고위층 자제인 척 거짓말하거나, 평생 오로지 너만을 사랑하겠다고 맹세하기도 한다. 이러한 속임수가 가능한 것은 한 사람에 대한 종합적인 정보를 수립하는 데는 긴 시간이 걸리고, 차 키와 같은 지표 혹은 그 사람이 했던 말과 행동으로 추측해야 하기 때문이다. 상황에 따라 말과 행동이 달라지지 않는지, 주요 정보에 일관성이 있는지 면밀하게 파악할 수 있다면 좋겠지만, 몇몇 사회적 물의를 일으킨 사건을 보더라도 그건 상당히 어렵다. 메이팅 전략은 속이려는 자와 속지 않으려는 자의 엄청난 눈치 싸움으로 전개된다.

결혼과 같이 삶을 긴 시간 공유하는 장기적인 관계를 원할 때에는 남성의 속임수가 줄어든다. 오히려 여성의 신뢰를 얻기 위해 진실한 태도를 유지하는 경우도 많다. 내밀한 이야기를 하고, 고민을 나누며 소통한다. 그러나 여성은 여전히 혼란스럽다. 그 또한 매우 정교한 속임수라면?

## 남성이 여성에게 매혹되는 이유

남성은 여성과 다르게, 여성이 출산한 아이가 자신의 유전자를 가졌다는 확신을 할 수 없다. 현대 과학기술을 이용하여 친자 확인을 하는 경우도 있지만, 그렇다고 해서 진화론적으로 형성된 불안감에서 완전히 해방될 수는 없다. 또한, 자신의 유전자를 세상에 남기기 위해서는 번식 능력이 뛰어난 여성을 만나야만 한다. 따라서 남성은 번식 능력을 나타내는 여성의 신체적 지표와 자신의 아이라는 확신을 줄 수 있는 정절의 지표에 민감하며, 그런 여성을 만났을 때 매력적으로 느낀다.

### 건강과 젊음

여성은 평생 임신의 속박에 살지 않는다. 여성의 번식 가치는 2차 성징 이후 상승하여 20대를 지나 40대 이후 급격하게 하락한다. 일반적으로 50대에 이르러서는 임신에 관련된 여성 호르몬이 더 이상 분비되지 않아 갱년기를 경험한다. 이 시기에는 여성 호르몬으로 인해 유지했던 매끈한 피부, 윤기 있는 머리카락, 탄력 있는 몸매를 쉽게 잃는다.

문화에 따라 선호의 강도는 다르지만 남성들은 자신보다 어린 여성을 자신의 배우자로 맞이하고 싶어 한다. 젊음은 번식 가치가 높다는 것이며, 건강할 가능성이 높다는 점이다. 상처 하나 없는 맑은 피부의 얼굴, 빛나는 눈동자, 도톰한 입술, 윤기가 흐르는 머리카락, 탄력 있는 몸매는 건강과 젊음을 나타낸다. 또한, 여성의 건강과 젊음은 아름다움과 연관된다.

## 아름다움

아름다운 여성은 그 존재만으로 남성을 황홀하게 만들기도 하지만, 남성의 생명을 위협할 정도로 무모하게 만들기도 한다. 그리스 신화에서 '트로이 전쟁'의 원인이 된 헬레네, 소설《위대한 개츠비》에서 개츠비가 성공의 원동력으로 삼았던 존재인 데이지가 그런 존재이다. 아직 말을 하지 못하는 한 살 이하의 아기도 남성보다는 여성을 선호하고, 여성 중에서도 아름다운 여성에게 더 눈길을 주고 미소를 짓는다는 연구 결과 또한 인간이 본능적으로 아름다움에 이끌린다는 것을 알 수 있다. 남성보다는 여성의 아름다움이 더 치명적인 이유는 여성이 남성에게 매력을 느끼는 요인이 더 많고 다양한 반면, 남성은 여성의 신체적 매력에 강렬하게 매료되기 때문이다.

문화에 따라 신체적 부위 중 한 부분의 아름다움을 다른 부분의 아름다움보다 우선시할 수도 있다. 통통한 여성을 더 선호하는 곳이 있는 반면, 마른 여성을 더 선호하는 곳도 있다. 쌍꺼풀이 진

**문제적 로맨스 심리 사전**

하고 큰 눈을 좋아하기도 하지만, 외꺼풀에 작은 눈을 좋아하기도 한다. 그러나 공통적으로 아름답다고 느끼는 요인이 있는데, 얼굴과 몸의 '좌우 대칭성'과 '허리 대 엉덩이 비율'이다. 얼굴과 몸이 좌우 대칭적일수록 우리는 더 매력적으로 지각하는데, 대칭성은 개인의 건강에 대한 내력을 알려주는 단서이기 때문이다. 또한, 남성은 허리 대 엉덩이 비율(waist-to-hip ratio)이 0.67~0.80:1인 여성을 아름답다고 여기는데, 그 이유는 이 비율이 여성 호르몬을 나타내어 번식 가치가 높음을 드러내기 때문이다. 통통한 여성을 선호하는 문화와 마른 여성을 선호하는 문화에서 일관되게 0.67~0.80:1의 허리 대 엉덩이 비율을 가진 여성의 매력을 높이 평가한다.

### 정절과 순결

하룻밤의 상대보다는 연애 상대에, 연애 상대보다는 결혼 상대일 때 더 중요하게 여기는 가치가 정절에 관한 것이다. 남성은 여성의 정절을 암시하는 단서를 민감하게 포착하며, 다른 남성을 사랑하는 정서적 외도보다는 다른 남성과의 신체적 외도에 대한 단서에 더 민감하다. 진화심리학자들은 우리의 조상 남성이 아내가 다른 남성과 성관계를 갖는 것에 민감했기 때문에 자신의 유전자를 후세에 남길 수 있었으며, 반대였다면 어려웠을 것이라고 설명한다. 따라서 자신의 유전자 전달에 민감한 남성의 특성이 전해져 내려와 지금까지 살아남은 것이다.

남성의 권익을 우선시하는 문화일수록 여성에게 정절뿐 아니라 처녀성까지도 요구하는데, 처녀성을 유지한 여성을 순결하다고 여기며 앞으로 정절을 지킬 가능성이 높다고 보기 때문이다. 순결한 여성은 남성 배우자의 유전자를 후세에 확실히 남길 수 있는 존재로 평가되는 것이다. 이는 여성보다 경제적 우위에 있는 남성의 부성 투자를 확실히 자신의 유전자를 가진 아이를 위해 쓰고 싶기 때문이기도 하다.

## 남성을 헷갈리게 하는 여성의 전략

여성 역시도 남성을 헷갈리게 하는 전략(mating strategy)을 펼친다. 남성은 주로 여성의 신체적 매력에 매력을 느끼기 때문에 여성이 남성에게 매력적으로 보이기 위한 목적을 수행하기 위해서는 자신의 신체적 매력을 극대화하는 방법을 택한다. 메이크업으로 눈을 더 크고 또렷하게 보일 수 있게 하고, 입술에 색을 더하여 건강해 보일 수 있게 하며, 피부의 잡티를 가린다. 헤어스타일에 볼륨을 주어 본래의 머리숱보다 더 많아 보이게 하며, 옷을 입을 때에는 가장 자신 있는 신체 부위를 강조하는 스타일을 입는다. 하이힐 구두를 신는 것은 여성들이 흔히 활용하는 수단으로, 하이힐을 신으면 허리가 더 잘록하게 보이게 하는 동시에 실제 다리보다 더 길게 보이는 효과가 있다. 최근 많은 여성들이 즐겨 입는 크롭탑 상의는 잘록한 허리를 강조하기 위한 것으로, 자연스럽게 자신의 '허리 대 엉덩이 비율'이 0.67~0.80:1이라는 황금 비율임을 드러내기 위한 수단이다. 때로 가슴을 더 크게 보이게 하는 스타일의 옷을 입는 경우도 있는데, 이것이 남성에게 매력적으로 보일 수 있는 건 여성의 높은 번식 능력을 나타내는 지표이기 때문이다. 메이크업이나 헤어, 옷의 스타일은 조금씩 변하고 있지만, 변치 않는 건 모든 장식은 여성의 아름다움을 드러내는 방식으로 작용한다는 점이다.

남성과의 깊은 관계를 형성하기 위해 여성은 두 가지 상이한 전략을 사용하는데, 하나는 자신의 정절을 강조하는 것이고, 다른 하나는 남성과 하룻밤 만남만을 원하며 (놀랍게도!) 남성에게 어떤 헌신도 요구하지 않는 것이다.

먼저, 정절을 강조하는 방식은 다수의 남성에게 사용 가능한 방식이며 원하는 상대와의 연애와 결혼에 매우 효과적이다. 여성이 자신의 정절을 드러내는 방식은 은유적이고 은밀한 편으로, 성관계에 수동적인 자세를 취한다. 만약 경쟁자가 있다면 남성에게 경쟁자 여성의 정절을 의심할 만한 단서를 제공하기도 한다.

다음으로, 남성에게 전혀 부담을 주지 않으며 일회성 성관계에 만족하는 것이다. 이 방법은 주로 단기적인 관계를 추구하는 남성에게 접근하는 방식이다. 단기적 관계에서 남성은 성관계에 쉽게 응해줄 상대를 찾기 때문에 만약 그 남성이 매우 매력적인 상대인 경우, 여성은 남성에게 접근하기 위해 정절을 강조하는 것과는 아예 다른 정반대의 방식을 취한다. 이 성적 접근을 통해 여성은 임신을 시도하며, 결과적으로 남성을 자신의 장기적 배우자로 만들기도 한다.

이 두 방식은 모두 남성이 여성보다 경제적·사회적 우위에 있을 때 가능한 것으로, 여성의 경제적인 자립이 일반적인 문화에서는 미혼 여성의 개방적인 성생활은 전혀 문제 될 것이 없다. 다만 미혼남녀의 성생활을 전혀 문제 삼지 않는 문화에서도 결혼 후 정절을 지키기 않으면 이혼 후 유책 배우자로서 엄청난 재정적 손실을 감당해야만 한다. 많은 문화권에서 기혼 남녀의 서로에 대한 헌신과 정절은 반드시 지켜야만 하는 것으로 되어있다.

**문제적 로맨스 심리 사전**

# 플러팅, 그리고 사랑의 표현

그동안 서로가 없이도 잘만 살아온 두 사람이, 어떻게 '사랑'이라는 신비한 현상을 경험한 뒤에 서로가 없이는 도저히 살지 못할 것 같은 상태가 되는 걸까? 이 챕터에서는 사랑이라는 깊은 감정에 도달하기 직전까지, 마음에 드는 상대에게 어떻게 접근하고 어떻게 마음을 전달하고 마음을 얻는지, 그 과정을 다루려 한다. 또한, 연인이 된 후에 함께 하는 일상에서 어떻게 사랑을 표현하는지 알아보고자 한다.

## 구애의 다섯 단계

신체 언어를 연구한 인류학자 데이비드 기븐스(David Givens)는 책

《러브 시그널》[2]에서 낯선 두 사람이 하나가 되기 위해서는 비언어적 구애의 다섯 단계를 거치며, 이 단계를 통해 서로에게 물리적, 심리적 거리를 좁혀도 좋다는 신호를 질서정연하게 주고받는다고 주장했다.

### 1단계: 주목하기

사람들 사이에서 자신의 존재를 알리기 위해 호탕하게 웃는다거나 상대에게 자주 눈길을 준다거나 접근을 시도한다. '나 여기 있어요!' 혹은 '나는 당신을 해치지 않아요'라는 메시지를 비언어적인 방식으로 전달한다. 잠재적 배우자의 주목을 끌려고 시도하는 단계다.

### 2단계: 인식하기

매력적인 상대의 주목을 끌었다면, 그 상대가 자신의 접근을 허용하는지 알아보는 단계다. 떨어진 물건을 집는 척, 술잔을 집는 척하며 맘에 든 상대의 신체 가까이로 간다. 가까이 갔는데 상대가 미소를 지으며 인사를 한다면 나에게 작은 호감이 있다는 것. 만약 상대가 나의 접근이 싫다면 몸을 돌려 등을 내 쪽으로 향하게 할 것이다.

### 3단계: 대화하기

이제는 본격적으로 서로에 대해 탐구해 보는 단계다. 말을 주고받으며 상대의 흥미를 끌 만한 대화 주제를 찾아가는 과정이다. 이 과정에서 대화를 통해 상대의 취향을 파악할 수 있고, 호감에 관련된 비언어적인 신호를 주고받는다. 상대가 나와 눈을 맞추는 것도 모자라, 눈을 반짝이고 미소를 지으며 내 이야기를 듣는다면 대성공! 거기다 대화를 무리 없이 이어 나가며 서로 통하는 대화 주제를 찾았다면, 이 단계는 시간 가는 줄 모르고 오래 지속될 것이다. 그러나 많은 경우, 3단계에서 실패한다. 소개팅은 보통 이 단계에서 마치고 서로를 평가한다.

### 4단계: 신체 접촉 언어

내 이야기에 상대가 크게 웃어주거나 고개를 끄덕이며 맞장구를 친다면 내 기분은 점점 좋아질 것이다. '이 사람도 날 좋아하는 게 분명해'라고 판단되어 조금씩 대화를 하면서 아주 조금씩 신체적 접촉을 시도하거나 상대의 접촉을 허용한다. 보통 첫 접촉은 진지한 접촉이라기보다는 우연히 스친 정도거나, '네가 너무 웃긴다'는 의미로 팔을 살짝 때리는 등의 장난이라고 할 수 있는 정도다. 가벼운 접촉이 증가하면서 서서히 진지한 접촉으로 이어진다.

### 5단계: 성관계

이제 서로의 눈을 15초 이상 길게 들여다본다거나 키스를 나누며 서로의 친밀감을 만끽한다. 둘은 서로의 입술을 만지고 눈꺼풀이나 귀, 목, 허벅지와 같은 부드러운 부분을 자극하며 자연스럽게 성관계를 시도하는 단계에 돌입한다. 다섯 단계의 마지막 성관계를 통해 구애는 최종 완성되고 사랑은 본격적으로 시작된다. 물론 각 단계는 성공과 실패의 가능성이 있고, 마지막 단계 또한 마찬가지다. 성관계가 끝난 후 상대에 대한 관심이 급격하게 사라져 "이제 다시 보지 말자"라고 할 가능성 또한 있다. 그러나 구애의 다섯 단계를 통해 상대에게 점진적으로 만족했다면, 연인이 될 가능성이 더 높다고 할 수 있다.

## 연인 간 사랑 표현, 아기 말과 애교

연인이 되어 둘만 있을 때 둘만의 친밀성을 드러내기 위해 부모-자식 관계를 모방하는 언어를 사용하고 행동으로 표현한다. 성인으로 동등한 관계에 있는 연인을 마치 부모가 아이를 부르는 것과 같이 부르는데 이를 '베이비 토크(baby talk)', '아기 말'이라고 한다. 한국에서는 흔히 '애기야', '자기야'와 같은 식으로 표현하며, 미국에서는 'baby', 'honey' 등으로 표현한다. 또는 둘만 있을 때만 통용하는 유아적인 별명을 만들어 부르기도 한다. 애정을 표현하기 위해 인간이 생애 처음 경험하는 부모-자식 관계를 모방하며 재미를 추구하고, 관계의 유대를 돈독히 한다.

또한, 연인은 서로를 아기처럼 부르는 것에서 그치지 않고 유아적 행동까지 한다. 아이와 같은 혀 짧은 소리, 눈 크게 뜨기, 양 볼에 바람 넣기, 밀착하기, 투정 부리기 등과 같이 표현한다. 한국에서 그걸 '애교'라 부르며, 성인에게 있는 유형성숙적 특질[3]을 과장하는 형태로 드러내는 방식을 취한다. 애교는 주로 특정 대상의 호감을 얻기 위한 수단으로 사용되며, 애교를 통해 애교의 대상에게서 부모 반응을 유도하여 둘 사이의 친밀감과 유대감을 확인한다.

애교의 사전적 정의는 '남에게 귀엽게 보이는 태도'로, 한자로 愛(사랑 애) 嬌(아리따울 교), '사랑스럽고 아름답다'는 의미를 담고 있다. 따라서 애교는 애교를 '부리는' 사람의 신체적 매력이 높을수록, 애교를 '받는' 사람과의 관계가 친밀할수록 효과적이며, 잘못 사용했을 경우 오히려 관계의 단절을 일으킬 위험이 있다.

그럼에도 분명한 건 연인 사이에 아기 말과 애교는 관계의 윤활유 역할을 한다는 점이다. 일시적으로 퇴행한 듯한 연인 간 유아적 행동과 서로가 성인임을 지각하고 있음에도 'baby'나 '애기야'라고 부르고 듣는, 연인들의 부모 – 자식 관계의 모방 행동은 그들을 사회적 환경에서 분리시켜 결합력을 높이는 효과가 있다('우리 둘만의 안전한 세상'). 또한, 과거의 내재화된 양육자와의 좋은 관계를 재확인하거나 개선하는 계기가 된다.

# MBTI로 보는 연애 방식의 차이

MBTI는 칼 융의 성격 이론을 기반으로 외향형(E) – 내향형(I), 감각형(S) – 직관형(N), 사고형(T) – 감정형(F) 3개의 척도에 판단(J) – 인식(P) 1개의 척도를 더해 개발된 성격유형 검사로, 현재 한국 내에서 청년을 비롯해 수많은 사람들이 자신을 소개하고 타인을 이해하는 용도로 활용하고 있다.

　MBTI를 개발한 캐서린 쿡 브릭스와 이사벨 브릭스 마이어스는 MBTI를 개발할 때, '인간이 최소 16가지 유형은 된다'는 취지로 인간의 개별성을 강조하고, 서로 다름에 따라 강점 또한 다르다는 것을 사람들에게 알리기 위해 검사를 개발했다. 인간은 '인간'이라는 단어 하나로 묶을 수 있는 획일적인 존재가 아니며, 다양성은 존중받아야 한다는 것이 MBTI 개발의 가장 큰 의의다. 현재는 MBTI의 인기가 지나치게 높아져 MBTI의 유형론이 마치 인간의 속성을 16가지로 '확정된' 것처럼 지배적인 언어로 받아들여지고 있다는 비판이 있다. 많은 학문적 발전이 그러했듯이 이런 비판을 통해 인간의 특성이나 성격에 대한 논의가 깊어지며 성격 이론과 검사가 더 발전하리라고 본다.

인간의 개별적 특성, 개인적 가치관이 중요하게 작용하는 선택의 상황이 있다. 바로 일과 사랑이다. 프로이트는 인간에게 중요한 것으로 '일과 사랑'이라고 말했으며("Love and work, work and love, that's all there is."), 실제로도 어떤 직업을 선택하는가, 누구를 만나 어떻게 관계 맺는가, 일과 사랑을 할 때 선택하고 즐거워하고 괴로워하는 과정에서 서로 다른, 개별적 특성이 드러난다. 특히 누군가를 사랑하게 되는 것은 우리의 개별적 특성이 적극적으로 반영되는 것으로, 부모와 친구가 말려도 안 되고 어쩔 땐 내 이성으로도 어찌할 수 없는 것이 되기도 한다. 그래서 사랑은 수동적으로 '빠지는 것'이면서 동시에 능동적으로 '하는 것'이 된다.

이번 챕터에서는 MBTI의 4가지 척도에 따라 사랑에 있어서도 어떤 방향성을 가지게 되는지 살펴보며, 최소한 16가지 유형의 연애 방식의 차이에 대해 알아보고자 한다.

## E-I, 사랑을 표현하는 방식

다른 사람들과 적극적으로 소통하고 바깥으로 나가 외부 환경에

서의 다양한 자극을 노출되는 것을 즐기는 **외향형**(Extraversion), E
와 외부 자극에 민감해서 쉽게 피로감을 느끼며 조용히 자신만의
안전지대 안에서 자신에게 일어난 사건을 면밀하게 파악하는 **내
향형**(Introversion), I는 사랑을 표현하고 발전시키는 데 있어서도
차이를 보인다.

E는 사랑을 적극적으로 표현하기 때문에 조금만 관심을 기울이
면 제3자도 E가 누굴 좋아하는지 알아채기가 쉽다. E는 좋아하는
사람 가까이에 다가가려 하고, 자신을 좋아하는 사람 앞에 노출하
며 자신을 알아달라고 표현한다. E 중에서도 신중한 편에 속하는
사람은 상대의 신호에 민감하게 반응하며 자신의 표현을 수정·보
완하여 상대의 마음을 얻기 위해 특정 행동을 강화하고 특정 행동
을 하지 않으려 한다.

그럼에도 불구하고, E는 자신의 연애 세포들에게 "GO!"를 외치
는 것이 I에 비해 어렵지 않을 뿐 아니라, 속도도 빠르다. 그래서 E
는 상대에게서 본인이 비집고 들어갈 수 있는 틈이 조금이라도 보
이면 "○○ 같이 갈래?"라고 데이트 신청을 한다. 대화 중에 자연
스럽게 하기 때문에 상대는 그게 데이트인지도 모르고 "그래" 하
고 넘어갈 수도 있다. 가끔 동성 친구들 사이에서는 파워 E로 통
하지만, 좋아하는 사람 앞에서는 잘 표현하지 못하는 경우도 있다.
이런 경우는 접근을 어렵게 하는 상대의 고고한 이미지 때문일 수
도 있지만, 대부분 당사자의 경험 미숙으로 인한 것이다. 다양한
연애 경험을 축적하다 보면, 자신만의 E 장점을 잘 살려 좋아하는

사람을 내 사람으로 만들 수 있을 것이다.

사랑에 있어 시종일관 신중한 I는 어떨 때 보면 답답하기 그지 없다. 가장 친한 친구가 E라면 답답해서 I의 어깨를 잡고 흔들면서 말하고 싶을 것이다. "좋아한다며! 근데 아직도 고백 안 했어?" 마치 영화 〈건축학개론〉에서 승민(이제훈)과 납뜩이(조정석)의 관계와 비슷하다. I가 강한 영화 속 승민은 짝사랑하는 서연(수지)에게 결국 제대로 된 고백 한번 못해보고 혼자 실망하며 떠나버린다.

I는 사랑에 빠졌더라도 그 마음을 당사자에게 곧바로 드러내기 보다는 내면세계로 들어가 깊이 살펴본다. 그러고 나서 조금씩 자신만의 방식을 통해 좋아하는 상대에게 다가가는데, 그 상대가 I라 하더라도 마음을 눈치채기 어려울 때가 종종 있다. I는 다가가는 과정에서도 자신과 상대가 잘 맞는지를 알아보고, 만약 그렇지 않으면 보이지 않게 상대를 닮아가려 하는 등 섬세하게 맞추는 작업을 남몰래 한다. 그러다 보니 I의 외출은 외면상 평범한 스케줄이 었어도 집에 돌아오면 탈진하고 만다.

I가 내향적이라고 해서 사랑 고백을 하지 않는 건 아니다. 다만 I는 E에 비해 신중을 기울이는 편이며, 자신의 마음이 변치 않고 점차 커진다고 느끼면 큰맘 먹고 고백한다. 안타깝게도 사랑은 '타이밍'이기 때문에 너무 적정한 때를 기다린다거나 자신의 마음을 실시간 체크하다가는 사랑하는 사람을 놓칠 수 있다는 단점이 있다. 만약 〈건축학개론〉의 승민이가 조금만 더 일찍 서연에게 자신의 마음을 고백했더라면, 서연은 승민에게 아픈 첫사랑으로만 남지

않았을 것이다.

사랑은,
표현해야 직성이 풀리는 E - 표현하지 않아도 알아줬으면 하는 I

## E-E 커플 궁합

E-E의 관계는 '고백과 거절이 명확한 관계'. 만약 연인이 되었다면, 이들의 연애는 실시간 현장 중계가 될 가능성이 높다. 이들이 지금 알콩달콩 콩닥콩닥한 시기인지, 아니면 서로에게 실망해 다투고 있는지 외부인들이 알아채기가 쉽다. E-E 연인이 식당에서 대화를 나눌 때, 함께 식사한 다른 테이블의 사람들도 E-E 연애 전선을 알아챌 것이다.

E-E 연인은 의사 표현이 확실하기 때문에 서로 나누는 대화가 즐겁다. 단어 속에 숨은 의미가 있는 경우가 별로 없어, 서로의 의중을 알아채는 것이 쉽다. 타인의 시선에 본인들이 노출되는 것에 대한 두려움이 I에 비해선 상대적으로 적기 때문에, 집 밖에서의 애정 표현에도 거침이 없고 사람들이 많은 곳을 부담스러워하지 않는다. 사람들이 아무리 많더라도 이들에게 에너지를 빼앗기기보다는 에너지를 충전하는 느낌을 받으며, 원할 때는 '우리만의 세계'를 만들어 서로에게 집중하기도 한다. 그러나 가끔 E-E 연인들의 연애 전선이 나쁨으로 바뀔 때에는 종종 거리에서 큰 소리로 싸우기도 해서 화제가 되기도 하며, 가끔 누군가의 카메라에 영

상으로 담기기도 한다.

## I-I 커플 궁합

I-I의 관계는 '어느 순간 사귀고 있는 관계'. 종종 같이 다니는 건 봤는데, 당사자들이 사귀고 있다고 말하지 않으면 외부인들은 알아채기 어렵다. I-I 연인들이 어떻게 사귀었는지 궁금하면 그들에게 물어봐야 하는데, 어쩔 때는 대충 이야기하고 마는 경우도 있어 미스터리로 남기도 한다.

I-I 연인은 표현한 것에 비해 서로 이해하는 게 깊다. 서로가 표현하지 않은 것까지 알아채기도 한다. 예를 들어, 먹고 싶다고 찾아간 식당에서 밥을 먹으면서 평소보다 젓가락질이 시원찮던가, 평소보다 말수가 조금 줄었다거나 표정이 조금 없어졌을 때, 상대가 지금 음식에 실망했다는 걸 알아채기도 한다. 눈치 빠른 게 I만의 특성은 아니지만, I가 눈치가 빠른 경우에는 슬쩍 달달한 음료수를 하나 더 시킨다거나 말없이 자신의 음식과 바꿔주기도 한다.

I-I 연인이 오래 사귀게 되면 식당에 가서도 서로 말하지 않아도, 가끔 말해도 어색하지 않아한다. 한마디도 하지 않고 밥만 먹고 나올 때도 있는데, 만약 옆 테이블에 E-E 연인이 있다면 E-E 연인들의 발화로만 사운드가 꽉 찰 것이다. 그리고 식당을 나오고 나서 I-I 연인은 서로에게 "괜찮아? 너무 시끄러웠지?" 하며 조용히 손을 잡고 거리를 걸을 것이다. I-I 연인은 아무도 안 볼 때는 격렬하게 싸울지 몰라도 사람들이 많은 사회적 환경에서는 표현

을 억제하는 편으로, 미세하게 감정을 주고받을 뿐이다. 그러나 굳이 사회적 환경이 아니더라도 연인 사이에서도 서로에 대한 의사표현을 자제하는 경우가 많아, I-I 연인에게 중요한 것은 '말하지 않아도 아는 것'이다.

## E-I 커플 궁합

E-I의 관계는 '짝사랑인 것 같지만 서로 사랑하는 관계'. 연애 초반에는 E의 표현력이 관계를 형성하는데 강한 영향을 미쳤다면, 연애 중후반에는 서로를 이해하면서 '우리만의' 적정선을 찾아 맞춘다. 외부에서 이 연인을 보면 E 혼자 사랑하고 화내는 것처럼 보이겠지만, 사실 애정의 당사자만 알 수 있는 I의 온수매트와 같은 은근 따뜻한 매력이 E-I 연인의 관계 유지에 상당한 영향을 주고 있다.

E-I 연인은 서로 다름으로 매력을 느끼는 동시에 갈등을 겪기도 한다. E가 보기에 I는 솔직하게 자신을 드러내지 않아 뭘 느끼고 무슨 생각을 하는지 몰라 답답하다. 반면, I가 보기에 E는 굳이 지금 다 표현하지 않아도 될 정도의 감정이나 생각까지도 표현해서 피곤하게 느껴진다. 그러면서도 사이가 좋을 때에는 E는 I의 깊은 내면 탐색에서 오는 진중함이 매력적이고, I는 E의 천연덕스럽게 상황을 전복시키는 솔직함이 사랑스럽다.

E-I 연인은 서로의 다른 강점과 한계를 있는 그대로 받아들이고 상대에게 자신의 표현 방식만을 옳다고 주장하지 않는다면, 각

자 도우며 어울려 살 수 있다. 예를 들어, I가 사람들 앞에서 발표를 해야 할 때 E가 도울 수 있고, E가 문서를 작성할 때와 같이 섬세한 작업을 해야 할 때 I가 도울 수 있다. 이와 같이 서로의 강점을 닮아가다 보니, 어떤 상황에서도 유연하게 적응하며 지낼 수 있을 것이다.

## N-S, 연애에 대한 가치관

두 번째로, MBTI에서는 세상을 인식하는 방식의 차이에 따라 **직관형**(iNtuition), N과 **감각형**(Sensing), S로 구분하며, N은 자신의 감각기관으로 경험할 수 있는 것을 넘어서 직관을 통해 그 이면을 파악하려는 반면에 S는 자신의 오감을 사용해 얻은 구체적이고 실제적인 정보를 중시한다.

N의 시선은 현실 세계 너머까지 가 있는 반면, S의 시선은 현실 세계에 머물러 구체적인 대상을 바라보고 있다. N이 엉뚱한 소리를 하다가도 독특하고 예상치 못한 아이디어를 내놓는 장점이 있는 반면, S는 상상이 좀 부족해 보여도 현실적이고 실현 가능성 높은 아이디어를 내놓는 장점이 있다. N이 날개를 달고 한계 없이 날아가려 할 때, S는 땅에 두 발을 뿌리내리고 서서 점점 엉뚱한 곳으로 날아가려는 N을 다시 현실 세계로 돌아오게 한다. 반대도 마찬가지로, N은 S에게 잠시나마 땅으로부터 해방되어 날 수 있게

하기도 한다.

MBTI를 개발한 브릭스와 마이어스 모녀는 사람들 사이에서 N과 S의 차이가 가장 분명하게 드러나며, 서로를 이해하는 데 어려움을 느낄 수 있다고 밝혔다. 세상을 인식하는 데에서부터 차이를 보이니, 동일한 시간에 같은 곳에 있어도 전혀 다른 정보를 인식할 가능성이 높은 것이다. N과 S는 서로 방금 있었던 일을 이야기하다가 "난 못 봤는데, 그런 일이 있었어?"라고 자주 말하게 된다.

N과 S는 인식의 차이에 따라 연애에 있어서 사랑이라는 의미를 다르게 받아들이고, 연애에 대한 가치관과 기대를 다르게 형성하고 있다. N은 연애하며 연애 대상을 이상화할 때가 종종 있고, 연애의 경험을 여타의 관계 경험과는 다른 특별한 경험으로 받아들이기 원한다. 그래서 N은 연애가 지속될수록 연인 사이에 '특별한' 무엇이 줄어든다고 할 때 견디기 어려워 한다. 반면, S는 연애를 할 때에도 관계나 자신의 연인에 대해서 구체적이고 현실적 판단을 하며, 연인과의 관계 경험을 환상적으로 인식하고 싶어 하지 않는다. 오히려 연인과 함께 하는 현실이 조금씩 변화되는 경험을 원한다. 때문에 S는 연인과 "'언제'까지 '얼마'를 모으자"와 같은 구체적이고 달성 가능한 목표를 설정하려 한다. N이 행복을 위해 연인을 자주 이상적인 세계로 초대한다면, S는 연인과 함께 있는 현실 그대로를 행복으로 여긴다고 할 수 있다.

**문제적 로맨스 심리 사전**

연애란,

우리만의 특별하고 이상적인 경험이라고 여기는 N −

특별한 사람이 되지 않아도 우리이기에 함께 하는 거라고 여기는 S

## N − N 커플 궁합

N − N의 관계는 '환상 속의 연인'. 보이지 않는 힘이 작용하여 암흑같은 세상에서 서로를 알아보게 했고, 서로에게 이어진 끈을 발견하도록 했다고 믿는다. N − N 연인은 서로를 특별한 존재로 바라보며 관계를 특별한 것으로 만들려고 한다.

연애 초기에는 밥을 안 먹고 잠을 안 자더라도 세상에 둘만 있더라도 좋을 것 같이 서로에게 몰입하지만, 관계를 이어 나가면서 눈에 콩깍지가 벗겨지고 상대가 다른 사람들과 다름없는 평범한 사람이라는 것이 견디기 어렵다. 그럼에도 서로에 대한 신뢰가 많이 쌓였고 안정을 지향하는 연인들이라면, 사소한 점이라도 연인에게서 특별한 점을 발견하고야 만다. 상대가 실제로 한 말이나 행동보다 더 높게 평가하기도 하지만, 반대로 잘못에 대해서 실제 한 것에 비해 가능성까지 포함해서 비난할 수 있다. 그렇기 때문에 둘 사이에 일어난 사안에 대해 구체적으로 검토할 필요가 있다.

## S − S 커플 궁합

S − S의 관계는 '나무처럼 굳게 뿌리를 내리는 연인'. 현실적인 문제를 인식하고 해결 가능한 것들을 구분하고 해결할 수 있는 것들

을 해결해 나가는 것을 즐긴다. 그러나 서로에게서 도저히 해결하기 어렵다고 여길 만한 일이 있는 경우, 이별을 감행할지도 모른다. 연인 중 한 사람이 경제적으로 우위에 있는 게 지속적으로 관계에 악영향을 미치는 경우가 그렇다. 또한, 한 사람이 언제 끝날지 모르는 해외 유학길에 오르게 된다면 S‒S 연인은 현재 할 수 있는 가장 최선의 방법(기다리거나 헤어지거나 기타 등등)을 선택할 것이다.

S‒S 연인이라 할지도 외향형 S와 내향형 S가 추구하는 지점이 다르다. 외향형 S는 오감을 자극하는 활동을 하는 것을 더욱 즐기고, 내향형 S는 안정감을 느낄 수 있는 활동이나 환경을 추구한다. 이런 차이가 S‒S 연인이 서로에 대한 성향을 다르게 느끼는 요인이 되곤 한다. 외향형이 강한 S는 "나가자! 새로운 스포츠를 즐겨 보자!"라며 밖으로 나가 체험을 즐기고자 한다면, 내향형이 강한 S는 "편안한 곳에 머무르자! 섬세한 작업이 좋아"라며 레고나 조립할 가구를 펼쳐낼 것이다.

그러나 있는 그대로 서로를 받아들이는 것을 어려워하지 않는 S‒S 연인은 관계 개선을 위한 실천 가능한 방안을 고안해 내고, 그 방안이 괜찮다고 여기면 서로를 위해 한 발씩 물러서기 때문에 걱정할 필요가 없다.

## N‒S 커플 궁합

N‒S의 관계는 '새로운 세계를 선물하는 연인'. N과 S가 만나면 N

은 직관적이고 현실 너머를 보지만, 현실에서 일어나는 사건들이나 물건들을 세심하게 살피지 못한다. 반면, S는 오감을 활용하여 현실적 문제를 정확하게 파악하지만, 상징이나 추상적 개념을 파악하는데 어려움을 느낀다. 그렇기 때문에 N‑S 연인은 서로가 놓치고 있는 세계에 대한 다른 인식을 제시할 수 있다.

우리는 세계를 인식하고 분석하는 과정을 단계적으로 거치는데, N‑S는 인식 체계부터 다르기 때문에 서로의 '다름'에 대한 깊이 있는 이해가 절실하다. "우리는 같은 시간, 같은 곳에 있어도 다른 걸 체험할 수 있어"라는 걸 전제로 하고, 서로의 관점을 존중해야 갈등을 줄일 수 있다. 거기다 N‑S 연인이 함께해서 얻을 수 있는 장점은 N의 엉뚱하면서 창의적인 면과 S의 현실적이고 구체화하는 구성 능력으로 서로의 빈틈을 보완할 수 있다는 점이다.


## T-F, 연인과의 소통과 갈등 해결 방식

MBTI의 세 번째 척도는 의사결정 방식의 차이에 관한 것으로, **사고형**(Thinking), T와 **감정형**(Feeling), F로 구분하여 살펴본다. T는 자신의 의견과 타인의 의견을 논리적으로 파악하며, 연인과의 소통 또한 논리에 기반하여 이야기하는 것을 즐긴다. 반면, F는 자신과 타인들의 감정과 느낌을 가치 있게 수용해, 연인의 감정을 잘 알아채고 애정 어린 피드백을 하려 한다.

N과 S가 자신에게 들어온 정보를 어떻게 받아들일 것인가 하는 인식의 차이를 나타내는 것이라면, T와 F는 받아들인 정보를 의미 있다고 해석하는 방식의 차이를 나타낸다. 그래서 T는 정보를 순 차적으로 살펴보며, 앞 문장과 뒤 문장을 살펴보며 어떻게 논리적 으로 연결되는지, 핵심적인 내용은 무엇인지 분석한다. 그러나 F는 정보 그 자체가 아닌 그 정보를 전달하는 사람의 표정과 행동, 목 소리를 가치 있는 정보로서 파악하여 감정을 민감하게 포착해 낸 다. 다시 표현하자면, T는 내용(text) 그 자체에 집중하고, F는 내용 이면에 있는 분위기에 집중한다. 차이를 쉽게 이해할 수 있게 예를 들면, 연인이 울면서 이야기할 때 T는 내용에 더 집중하고, F는 연 인의 눈물에 더 집중한다. 가치 있게 정보를 받아들이고 해석하는 방식에 따라 T와 F는 다르게 소통하고 결정하게 되는 것이다.

연인 사이에서 T와 F의 차이가 극명하게 드러나는 때는 위기가 일어났을 때다. 길을 걷던 중 연인이 "저 사람이 내 어깨를 치고 갔어!"라고 할 때, T는 "괜찮아? 그렇게 세게 다친 것 같진 않아 다 행이네"라고 한다면, F는 "괜찮아? 기분 나빴겠다"라고 할 것이다.

T와 F가 연인이라면, 아마 T 때문에 F가 서운해하면서 갈등이 시작될 것이다. 자신에게 더 다정하게 대해주길 바라는 쪽이 F이 기 때문이다. 그러나 매번 F의 소통과 해결 방식이 적절한 것은 아 니며, T의 객관적이고 신속 정확한 분석이 빛을 발할 때도 자주 있 다. 그러니, 연인 사이에서 어떤 해결 방식이 우위를 점하면 안 되 고, 이 척도의 차이 또한 존중으로 대하는 것이 필요하다.

연인 사이에서 갈등을 해결할 때,

객관적이고 논리적인 분석을 통해 해결 방안을 모색하는 T -

진솔하게 감정을 주고받아 다정하게 살펴며 완화하는 F

## T-T 커플 궁합

T-T의 관계는 '논리적으로 티카타카가 가능한 우리'. 논리적 분석에 더 중점을 두는 T-T 연인은 연애 중에도 이성적인 측면을 강조하며 서로의 매력을 이성에서 찾곤 한다. 의견이 대립할 때나 결정할 때 토의를 통해 더 논리적인 근거를 대는 사람의 의견을 따르며, 연인 사이에 갈등이 발생했을 때는 갈등 상황을 객관적으로 해결하려 노력한다.

그러나 T-T 연인이라고 서로의 말과 행동에 상처받지 않는 것은 아니다. 때때로 조언보다는 위로가 필요한 시기가 오고, 연인 중 한 사람이 혹은 두 사람 모두 스트레스 상황에서 감정적으로 취약해질 때 상처 받을 수 있다. 따라서 T-T 연인은 평소에도 상호작용 과정에서 감정을 표현하고 상대의 감정적 정보를 의미 있게 받아들이는 데에 특별히 공을 들일 필요가 있다.

## F-F 커플 궁합

F-F의 관계는 '감정적으로 연결되어 있는 우리'. F-F 연인들은 주로 서로의 감정을 공유하는 것을 중요하게 여기고, 상대가 자신의 감정을 섬세하게 알아채 주길, 자신 또한 관계 내에서 감정을

솔직하게 털어놓길 원한다. 갈등이 발생했을 때에도 상대방의 감정에 민감하게 반응하면서, 동시에 자신의 감정에 대해서도 민감하게 알아채기 때문에 이로 인한 피로감을 호소할 가능성이 높다. 그래서 F-F 연인은 서로에게 약간은 무덤해질 필요가 있다. 상대의 작은 몸짓에서 스쳐 지나가는 감정을 알아챘더라도 의도적으로 모르는 척 지나갈 때도 있어야 한다. 그리고 오해가 커지지 않게 평소에 자신의 의사를 정확하게 밝히는 연습 또한 필요하다.

## T-F 커플 궁합

T-F의 관계는 '서로 다르지만 조금씩 닮아가는 우리'. T-F 연인들은 서로 다른 특성으로 인해 연애 초기에는 서로의 선의를 오해할 가능성이 높다. T를 바라보는 F는 T가 자신에 대한 배려 없이 차갑게 이야기한다고 느끼고, F를 바라보는 T는 F가 쓸데없이 사람들의 눈치를 살피고 우유부단하다고 느낀다고 평가할 위험이 있다. 그러나 이 모든 것은 서로의 진심을 전하면 잘 해결될 문제라 생각한다. T는 스트레스로 취약해지면 감정적인 피드백을 원하지만, 반면 F는 스트레스로 취약해지면 논리적인 피드백을 원하기 때문에 T-F 연인이 서로가 힘들어할 때 적절한 도움을 주는 존재가 될 수 있다. 또한, 서로에게 도움이 되었던 소중한 경험은 이후의 관계 양상에도 영향을 미친다.

# J-P, 추구하는 데이트 스타일

MBTI 척도 중 가장 마지막 척도는 생활양식(life style)을 파악하는 것으로, **판단형**(Judging) **J**와 **인식형**(Perceiving) **P**로 구분한다. 융의 성격 이론에는 없지만, 브릭스와 마이어스 모녀가 MBTI를 만들면서 환경을 구성하는 방식에 있어 사람마다 일관된 차이를 보인다고 생각하여 추가했다. J는 정보를 조직화하고 계획을 세워, 그 계획에 맞게 행동하는 경향이 있는 반면, P는 정보와 상황의 변화에 유연하고 즉흥적으로 대응한다. J는 계획을 실천해 나가면서 예상치 못한 상황적 변수가 생기면 당황해서 생각과 행동 사이에 버퍼링이 생기지만, P는 갑작스러운 새로운 정보에도 당황하지 않고 잘 받아들여 그에 적합하게 움직인다.

J와 P는 전반적인 생활양식으로 드러나는 편이며, 연애 가운데에서는 연인과 데이트 약속을 잡고 시간을 보내는 전 과정에서 드러난다. J는 약속을 정하고 그 시간을 어느 정도 연인에게 할당할 것인지도 정해놓는 편이며, 만나기 전에 연인이 뭘 먹고 싶은지, 어딜 가고 싶은지 알고 싶어 하는 등 데이트하기 전에 관련 정보를 모두 취합해서 구체적인 계획을 수립하고자 한다. 오래 사귄 연인이라면, 연인이 싫어하는 것을 미리 피하고 둘 다 만족할 수 있는 데이트 계획을 세우고 싶어 한다. 그래서 J와의 데이트는 연인 둘만의 맞춤형일 가능성이 높다. '내일 ○○에 간다, ○○을 한다'라는 구체적 계획에서 가능한, 예상 가능한 즐거움이 있다.

반면, P는 데이트 약속을 정하더라도 구체적으로 정하지는 않는다. '○시쯤, ○○부근에서 보자' 정도로 약속을 정하고 구체적인 장소와 시간은 당일에 상황에 맞게 정하는 편이다. 미리 데이트 코스를 짜놓지 않았기 때문에 데이트 당일에 갑자기 비가 온다거나 눈이 온다고 하면, 그에 맞춰 즉각적으로 데이트 장소와 시간을 정한다. 지나치게 날씨가 급변하면 약속을 취소하는 데에도 심적인 부담이 없다. J라면 날씨까지 예상하지 못했다는 생각에 계획을 수정하거나 취소하는 데에 경우에 따라서 스트레스를 받을 수도 있지만, P는 J에 비해 유연하게 대처하는 편이다. 따라서 P와의 데이트는 의외의 놀라운 경험을 할 가능성이 높다. 물론 예상치 못한 안 좋은 경험을 할 수도 있지만, 인생이란 계획한 대로 되지 않는 법이라는 걸 P는 너무나 잘 알고 실천한다.

연인과의 만남을 위해,
미리 예상하고 계획을 세워서 만족감을 높이는 J −
예상치 못한 즐거움으로 놀라운 경험을 하는 P

## J−J 커플 궁합

J−J의 데이트는 '계획대로 된다면 거의 완벽한 데이트'. 여행을 간다고 하면 미리 여행 일정을 계획하고 준비하는 것을 즐긴다. 준비 과정에서 일어날지 모르는 여러 상황을 예측해서 몇 가지 대책을 세우는 편이다. 만약 불안이 강한 J라면, 준비 과정에서 너무 많은

상황을 예측해서 대응하려고 준비하는데 에너지를 써서 정작 데이트 자체를 즐기지 못할 수도 있다.

J-J 연인은 계획에 공백이 있어도 괜찮게 여길 수 있을 정도의 여유를 가지려 노력하는 것이 필요하다. 둘이 함께 하는 것이 가장 큰 목표이지, 무엇을 해내는지는 그다음 문제이다. J-J 연인은 목표 달성과 성취를 중요시하는 경향이 있으므로, 함께 어떤 목표를 설정하고 그것을 달성하여 성취감을 느낄 수 있는 스포츠나 함께 배울 수 있는 데이트를 하는 것도 추천한다.

## P-P 커플 궁합

P-P의 데이트는 '오늘의 우리가 지금 만들어 가는 놀라운 데이트'. 미리 계획하지 않아도 편하게 느끼는 연인으로, 가끔 갑작스러운 여행을 감행해 즐길 수 있다. P-P 연인의 가장 큰 특징은 자유로움과 유연성이기 때문에 이들에겐 예상치 못했던 즐거움이 자주 찾아온다. 반면, 준비되지 않은 불쾌한 경험을 할 수도 있지만 잘 지나고 나면 크게 개의치 않는다. 연인 사이에서도 느슨하게 있다가 어느 순간 에너지를 불태울 때가 있으며, 지인들은 P-P 연인에 대해 자유롭게 연애하는 스타일로 볼 것이다.

## J-P 커플 궁합

J-P의 데이트는 '계획하는 즐거움과 예상치 못한 즐거움이 모두 있는 데이트'. J-P 연인의 강점은 두 사람이 상호보완적으로 다른

즐거움을 선사할 수 있다는 것이다. J의 계획은 상대 연인에 대한 배려로, P의 유연한 대처는 연인과 함께 즐기기 위한 것으로 여긴 다면 둘의 차이는 오히려 서로에게 긍정적인 영향을 미친다. 그러나 차이로 인해 J는 P가 게으르다며 비난하고, P는 J가 자신을 통제하려 한다며 서로의 진심을 왜곡한다면, 갈등이 심화될 가능성이 있다. P는 J를 배려해서 즉흥성에서 미리 계획을 세워 알려주는 것으로, J는 P를 배려해 데이트 계획이 촘촘하지 않더라도 실제로는 계획보다 훨씬 재밌을 거라고 여기고 닦달하지 않는 것이 필요하다.

## MBTI 유형별 연애 스타일

MBTI 4개의 척도에서 도출된 16개 유형은 서로 비슷하면서도 다른 연애 스타일을 가지고 있다. 척도에 근거해서 비슷한 점과 다른 점을 표현하기 위해 4개의 카테고리로 묶고 유형별로 설명했다. 현실적 문제에 관심을 가지고 현재에 충실한 SP, 연인과의 행복한 미래를 상상하며 즐기는 NP, 사랑에 있어서도 확실한 예측과 검증을 필요로 하는 SJ, 이상적 세계를 구체적으로 실현해 나가는 NJ로 카테고리를 나누었다. 개인의 척도별 점수에 따라 유형별 설명이 조금 다를 수 있으니, 그럴 때에는 비슷한 점수의 다른 유형의 설명까지 살펴보길 권한다. (예를 들어, ENTP로 P 점수가 낮은 편이라면 ENTJ

설명도 읽는 것이다.) 더 자세한 내용은 책《MBTI 연애 심리학》(박성미 지음)에 담겨있으니, 참고하시길!

## 지금, 이 순간이 중요한 스타일

ESTP는 연애에서도 '나'가 중요한 유형으로, 자신의 생각과 감정을 상대에게 여과 없이 표현한다. 그러나 후회 없이 최선을 다해 연애하고 헤어지고 나서는 뒤도 안 돌아보고 가는 편이다.

ESFP는 불에 달려들어 타버리는 화려한 나방같이 사랑에 빠져 있을 때에는 몸과 마음을 다 바쳐 사랑을 한다. 그런데 불타오르게 사랑을 하는 것도 잠시, 그 열기가 사라지면 예의상 짓는 어색한 미소만 남는다.

ISTP는 다정다감한 표현을 어색해하고 전반적으로 사랑 표현에는 인색하지만, 결정적인 한 방이 있다. 백 마디 말보다 진실한 행동이 더 중요하다고 생각하기 때문에 불쑥 감동을 선사할 때가 있다.

ISFP는 다다미 이불 속처럼 은근 따뜻한 유형으로, 연인에게 일관되게 따뜻한 태도를 가지고 있다. 어둠을 밝혀주는 가로등 같은 연인이다.

## 매일 꿈꾸고 다방면으로 행복을 찾는 스타일

ENTP는 롤러코스터 같이 흥미진진할 때도 있지만, 가끔 사랑이 식은 건 아닌지 차갑고 살벌한 모습을 보이기도 한다. 사랑에 열정적인 모습과 냉정한 모습, 둘 다 ENTP의 모습이니 익숙해지는 게 필요하다.

ENFP는 사랑에 있어 언제나 개방적인 희대의 바람둥이… 아니, 로맨티시스트이다. (이를 잘 설명하는 노래가 〈겨울왕국〉의 'Love is an Open Door'이다.) ENFP는 자신도 모르게 매력을 흘리다 보니, 딱히 신경 쓰지 않아도 주변에 여사친, 남사친들이 포진되어 있다. 연인에게 사랑 표현도 확실한 유형이다.

INTP는 연애 세포를 죽였다 살렸다 할 수 있는 유형으로, 연애가 필요하지 않다고 여기면 시도조차도 하지 않을 것이다. 이성적으로 생각하는 편으로, 자신의 연애에 있어서도 객관적인 시각을 놓치지 않는다.

INFP는 사랑 표현을 아끼지 않으며 추상적인 표현으로 사랑을 이상화한다. 연인과의 따뜻한 순간을 가슴 깊이 감사하게 여기며, 이별 후에도 마음속에서 연인을 쉽게 떠나보내지 못해 오랫동안 아파한다.

## 눈에 보이고 손에 잡히는 현실적인 연애를 추구하는 스타일

ESTJ는 뭐든지 명확하게 규명하고, 질서를 부여하기 때문에 사랑에 있어서도 확실함을 추구한다. 연인과의 사랑을 정의하고 자신이 관계 내에서 할 수 있는 것과 할 수 없는 것을 명확하게 파악해서 연인에게 전달한다. 연인에게 바라는 것 또한 한계를 명확히 하는 편으로, 실망을 피하고자 한다.

ESFJ는 솔직하게 자신의 사랑을 표현하며, 연인에게 안정감과 편안함을 주려고 노력한다. ESFJ는 사랑을 통해 에너지를 얻으며, 연인이 행복할 수 있게 최선을 다하는 충실한 연인이다.

ISTJ는 사랑에 있어서 무엇보다 신뢰를 강조하며, 극단적인 경우 변하는 것은 사랑이 아니라고 여기기도 한다. ISTP처럼 ISTJ도 사랑 표현에 인색한 면이 있다. 하지만 표현 여부와 상관없이 연인에게 언제나 한결같은 마음을 가지고 있다.

ISFJ는 식물을 키우듯 연인과의 관계 또한 섬세하게 다루며 키워나간다. ISFJ는 일상의 작은 변화에도 민감하게 반응할 때가 있는데, 먼저 눈치채고도 보이지 않게 주위 사람들을 챙기는 편이다.

## 더 나은 세상과 연인과의 성장을 기대하는 스타일

ENTJ는 겉으로는 굉장히 이성적이고 웬만한 일로는 흔들리지 않을 것 같이 보이지만, 사랑에 있어서 만큼은 약한 모습을 보인다. 평소에는 자신의 의견을 뚜렷하게 표현하고 문제를 해결하는 데에 능숙하지만, 연인과 갈등 상황일 때 공감하고 위로하는 것에 어려움을 느껴 의도치 않게 갈등을 심화시키기도 한다.

ENFJ는 사랑의 마법 같은 속성을 그 누구보다 잘 이해하는 유형으로, 연인과의 행복한 미래를 꿈꾸며 그 이상을 이루기 위해 노력하는 편이다. 연인은 물론 주위 사람들에게 따뜻한 태도를 유지하지만, 가끔 사람들에게 받은 상처를 잊지 못해 갈등이 길어지기도 한다.

INTJ는 얼음 같은 몸 안에 불을 품고 있는 유형으로, 소수의 친한 사람들에게는 매우 헌신적인 모습을 보인다. 감정에 휩쓸리지 않는 동시에 가끔 감정적인 문제를 잘 다루지 못해 힘들어하기도 한다.

INFJ는 연인을 깊이 이해하려고 노력하며 다른 사람들을 배려하려고 노력하는 편이다. 다른 사람의 생각과 감정을 민감하게 알아채고 공감하는 능력이 뛰어난 편인데, 가끔 배려가 지나쳐 눈치를 심하게 본다. 깊은 고독감과 사랑으로 충만한 경험을 복합적으로 하는 유형으로, 자신의 마음을 외부에 다 표현하는 것에 어려움을 느낀다.

# 요즘 연애 어떻게 해?

더 이상 결혼은 필수가 아니다. 아니, 연애도 필수가 아니라 선택이며, 누군가에게는 자신의 커리어를 위해서 결혼과 연애 모두 포기해야 하는 것이 되었다. 현재 한국을 사는 청장년층(20~40대에 해당), 특히 밀레니엄 이후에 태어나 성인이 되었고 X세대 부모를 둔 '0X년 생'은 연애와 관계 맺기에 대해 어떤 관점을 가지고 있을지 알아볼 필요가 있었다. 연애는 나와 타인이 맺는 친밀한 관계에서 이루어지며, 이 친밀한 관계 형성에 대한 경험이 최소한의 가족 구성으로 이뤄지기 때문에 사회적 측면에서 중요하게 다뤄야 할 주제다. 그리고 무엇보다 오랫동안 인간의 공통 감정이었던 '사랑'이 최근에는 어떤 양상으로 펼쳐지는지 알아봄으로써 사랑으로 유지하는 것은 무엇이고, 변화되는 것은 무엇인지 아는 것이 현재 우리 '자신'과 현재를 함께 사는 동료들을 깊이 이해하는 데 도움이 된다.

## 이제 연애도 앱으로 한다

당신이 20대 초반이고 연애를 하고 싶은 대학생이라고 가정해 보자. 이미 친구들에게 부탁해서 몇 번의 소개팅을 한 적이 있었는데, 소개해 준 친구를 서로 안다는 걸 제외하고는 별로 공통점을 찾지 못했다. 엄마는 학교에서 찾아보라고 했지만, 학교는 공부에 전념해야 하는 곳이기 때문에 누굴 찾아볼 생각을 하지 못하겠다. 그래서 마음의 여유와 외로움이 동시에 찾아오는 하루의 저녁, 혼자 있는 방에서 소개팅 앱을 켠다. 앱에서 나와 생각이 맞는 사람, 내가 좋아하는 외모의 상대를 찾는 게 친구의 소개보다 성공 확률이 높다. 거기다 썸을 타다 말아도 당사자를 제외한 다른 사회적 관계에서 관여하며 비난을 받을 일은 없다.

태어날 때부터 컴퓨터와 모바일, TV에 익숙한 일명 MZ는 디지털 세계와 현실 세계의 연결에 대해 어색해하지 않는다. 또한, 나에게 맞는 사람을 효율적으로 만나기를 바란다. 카페에서나 강의 시간에 쪽지를 주며 사랑을 고백하던 시대는 지나갔다. 나의 시간과 경제적 자원을 성공 확률이 가장 높은 데다가 사용해야 하며, 무엇보다 그 과정에서 인간관계가 얽히고설켜서 피곤해지긴 싫다. 그런 게 아니더라도 이제는 연애를 하려면 앱을 켜야 한다. 그 안에 나와 같이 연애를 하려는 사람들이 있기 때문이다. 연애 생각도 있는지 없는지도 모르는 사람에게, 거기다 내 얼굴을 드러내고 쪽지로 내 마음을 고백한다는 건 영화에서나 아름답지, 현실에서는 일말의 가능성도 없는 일이다.

2023년 전 세계 데이팅 앱 시장에서 이용자들이 쓴 금액은 57억 1,820만 달러(7조 6,910억 원)이다. 국내 이용자는 1억 2,020만 달러(약 1,614억 6,470만 원)를 지출했다.[4] 데이팅 앱의 전체 이용자 수의 80%는 남성이지만, 월평균 사용 시간은 여성이 3시간 56분으로, 남성(2시간)보다 약 2배 길었다.

데이팅 앱 중에서도 '틴더'는 국내뿐 아니라 세계적으로도 가장 인기가 많다. 틴더에서 연인을 찾는 방식은 매우 단순하고 직관적이다. 상대의 카드에 담긴 사진과 짧은 글을 보고 마음에 들면 오른쪽으로 넘기고, 맘에 들지 않으면 왼쪽으로 넘긴다. 그런 과정을 거치다가 상대와 내가 모두 좋다고 한 경우에 앱에서 서로를 연결해 준다. 무료 서비스도 있지만, 진짜 나에게 맞는 상대를 선별하기 위해 더 많은 시도를 할 수 있는 유료 서비스를 이용해야 한다.

2024년에 20대로 사는 한국인은 자본주의에 익숙하며, 연애에 있어서도 자본의 개념을 적용한다. 이 연애가 내가 시간과 돈을 들여 할 만한 것인가 평가를 하고, 그렇지 않다면 연애에서 철수하는 게 나에게 이로운 것이다. 사랑에 있어서도 기브 앤 테이크(give and take)가 확실해야 하며, 사랑을 경험하는 것은 가치 있는 일인 것은 분명하나 사랑이 없다고 해서 가치 없게 사는 것은 아니라고 여긴다. 나를 보호하고 내가 되고 싶은 나의 모습을 위해 연애가 방해가 된다면, 거기에 내 자본을 쓸 수 없다.

데이팅 앱의 사용으로 긍정적인 면은 학교나 가족, 직장과 같은 현실의 사회적 관계에서 숨기고자 했던 자신의 모습을 맘껏 드러낼 수 있다는 점이다. 성 정체성과 성 지향성을 포함해 여러 성적 취향을 고려하여 나를 깊이 이해하는 사람, 동질감을 느낄 수 있는 사람을 만날 수 있다. 앱에서는 '진짜' 나를 드러낼 수 있고, '진짜' 내 사람을 만날 수 있다.

## 사랑하기는 싫지만, 사랑을 보고 싶어

최근 짝짓기 예능들이 화제다. 현실보다 더 현실 같다는 평가를 받는 〈나는 솔로〉와 시청자들의 현실에서는 발견하기 어려운 아름다운 외모의 20대 청춘 남녀들의 〈솔로지옥〉, 사랑에 실패해도 우리 '다시' 사랑할 수 있다는 〈돌싱글즈〉가 있다. 이 세 프로그램의 출연자들은 대부분 방송 출연의 경험이 없는 평범한 사람들이지만, 방송에 나온 후에는 인플루언서나 연예인이 될 정도로 주목을 받는다. 〈미운 우리 새끼〉와 〈신발 벗고 돌싱포맨〉은 짝짓기 예능은 아니지만 미혼, 이혼, 사랑이 연예인에게도 예외가 아니라는 걸 보여주는 프로그램이다.

앞에서 거론된 프로그램들의 공통점은 시청자가 TV 속 사람들의 사랑과 갈등, 실수 등을 지켜본다는 데에 있다. 현실에서의 나는 현재 연애를 하고 있지 않더라도 이 프로그램을 충분히 즐길 수 있다. 또한, 프로그램 안에서 출연자들의 좌충우돌을 지켜보는 건 단순히 즐기는 것을 넘어, 나의 시행착오를 점검해 볼 수 있게 한다. '아, 저런 행동을 여자들이 부담스러워 하는구나', '사소한 오해가 저렇게 큰 갈등으로 번질 수도 있구나' 하면서 3인칭 관찰자 시점에서 이들을 지켜보며, 내 삶에 대입해 보고는 한다. 연애 리얼리티 프로그램에 관한 연구에 따르면, 프로그램 몰입과 지속 시청 의도에 가장 큰 영향을 미치는 요인은 '대리 만족'이었다.[5] 만약 시청자가 출연자들의 연애를 내 일처럼 여기고 만족감을 느낄 수 없다면, 이 예능들은 살아남지 못할 것이다.

인간은 성인이 되면, 태어나 처음 만난 가족(원가족)을 떠나 낯선 사람을 만나 새로운 가족을 구성한다. 결혼을 통해 부모보다 배우자와 내 아이의 존재가 더 친밀한 존재가 되며, 내 아이가 성장하면 이 구성은 또 반복된다. 다시 표현하자면, 결혼은 성인이 되어 부모가 아닌 다른 존재를 가족으로 만들고, 내 삶에 의미를 부여하는 사람들을 형성하는 과정이다. 그렇기 때문에 연애는 결혼하기 전 좋은 배우자를 만나기 위한 시행착오라 여기던 때가 있었다. 현재도 그럴까?

2020년 만 19세~34세인 청년 세대 중 미혼은 81.5%로, 기혼은 18.5%에 불과했다. 평균 혼인 연령은 남자 33.2세, 여자 30.8세이며, 결혼 적령기에 속하는 30~32세 청년 세대의 미혼 비중은 56.3%로, 2000년 18.7%에 비해 약 3배 증가했다.[6] 2024년인 현재는 더 증가했을 것으로 예상한다. 이와 같은 결과는 8년 전부터 예측할 수 있었다. 2013년 마크로밀 엠브레인의 조사에 따르면, 미혼남녀 1,000명 중 24%가 "경제적인 이유로 결혼을 포기해 본 적이 있다"고 답하며, '결혼을 꼭 해야 한다'에 30대 여성 48.8%가 "동의할 수 없다"고 답했다.[7] 2015년 사람인에서 실시한 조사에서 20~30대 남녀 1,675명의 56.8%가 결혼을 포기했다고 응답했고, 연애를 포기했다는 응답은 46.5%였다(중복 체크 가능).[8]

2021년 한국 보건사회연구원의 조사에서 현재 배우자 또는 함께 사는 애인·파트너가 없는 경우에 대해 교제 상대가 있는지 알아본 결과, 71.5%가 교제 상대가 없다고 응답했다. 연령대별로 살펴보았을 때 25~34세까지의 연령집단에서 교제 상대가 있다는 응답이 가장 높게 나왔으나, 겨우 36%에 불과할 뿐이었다.[9] 연애를 왜 안 하는지에 대해선 "마음에 드는 상대가 없다", "여유 없는 상황에서 연애가 밀렸고", "연애에 특별한 가치를 두지 않는다"라고 답했다.[10] 옛날이었으면 결혼을 준비했을 요즘 젊은이들(MZ)은, 지표상으로만 봐도 10여 년 전부터 결혼은 물론이고 연애조차도 하기 어려운 것, 하지 않아도 되는 것으로 여기기 시작했다는 것을 알 수 있다.

현실에서 결혼과 연애를 하지 않는다 하더라도 친밀한 관계 형성에 대한 욕구마저 사라지는 것은 아니다. 인간은 사회적 동물이며, 특히 청년기에는 다양한 사회적 관계 속에서 '내가 누구인지' 확인하고 싶어 한다. 지금의 내 '현실'에서는 친밀한 관계에 대한 욕구를 충족하는 건 어려운 일이지만, 지치고 외로운 하루의 끝에서 TV 속 현실을 통해 친밀감을 '대리 만족'하기 위해 짝짓기 예능을 본다.

# 로맨스 읽는 여자, 리얼돌 사는 남자

2023년 웹소설 산업 규모는 약 1조 930억 원으로 조사됐다. 2020년 6,400억 원 대비 62% 성장, 2013년에 100억~200억 원 규모였던 산업 규모가 10년 사이에 최대 100배의 성장을 한 셈이다. 설문 참여자 중 34.5%가 웹소설 서비스를 최근 1년간 거의 매일 이용했고, 하루 평균 시간 이용은 30분~1시간 미만이 가장 높았다. 웹소설 결제 방식에선 대여 결제(40.5%)를 가장 많이 이용했고, 그중에서도 현실 로맨스 장르에 대한 결제(47%)가 가장 높았다.[11] 웹소설 시장 중 64% 이상이 로맨스이며, 로맨스 이용자는 95%가 여성으로 그중 30~40대가 64%로 가장 높은 이용률을 보였다.[12] 로맨스 영화는 남성 관람객도 꽤 많은 반면에, 웹소설에서는 압도적으로 여성의 취향을 담고 있다. 요약하면, 30~40대 여성 독자들이 로맨스 웹소설에 결제를 많이 하며, 이는 로맨스 웹소설이 여성 독자들의 욕망을 이야기로 드러내고 해소하고 있다고 볼 수 있다.

그렇다면, 여성들은 로맨스에 무슨 매력을 느끼는 것일까? 로맨스 소설의 역사는 꽤 길다. 과거 할리퀸 문고와 같은 종이책을 거쳐 현재는 웹소설에서 취향껏 즐길 수 있다. 웹소설은 핸드폰에서 언제 어디서나 짬이 나면 즐길 수 있게 초매력적인 인물(+일러스트), 짧고 강렬한 문장, '읽는 드라마'와 같이 생생한 묘사로 채운다. 잠깐 끊었다 읽어도 다시 금방 흐름을 찾을 수 있게 하는 방식을 취하고 있다. 거기다 웹소설은 발 빠르게 현재 사회적 변화를 적용한다. 현대 로맨스에서 여자 주인공은 능력이 우수한 커리어 우먼으로, 남자 주인공에게 선택받기 위해 끌려다니기보다 남자 주인공을 이끄는 역할을 한다. 현대 남성상에 만족하지 못하는 독자들은 로맨스 판타지를 통해 과거나 이국적인 시공간에서 펼쳐지는 내용에서 엄청난 재능이나 사회적 위치에 있는 남자 주인공을 만나는 것을 선호한다.

현대 사회를 사는 인물이든 낯선 시공간의 인물이든 상관없이 중요한 건 '신데렐라'의 플롯으로, 완벽한 남자 주인공이 재를 뒤집어쓴 여자 주인공에게서 보석 같은 면을 발견하는 과정을 그린다. 독자는 여자 주인공의 고난과 외로움에 몰입하며 소설 마지막에 여자 주인공이 사랑과 부를 쟁취할 때 함께 기뻐한다. 거기다 현실의 독자는 복잡한 이해관계가 얽혀 자신을 괴롭힌 사람에게 복수하지 못하지만, 로맨스 소설에서는 여자 주인공을 괴롭힌 나쁜 역할들이 호되게 당하는 걸 볼 수 있다는 것 또한 로맨스 웹소설을 놓지 못하게 하는 요인이다.

로맨스 웹소설에서는 조화(balance)가 매우 중요하다. 매력적인 세계관 – 여자 주인공과 남자 주인공의 케미 – 서브 남자 주인공과 서브 여자 주인공, 기타 등장인물들이 야기하는 혼란과 역경 – 확실한 해피엔드. (일러스트 또한 몰입에 강력한 영향을 미치지만, 여기에선 다루지 않기로 한다.) 웹소설 독자들은 자신이 좋아하는 스타일을 정확하게 알고 있으며, 취향에 맞는 소설을 선별해서 읽고 싶어 한다. 그래서 웹소설에는 제목부터 어떤 취향을 만족하는 이야기인지 적극적으로 드러내며, 작품을 읽지 않고 작품 설명과 키워드만 읽어도 소설이 어떤 방향으로 갈지 충분히 예측하게 한다. 독자는 웹소설에서 우연히 발견하는 재미가 아니라, 내가 잘 아는 재미를 딱 맞게 찾아 읽길 원한다.

로맨스 웹소설의 트렌드를 통해 여성의 욕망을 유추해 볼 수 있는 키워드들을 정리했다. 실제로는 이보다 더 많은 키워드가 있었으나, 대표적인 키워드 총 60개를 7개의 카테고리로 구분했다.

- 호감 가는 성격: 다정남, 순진남, 순정남, 자상녀, 다정녀, 털털녀, 사이다녀, 직진남, 대형견남, 조신남
- 뛰어난 능력: 절륜남, 대공남주, 능력남, 능력녀, 계략남, 계략녀, 카리스마남, 오만남, 왕족/귀족, 걸크러시, 남장여자물, 천재, 재벌남, 뇌섹녀, 외유내강
- 회복과 성장: 까칠남, 상처남, 상처녀, 트라우마, 성장물, 철벽녀, 냉정남
- 현실 탈출/복수: 전남편후회, 시월드탈출, 후회남, 권선징악, 신분차이, 가족후회물
- 이(異)세계: 동양풍, 서양풍, 퓨전사극, 환생, 회귀물, 로맨스판타지, 퓨전사극, 시대/역사로맨스, 중세물, 가상시대물
- 현실 반영: 현대로맨스, 사내연애, 오피스물, 전문직물, 동거물, 맞선관계
- 19금 설정: 계약관계, 금단의관계, 몸정〉맘정, 소유욕/독점욕, 유

혹남, 원나잇

로맨스 소설에서 남자 주인공과 여자 주인공의 밝은 성격은 이야기에서 닥쳐올 위기를 극복하는데 중요하게 작용하며, 위기에서 독자들이 둘의 사랑을 응원하게 만든다. 다음으로, 남자 주인공/여자 주인공이 뛰어난 능력을 발휘해 위기를 극복하는 모습, 애초에 넘사벽의 재력과 능력을 가진 인물의 설정은 독자에게 충족감을 준다. 외로운 인물들에게서도 독자는 매력을 느낄 수 있는데, 내면의 고통을 이겨내고 이제 '서로 밖에 없다'는 절실함으로 맺어지게 하는 결핍된 인물들의 회복과 성장을 다루는 내용에 독자는 위로를 받는다.

독자의 현실을 전복하는 서사를 가진 현실 탈출/복수, 다른 세계로 떠나 새로움의 즐거움을 느끼게 하는 이세계물 또한 인기가 많다. 반면에 현실적인 이슈를 반영하여 소설 속 인물과 독자의 세계의 간극을 줄여 인물들의 갈등과 극복을 지켜보는 이야기 또한 매력적이다. 마지막으로, 19금 설정은 은근하면서 노골적인 성적 표현으로 독자에게 즐거움을 주기 때문에 로맨스 웹소설에서 과금이 잘 일어나게 한다.

지금까지 로맨스 웹소설을 통해 여성의 욕망을 알아보았다면, 다음으로 남성의 욕망이 극적으로 드러난 리얼돌에 대해 알아보고자 한다.[13] 그러기 위해 리얼돌에 대한 가치 판단은 잠시 미뤄두자.

리얼돌은 2019년 6월 대법원의 합법 판결 이후 한동안 수입에 진통을 겪다가 2022년부터 부분형 리얼돌뿐만 아니라, 전신형 리얼돌의 수입이 허용되었다. 따라서 현재 리얼돌 판매와 구매는 합법으로, 온라인과 오프라인에서 구매가 가능하다.

리얼돌의 종류는 총 네 가지로, 점차 다양해질 전망이다. 현재는 저가형 비닐 소재의 인형부터 시작해, 약 60만~200만 원대인 TPE 소재, 600만 원 이상 호가하는 실리콘 소재가 있다.[14] 최근에는 실리콘 소재에 인공지능을 접목한 섹스로봇 또한 출시되고 있다. 섹스로봇은 감정을 표현하고, 앱을 통해 업그레이드가 가능하며, 11개의 센서로 오르가즘을 느끼고 표현한다.[15]

구매자들이 가장 많이 찾는 것은 실리콘 소재의 리얼돌로, 이유는 외모 구현이 우수하며 촉감이 부드럽기 때문이다. 성기 부위가 분리/탈착되는 경우가 있으며, 일체형의 경우도 있다. 사용에 있어 착색 및 변색의 위험이 가장 크며, 그럴 경우 리얼돌로서의 매력이 급감한다.

리얼돌을 구매하는 이들의 99% 이상은 남성으로, 여성형 리얼돌이 압도적으로 다수를 차지한다. 리얼돌을 구매하는 목적은 현실적으로 만나기 어려운 뛰어난 외모의 여성 대상물과의 안전한 성욕 해결을 위한 것이다.[16] 또한, 일명 '업소 여성'과의 잠자리는 불법이지만, 리얼돌은 합법이기 때문에 이는 리얼돌 구매 촉진 요인으로 작용한다. 리얼돌은 여성 신체 형상이 남성의 성적 욕망 그릇으로 최적화하는 장치이다.[17]

현재의 남녀 모두 연애와 결혼과 같은 형태의 친밀한 관계 및 성적 관계 형성에 어려움을 겪고 있으며, 다른 해결 방식을 취하고 있음을 나타내기 위해 로맨스 웹소설과 리얼돌을 비교하였다. 현실에서 성적인 만족감을 느끼지 못하는 여성이 모두 로맨스 웹소설을 읽으며 만족을 추구하지 않고, 마찬가지로 불만족한 모든 남성이 리얼돌을 구매해서라도 성적인 만족감을 추구하지도 않는다. 그러나 로맨스 웹소설을 읽는 독자의 대다수가 여성이며, 리얼돌 구매자의 대다수가 남성인 것은 동일한 문제에 대한 남성과 여성의 대처 방식이 다름을 나타낸다고 볼 수 있다.

　진화심리학적으로 남성은 여성의 신체적 매력인 외모와 몸매에 가장 끌리며, 성적 행위 자체에 대한 손실이 적은 편으로 성적 행위를 추구한다. 그에 비해 여성은 남성을 바라볼 때 비교적 여러 요인을 두루 평가하며, 성행위로 인한 손실 또한 매우 크게 작용할 수 있어 성적 행위 자체만으로 충분한 만족감을 얻지 못한다. 그래서 여성은 웹소설을 읽고 남성은 리얼돌을 산다. 그럼에도 여성과 남성 간에 일치되는 지점이 있는데, 현실 인간과의 사랑과 깊은 관계 맺음이 지난하게 느껴진다는 점이다. 사랑과 성욕으로 타인과 강렬하게 연결되고자 하는 욕망은 있으나, 연결되지 못하고 가상으로라도 충족해야 한다.

# 사랑이 어려운 시대

결혼율과 출생률이 역대급으로 떨어졌다. 보건사회연구원의 2021년 조사에 따르면, 결혼 적령기 이성 교제 비율도 29.4%로 역대 최소 수준이다. 결혼 적령기를 무려 19세에서 49세로 잡았는데도 그렇다. 사람들은 우선 경제적 부담감을 꼽는다. 집값이 천정부지로 올라 버린 현실에서 살 집을 구하기도 난망하거니와, 결혼하고 아이를 낳는데도 세계 최고 수준의 경쟁에서 살아남기 위한 교육비 또한 만만치 않으니 어떻게 결혼을 하고 아이를 낳아 기르느냐는 것이다.

연애도 마찬가지다. 누군가를 만나려면 돈과 시간이 필요하다. 데이트도 하고 밥도 먹고 놀러도 가야 할 것이 아닌가. 그러나 한창 연애할 나이인 20~30대는 취업 준비에 몰두하거나, 취업을 했더라도 경력을 쌓고 또 기본적인 독립을 위한 자금을 마련해야 하는 시기다. 연애할 여유가 없다.

그러나 사람들이 사랑을 하지 않는 이유를 경제적인 쪽에서만 찾아서는 부족하다. 옛날 사람들은 전쟁통에서도 사랑을 속삭였고 단칸방에서도 신혼살림을 시작했다. 지금도 경제적으로 풍족하지 않지만 연애와 결혼을 하는 사람들이 있으며, 돈이 많고 부족한 것이 없어도 혼자 살기를 선택한 이들이 많다. 또한 '요즘 젊은이들은 이기적이다'라는 결론도 매우 잘못되었다. 시대가 달라졌고 사회가 변화했다. 비혼과 저출생, 무(無)연애는 수많은 원인들이 복잡하게 얽혀서 일어나는 현상이다. 사회적 현상의 원인을 특정 집단의 이기심이라는 단순한 이유로 설명하는 것은 게으르기 짝이 없는 사고방식이다.

## 개인주의 시대의 사랑

이 모든 현상들은 당연한 것이 당연하지 않게 되었기 때문에 일어나는 일들이다. 그리 오랜 과거도 아니지만, 옛날 사람들은 나이들면 으레 결혼하고 아이 낳고 사는 게 당연하다고 여겼다. 학교 나올 거 다 나오고 직장을 다니면 슬슬 결혼을 생각했고, 맞선이다 소개팅이다 하면서 적당한 사람 만나 늦기 전에 결혼하는 것이 인생의 정해진 경로였다.

더 이상 이러한 일들이 당연하지 않아진 이유는 삶의 이유가

'개인의 선택'으로 옮겨왔다는 데 있다. 과거 사람들의 삶은 자연환경, 왕과 귀족들, 오랜 세월 동안 만들어진 신념과 제도에 의해 결정되었다. 더욱이 전근대 시대에는 인구가 곧 경제력이요 군사력이었기 때문에 대부분의 사회는 구성원들의 결혼을 권장했고, 결혼하지 않거나 아이를 갖지 않는 것을 죄악시했던 것이다.

그러나 현대는 개인의 운명을 스스로 결정하는 시대다. 어떻게 살아야 하는가에 대한 종교와 사상, 주의와 주의 등의 온갖 다툼과 우여곡절 끝에 사람들은 '자신의 운명은 자신이 결정해야 한다'는 결론에 도달했다. 심리학에서는 이를 '개인주의'라고 한다. 즉, 개인주의는 개인 행동의 이유가 개인에게서 비롯되는 삶의 방식을 의미한다.

이러한 시대에서 사랑과 결혼도 개인의 선택이 되면서 사람들은 신중해질 수밖에 없다. 자신의 선택은 결국 자신의 책임으로 돌아오기 때문이다. 결혼과 출산이라는, 한번 결정하면 수십 년 혹은 남은 인생 전부를 변화시킬 중요한 선택을 하기 전에 내가 가진 자산과 능력, 잠재 가치와 가능성을 꼼꼼히 따져야 하는 것이다.

돈도 돈이지만 결혼을 선택함으로써 경력 단절과 같은 좁아지는 인생의 가능성이라든가, 미디어에서 보여지고 주변에서 들려오는 결혼 가족(시가/처가 등)과의 갈등, 쉽지 않은 배우자와의 관계와 길고 험난한 육아 등을 고려하면 결혼과 출산은 결코 '이성적이고 합리적인' 선택이라 할 수 없다. 우리 사회의 비혼과 저출생, 무연애는 이러한 관점에서 이해해야 한다.

문제는 결혼과 출산이 선택의 영역으로 들어오면서 사랑도 어려워지기 시작했다는 데 있다. 예전(?) 같으면 일단 사귀어 볼 사람도, 지금은 서로 고려해야 하는 점들이 많아지다 보니 쉽게 관계를 진전시키지 못한다. 결혼을 전제로 한 연애가 아닌 경우도 마찬가지다. 연애에 들어가는 시간과 비용 또한 나의 또 다른 가능성의 기회비용이 될 수 있는 현실에서 사람들은 섣불리 사랑을 시작할 수 없는 것이다.

사랑이 당연한 일이 아니다 보니 심리적 어려움도 커졌다. 관계의 기술이 성숙할 기회도 얻기 힘들어진 것이다. 마음에 드는 이성에게 어떻게 말을 걸어야 할지, 관계는 어떻게 진전시켜야 할지, 갈등이 있을 때는 어떻게 해결해야 할지, 사랑이 식었을 때는 어떻게 해야 할지, 이별할 때는 어떻게 해야 할지 모든 것이 낯설고 어려워졌다. 이 때문에 사랑을 시작하지 못하거나 중간에 포기하는 이들도 적지 않다.


## 사랑 없이 살 수 있을까?

반면 연애 예능은 역대급 인기를 끌고 있다. 〈나는 솔로〉, 〈솔로지옥〉, 〈환승연애〉, 〈남의 연애〉, 심지어 돌아온 싱글들을 대상으로 한 〈우리 이혼했어요〉나 〈돌싱글즈〉도 여러 시즌이 나올 만큼 인기다. 육아 예능도 마찬가지다. 〈슈퍼맨이 돌아왔다〉 등 유명인들의 자녀들을 보여주는 프로그램들은 상대적 박탈감을 자극하여 비혼과 저출생을 부추겼다는 비판도 나오고 있지만, 새로운 아이들이 등장할 때마다 화제가 되고 있으며 예쁘고 귀여운 아이들에게 푹 빠진 랜선 이모와 삼촌들 역시 많다.

비혼, 저출생, 무연애 시대에 이러한 연애 및 육아 예능 프로그램의 인기는 연애하고 싶고 결혼해서 아이를 낳아 키우고 싶다는 욕구를 반영한다. 현실적인 어려움 때문에 나름의 합리적인 판단으로 연애와 결혼, 출산을 포기했지만, 인간에게 누군가를 사랑하고 사랑받고 보듬고 싶은 욕구는 보다 근본적인 것이다.

우리는 옛날 사람들과 대단히 다르다고 생각하는 경향이 있지만, 인간은 과거에 비해 그렇게 많이 달라지지 않았다. 적어도 수만 년 내외로는. 현대 사회를 살아가는 사람들이 간과하기 쉬운 것이 인간은 동물이라는 사실이다. 그리고 현생 인류는 인간이라는 종이 지구에 나타난 후로 수백만 년 동안 진화해 온 결과다.

인간을 다른 종들에 비해 훨씬 경쟁력 있게 만들어 준 뇌는 수렵, 채집 시대의 산물이다. 고기를 먹지 않으면 뇌 기능이 떨어지고, 땀을 흘리고 염분을 섭취하지 않으면 뉴런을 작동시킬 전기 신호를 발생시킬 수 없다. 뇌의 구성 성분과 기능은 무리 생활과 사냥, 그리고 단백질과 지방에 의해 결정되었다.

근본적으로 인간은 동물이다. 성행동만 해도, 특정 나이에 이르면 남자는 정자를 만들어 내고 여자는 난자를 배출한다. 남자들은 테스토스테론의 작용으로 여자들에게 잘 보이기 위해 멋진 근육을 만들고 무모한 행동마저 서슴지 않고, 옥시토신과 바소프레신은 누군가를 사랑하고 행복을 느끼고 애착을 갖게 한다. 이는 인간의 이성이나 합리적 판단과는 별개의 일이다. 인간이라는 존재가 그렇게 진화해 온 것이다.

이러한 뇌와 호르몬의 작용은 비혼과 저출생, 무연애의 시대를 살아가는 현대인들에게도 동일하게 일어나고 있다. 현대인들이 사랑을 하지 않는다는 사실은 오랜 세월 동안 인간에게 설렘과 짜릿함, 사랑과 행복을 느끼게 해 주었던 작용들이 멈췄다는 것을 의미한다. 이는 결코 바람직한 일이 아니다.

현실적이고 합리적인 이유로 사랑을 포기한 만큼 사람들은 다른 곳에서 그만한 행복을 느껴야 하지만 그 또한 쉽지 않다. 오롯이 내가 찾은 삶의 의미와 행복을 추구하면서 점점 길어지고 있는 평균 수명만큼의 시간을 살아낼 수 있는 사람도 있겠지만, 인생은 생각보다 길고 여러 가지 노력을 통해 얻은 행복은 생각보다 길게 지속되지 않는다.

예로부터 시대와 문화, 국가를 관통하는 예술의 주제가 사랑인 것은 이와 무관하지 않다. 사랑은 사람들에게 영감을 주고 가슴을 뛰게 하고 움직이게 하고 살게 하고 또한 죽게 하는 것이다. 사랑을 포기한 이들이 어디에서 영감과 설렘과 살아갈 힘을 얻을 것인가.

# 사랑은 삶의 목적이다

지금은 삶의 이유를 다시 찾아야 할 때다. 현대 사회에서 인간의 주체성이 조명되면서 사람들은 인간의 주체성을 제한하는 모든 것들로부터 자유롭기 원했다. 인간은 그렇게 종교로부터 벗어났고, 왕과 귀족들에게서 독립했으며, 그동안 삶을 의존했던 자연을 지배하려 했다. 자신들의 삶을 구속했던 모든 것들로부터 어느 정도 벗어났을 때 사람들은 다시 공포에 휩싸였다.

이제 삶은 오롯이 자신의 것이 되어 모든 것이 스스로의 선택에 달려 있다는 사실을 사람들은 받아들이기 두려워졌고, 심지어 무한한 선택의 자유로부터 도망치고자 했다. 에리히 프롬이 쓴 《자유로부터의 도피》의 의미다.

어떤 이들은 부와 명예를, 어떤 이들은 약물을, 어떤 이들은 죽음을 선택했다. 그리고 어떤 이들은 아무것도 하지 않음을 선택하기도 한다. 하지만 언제까지 그럴 수 있을까. 기왕에 이 세상에 태어나 살고 있는데 아무것도 하지 않는 삶을 사는 것은 나 스스로에게 어떠한 의미가 될 수 있을까.

사랑은 나 자신의 선택으로 살아내야 할 길고 긴 인생에서 삶의 목적이 될 수 있다. 인간에게 목적은 중요하다. 방향도 없이 떠도는 것보다는 기약은 없어도 목표를 갖는 편이 도움이 될 거라는 사실은 자명하다. 삶에서 목적이 중요한 또 하나의 이유는 뇌의 작용 때문이다. 세계적인 동기부여 강연자 사이먼 시넥은 인간의 뇌는 부정을 이해하지 못한다고 단언한다.

스키 선수들이 산에서 수많은 장애물들을 피하면서 내려올 수 있는 이유는 그들이 장애물에 '부딪치지 말아야 한다'는 부정적 명령이 아니라 '길을 따라 내려간다'는 긍정적 목적을 따르기 때문이다. 부정에 익숙하지 않은 뇌는 장애물에 부딪치지 말아야 한다는 데 집중하는 순간 장애물들을 더 신경 쓰게 되고, 결국 제대로 된 판단과 움직임을 할 수 없게 된다는 것이다.

우리의 삶도 이와 같다. 인생에는 결코 겪고 싶지 않은 수많은 장애물들이 존재한다. 실패와 좌절, 예기치 않은 불행…. 연애로 예를 들자면, 사랑하는 사람과의 갈등과 다툼, 이별, 이혼, 식어버린 사랑, 힘들고 지친 생활 같은 것들이다. 그러나 부정적 결과들을 피하는 것으로는 결코 행복에 도달할 수 없다.

아직 닥치지도 않은 불행과 부정적 결과들만을 생각하며 그것들을 막으려 애를 쓴들 인간이 모든 불행을 막을 수는 없다. 예상되는 부정적인 사건들을 모두 막아냈다고 하더라도 그 삶이 행복하리라는 보장은 없다. 행복은 예기치 않은 시점에서 예기치 않은 일로도 찾아오기 때문이다.

사랑은 모든 조건이 충족된 상태에서 누려야 하는 어떤 것이 아니다. 사랑은 삶에 목적을 주고 사람을 살게 하는 것이다. 초가삼간(?)에서라도 둘만 있으면 행복하다는 말은 이 때문이다. 사랑하는 이와 맛난 음식을 먹기 위해서, 사랑하는 이와 더 행복한 시간을 보내기 위해서 사람들은 장애물들을 극복하고 현실을 개선하

**문제적 로맨스 심리 사전**

기도 한다.

　최근 여러 온라인 커뮤니티에서 '사랑만으로 결혼한 부부의 현실 후기'라는 글이 화제였다. 대학생 때 만나서 바로 동거에 들어간 이 부부는 부모님으로부터의 지원조차 없이 월급 200만 원으로 사회생활을 시작했지만, 많은 사람들이 두려워하고 피하고자 했던 장애물들을 차례차례 극복하며 현재는 손수 마련한 내 집에서 사랑하는 아이와 행복하게 살아가고 있다. 임대주택이라 몇 년 뒤에는 새집을 마련해야 하고, 차 할부금은 매달 나가고, 뱃속의 둘째를 키울 걱정이 한가득이지만, 이들은 계속해서 새로운 설렘을 만나고 행복을 경험해 나갈 것이다. 사랑이 삶의 목적이 되어 주기 때문이다.

　나는 사랑을 포기한, 또는 포기했다고 생각하는 모든 분들이 다시 사랑을 선택지에 올리시기를 바란다. 그렇게 살아갈 의미도 찾고 행복도 찾으시기를 바란다. 사랑은 내가 선택할 수 있는 것 중 가장 가치 있는 것이 될 테니까. 그리고 마지막으로, 이 책이 용감하게 사랑을 시도하는 이들의 좋은 안내서가 되길 바란다.

※ 이번 장에서 다룰 10개의 성격유형은 DSM-v의 성격장애를 바탕으로 하였다. 성격은 개인들이 저마다의 환경에서 적응하기 위해 갖게 된 고유한 행동 특성으로, 적응과 부적응의 판단이 매우 어렵다. 성격장애는 정신장애 중에서도 가장 진단하기 어려운 종류로, 이 책에서는 '성격장애'라는 용어 대신 '성격 스펙트럼'이라는 용어를 성격적 특성을 나타내는 포괄적인 개념으로 사용하며, 성격장애로 진단 가능한 경우에서만 제한적으로 '성격장애'를 사용했다. 독자 여러분께서 이 장을 읽으실 때는 이 점을 염두에 두시고, 자신이나 다른 사람의 성격을 쉽게 '장애'라고 판단하는 일이 없길 바란다.

# 6장

# 성격 스펙트럼과
# 문제적 로맨스

한민

## A군 성격 스펙트럼

A군 성격 스펙트럼은 사고방식에서 독특성을 보이는 유형으로, 사람 참 특이하네, 돌I네… 등의 느낌을 주는 사람들이다. 대인관계에는 큰 관심이 없고 자기중심적인 생활반경을 갖는다. A군 성격 스펙트럼에는 편집성 성격, 조현성 성격, 조현형 성격이 포함된다.

A군 성격의 특징은 세상을 자기 위주로 본다는 점에 있다. 기본적으로 자기만의 세상 속에서 살기 때문에 타인의 반응마저도 자기 식으로 해석하는 경향이 있다. 때문에 대인 상호작용에 취약하며 상대의 언행을 잘못 해석하여 오해에 빠지는 경우가 많다.

# 편집성 성격, 집착남녀

편집성(paranoid) 성격은 집착과 의심, 피해망상을 특징으로 한다. 편집성 성격장애 환자들의 연애 형태는 의처증 또는 의부증으로 요약할 수 있을 것이다. 상대방이 자신을 속이고 바람을 피우고 있다는(피우려 한다는) 의심으로 끊임없이 상대방을 구속하고 속박하려 한다. 상대방이 결백함을 증명하기 위해 제시하는 어떤 증거도 믿지 않으며, 모든 정황과 증거들을 상대방의 불륜으로 '편집'한다.

## 상대방을 구속하고 속박하다

편집성 성격과의 연애 또는 결혼은 예정된 파국으로 치닫는다. 셰익스피어의 비극《오셀로》의 오셀로는 이아고의 꾐에 빠져 아내

데스데모나와 부관 카시오의 관계를 의심한다. 중간에 뭐가 많이 생략되긴 했지만 결국 오셀로는 데스데모나를 죽이고 자살한다.

상담이나 치료를 받아보라는 주변인들의 권고는 편집성 성격에게 바람난 상대방과 짜고 치는 고스톱 정도로 해석되며, 헤어지자는 요구 또한 "나랑 헤어지고 이제 그놈/년 만나겠다고?!"라는 반응으로 이어질 수 있다. 결별, 이혼으로 끝나면 다행이고, 불행한 경우 언론매체의 사회면에 등장하는 강력 사건까지 발생할 수 있다.

## 행동 범위

편집성 성격장애로 진단받을 정도의 사람들은 드물다. 편집성 성격의 범주에 들지만 그렇게까지 심하지는 않은 사람들의 언행은 상대방에 대해 관심이 많고 꼼꼼하게 챙겨주는 식으로 나타나기 때문에, 어느 정도까지는 사랑받고 있다는 느낌으로 다가오는 경우가 많다.

사랑하는 사람에게 관심을 갖는 것은 좋다. 그러나 나에 대한 상대의 관심 정도가 지나치면 집착이고, 집착에 더해 날 의심하기 시작한다면 병이다.

## 행동의 원인

첫째, 학대적 양육이다. 편집성 성격은 영아기(0~2세)의 신뢰 형성에 문제가 있는 경우, 특히 주 양육자(부모)의 학대적인 양육을 원인으로 본다. 이 시기는 갓 태어난 아이가 처음으로 타인(주 양육자)

을 접하며 외부 세계에 대한 신뢰를 형성하는 시기다. 주 양육자(전통적으로 대개 엄마)는 아이의 욕구를 충족시켜 주며, 아이는 주 양육자의 태도로부터 자기상 및 대인관계의 기술을 받아들인다.

이때 신뢰감 있는, 즉 애정에 기반한 일관적인 양육 태도는 아이가 세상을 신뢰할 수 있는 곳이라고 지각하도록 만든다. 반면, 주 양육자의 학대적인 양육은 아이에게 타인들이 자신을 해칠 것이라는 믿음을 갖게 한다. 나를 낳은 사람부터 나에게 해를 끼치는데, 피 한 방울 섞이지 않은 다른 사람들은 오죽할 것인가. 따라서 학대적인 양육을 받은 아이는 타인에 대한 근원적인 불신을 가진 사람으로 성장하게 된다.

둘째, 부정에 대한 트라우마다. 남근기(4~6세) 혹은 청소년기에 부모 중 한 사람의 부정, 또는 이전 연애에서 연인의 부정이 트라우마가 되었을 수도 있다. 이성은 부정을 저지르는 존재라는 고정관념이 생길 수 있다.


## 편집성 성격의 문제적 로맨스

### 잘못된 연애관

사랑하는 사이에서는 상대방의 모든 것을 알아야 하고 또 통제할 수 있다는 신념이 문제가 된다. 사랑하는 연인들은 서로의 모든 것을 알고 싶어하고 때로는 구속할 때도 있지만, 사랑은 일방적 소유-종속 관계가 아니라 독립적인 두 성인의 동등한 관계다.

## 많이 하는 행동

- 나에게 관심이 많다.
- 나의 하루 일과, 누굴 만나서 무엇을 했는지 등에 (지나치게) 관심을 갖는다.
- 내가 다른 이성을 만나는 것에 (지나치게) 관심을 갖고, 기분 나빠한다.
- 내가 다른 이성을 만나거나 대화하는 것을 싫어한다.
- 내가 다른 이성과 만나거나 대화하지 못하게 한다.
- 내가 어디서 누구와 무엇을 하는지 보고하게 한다.
- 내가 다른 이성을 만나거나 대화했다고 폭언, 폭행을 한다.

## 많이 하는 말

- 그때 어디서 뭐 했어? 누구랑 있었어?
- 너 다른 사람 있지? 바람 피우지?
- 그 사람 만나지 마.
- 나를 속이려는 거지?

## 좋지 못한 성격 조합

편집성 성격은 모든 사람들에게 버거운 상대지만 특히, 의존할 상대가 필요한 의존성 성격과 이성의 관심이 필요한 히스테리성 성격(연극성 성격)의 경우 문제가 심각해질 가능성이 있다. 편집성 성격과 좋지 못한 성격 조합은 다음과 같다.

첫째, 의존성 성격의 소유자들은 편집성 성격의 가스라이팅에 취약하다. 편집성 성격의 집착을 사랑과 관심으로 받아들여 벗어나지 못하고 착취적인 관계에 빠져들 가능성이 크다. 좋은 말로 하면 꽉 잡혀 사는 것이고, 안 좋게 가면 폭언, 폭행에 시달리며 감금에 가까운 생활을 하게 된다.

둘째, 편집성 성격의 사람들은 금세 다른 이성에게 눈을 돌리는 히스테리성 성격의 연인을 견디지 못하고 집착할 가능성이 크다. 잡힐 듯 잡히지 않는 히스테리성 성격들의 밀당(?)이 편집성 성격의 분노를 자극하여 강력 사건에 준하는 큰 사고를 유발할 수 있다.

셋째, 반사회성 성격과의 조합은 편집성 성격 자신이 위험해질 수 있는 케이스다. 자신의 목적을 위해 상대를 이용하는 반사회성 성격은 편집성 성격의 집착을 귀찮아하며, 반사회적 방법으로 헤어질 결심을 실행할 수 있다.

넷째, 불안한 자기상으로 상대에게 강한 집착을 보이는 경계선 성격은 편집성 성격과 의외로 잘 맞을 수 있다. 하지만 편집성 성격의 의심이 시작되면, 경계선 성격의 불안정성과 충동성이 사태를 파국으로 몰고 갈 가능성이 있다.

## 편집성 성격과의 상호작용 시 대응 방안

- 관계 초반에 관심과 집착의 경계를 명확히 한다.
- 지나친 관심에 불편감을 표현한다.
- 지나친 행동에 경고를 보낸다.
- 바뀔 의지가 있으면 상담 등을 권한다.
- 선을 넘으면 결별한다.
- 결별 선언 후 집착 행동이 나오면 주변에 도움을 청한다.
- 주거침입, 폭행 등 도를 넘는 행동을 하면 경찰에 신고한다.
- 사랑으로 극복할 수 있다는 생각은 매우 위험하다. 위험 신호를 감지하면 반드시 주변인, 공권력의 도움을 요청하자.

# 조현성 성격, 맑은 눈의 광인

조현성(schizoid) 성격은 관계 형성에 관심이 없고, 감정표현이 부족하여 사회생활에 현저한 어려움이 있다. 혼자 있기 좋아하고 대인관계에 흥미가 없기 때문에, 이성 관계가 연애로 발전할 가능성이 낮다.

## 감정교류가 어렵다

조현성 성격처럼 조용히 취미를 즐기거나 애완동물을 기르며 혼자 지내기 좋아하는 사람을 매력적으로 생각하는 사람이 있을 수 있고, 적극적인 구애로 연인이 될 수 있을 것이다. 하지만 정도가 심한 경우는 연애가 어렵거나 연애를 시작해도 곧 끝날 가능성이 크다.

조현성 성격을 가진 이들과의 연애 또는 결혼은 속 터지는 일이다. 이들은 무기력하고 비활동적이며 게을러 보이기까지 한다. 실제로 피로를 쉽게 느끼며, 언어습관 또한 느리고 단조롭다. 특히 감정교류에 취약한데, 다른 사람의 감정을 잘 읽지 못하거나 주의를 기울이지 않을 뿐 아니라 자신의 감정표현 역시 제한적이며 냉담하다.

데이트 약속 등 함께 할 활동을 찾는 부분부터 스트레스를 받는다. 그나마 활동 수준이 똑같이 낮은 사람이라면 이들의 성향에 맞춰줄 수 있을 것이다. 그러나 감정표현이 없고 상대방의 감정을 잘 이해하지 못하는 점은 큰 문제다. 부부나 연인 간의 감정교류는 매우 중요하기 때문이다. 돌아오지 않는 메아리처럼 한쪽의 고달픈 사랑은 지속되기 어렵다.

## 행동 범위

조현성 성격장애는 스스로 인지하기 어렵다. 본인도 그렇고 주위 사람들도 '혼자 있기 좋아하는 사람' 정도로 여기기 때문이다. 게다가 정도가 약하면 직업 등 일상생활에 문제가 없기 때문에 상담이나 치료를 받아야겠다는 생각을 하지 않는다. 취미 등 관심사가 같은 이들과는 다소 깊은 관계까지 가능할 수 있고, 혼자 조용히 있기 좋아하는 생활 패턴까지 맞으면 깊은 관계까지 발전할 수 있다. 내 연인 또는 배우자가 감정표현이 적고 내 감정을 잘 이해하지 못한다면 조현성 성격이라 생각할 수 있을 것이다.

## 행동의 원인

편집성 성격과 같이 조현성 성격도 기본적 신뢰의 결여와 관련 있다. 편집성 성격이 부모의 학대적인 태도로부터 방어적인 (타인을 의심하고 공격하는) 행동이 이어진다면, 조현성 성격은 부모의 무관심하고 비정서적 태도로부터 타인에 관심이 없고 감정에 취약한 인간형이 파생된다.

조현성 성격장애를 가진 이들은 어려서부터 부모에게서 거부당하거나 충분히 수용 받지 못한 경험이 있을 가능성이 크다. 특히 영아기(0~2세)는 부모(주 양육자)의 눈맞춤과 스킨십 등으로 부모의 감정을 이해하고 공유하며 정서적 발달이 이루어지는 시기인데, 이 시기 부모의 무관심이나 방치는 아이의 감정표현과 이해에 문제를 야기할 수 있다. 자연히 대인관계에 관심이 없고 혼자만의 세계에 빠지는 경향으로 나타난다.


# 조현성 성격의 문제적 로맨스

## 잘못된 연애관

자신만의 정신 세계에서 발전시켜 온 이성과 이성 관계에 대한 잘못된 생각들이 있을 수 있다. 예를 들면, 성 역할에 대한 부분이라든가 성적 취향 등이 문제가 될 수 있다.

## 많이 하는 행동

- 연락이 안 된다.
- 약속 잡기가 어렵다.
- 집에만 있으려고 한다.
- '~하기 싫어', '귀찮아'를 입에 달고 있다.
- 내가 화내는 걸 이해하지 못한다.
- 감정표현이 드물다(화, 즐거움, 슬픔 등).
- 본인이 이성적이고 논리적이라 생각한다.
- 나보고 감정적이라고 한다.

## 많이 하는 말

- 집에서 놀자.
- 넌 왜 그렇게 감정적이야?
- 왜 울어?
- 하기 싫어, 귀찮아.
- 그걸 내가 왜 해야 돼?
- ……. (말이 별로 없다.)

## 좋지 못한 성격 조합

첫째, 감정에 취약한 조현성 성격은 감정변화가 극적인 히스테리성 성격과 상극이다. 조현성 성격은 이성의 관심을 끌기 위한 히스테리성 성격의 과장된 감정표현을 이해하지 못한다. 히스테리성 성격은 아마도 깊은 관계에 들어가기 전에 조현성 성격에 대한 관심이 식어버릴 것이다.

둘째, 경계선 성격과도 역시 상극이다. 조현성 성격은 불안한 자기상 때문에 감정 변화가 극과 극을 치닫는 경계선 성격을 이해하기 어렵다. 이러한 점이 상대의 인정을 갈구하는 경계선 성격에게는 상대가 자신을 무시한다고 받아들여져 갈등과 위기를 초래할 수 있다.

셋째, 편집성, 반사회성, 자기애성 성격 모두 조합이 좋지 않다. 상대의 적극적인 반응을 요구하는 이들 성격에게 조현성 성격의 무반응 또는 논점을 일탈한 반응은 자신을 무시한다는 신호로 해석되어 응징의 대상이 될 수 있다. 반사회성과 자기애성 성격의 일방적이고 자기중심적인 태도는 조현성 성격의 내면세계를 비웃고 무시하여 갈등의 원인이 될 수 있다.

반면, 조현성, 의존성, 회피성 성격과는 잘 맞을 수도 있다. 취미, 활동 수준, 감정표현 방식 등이 유사한 조현성 성격과는 의외로 원만한 관계가 유지될 수 있다. 또한, 의존할 만하다는 판단이 들면 누구에게나 잘 맞춰주는 의존성 성격과도 잘 지낼 가능성이 높다. 조현성 성격은 회피성 성격과 비슷하게 자신만의 내면세계를 중시하기 때문에, 회피성 성격의 불안을 자극하지 않는 범위에서라면 회피성 성격과도 잘 맞을 수 있다.

## 조현성 성격과의 상호작용 시 대응 방안

- 내면세계를 인정하고 존중한다.

- 공통의 관심사로 대화한다.

- 감정에 취약하다는 사실을 이해한다.

- 상대가 이해할 수 있는 대화법을 찾는다(이성적/논리적 형식).

- 생각이나 행동이 사회통념과 상식에서 많이 벗어나지 않도록 피드백을 준다.

- 조현성 성격은 상대방에 대한 거친 행동은 잘 하지 않는 편이다. 이들의 내면세계를 존중하고 감정표현 방식을 이해한다면 원만한 관계를 유지할 수 있다.

# 조현형 성격, 돌아이

조현형(schizotypal) 성격은 조현성이나 회피성 성격이 더 악화된 유형이다. 심한 스트레스를 받으면 일시적으로 환각, 망상 등의 조현병 증상이 나타날 수 있다.

## 일탈적인 언행과 자신만의 기이한 내면세계

조현형 성격은 자신만의 기이하고 독창적인(?) 생각 때문에 대인 관계가 어렵다. 조현성이나 회피성 성격의 사람들은 자신의 내면을 잘 드러내지 않으려 하는데 비해, 조현형 성격은 교류 욕구와 인정 욕구가 있어서 자신의 생각과 행동을 밖으로 드러내는 편이다. 정상 범위를 넘어서는 언행 때문에 이성 관계나 연애가 기본적으로 어렵다. 자신만 아는 개념과 용어를 사용하며 논리구조와 사고의 전환이 종잡을 수 없기 때문에 상호적 대화가 불가능하고, 갈등 상황의 인식과 문제 해결에 있어서도 일반적이고 상식적인 반응을 기대할 수 없다.

상당히 예외적으로, 둘의 관심사나 사고방식이 일치하거나 상대방의 내면세계를 비롯한 행동 특성 등 그 사람의 전부를 완전히 수용해 줄 수 있는 사람과의 사랑은 가능할 수 있다. 시트콤 〈빅뱅이론〉의 셸던과 에이미 커플이나 영화 〈샤인〉에서의 데이비드 헬프갓 부부의 예가 있다.

## 행동 범위

대단히 독특한 내면세계와 철학을 가진 이들 중에 조현형 성격이 있을 수 있다. 일탈적인 언행과 예측할 수 없는 행동, 부족한 사회성으로 학교나 직장 혹은 친밀한 관계 등 사회생활을 유지하는데는 어려움이 있지만, 자신의 분야에서는 놀라운 성취를 보이는 이들이다.

어떤 사람들에게는 이러한 이성이 매력적으로 보일 수 있다. 우리 사회에는 소위 '돌아이'에게 매력을 느끼는 타입이 분명히 있다. 하지만 이 관계가 지속되려면 상대방의 무한한 이해와 헌신이 반드시 필요하다.

## 행동의 원인

조현형 성격(조현병 포함)은 유전적 원인이 가장 중요하다고 알려져 있다. 조현병 환자의 가족이나 친척에서 이 유형의 성격장애가 나타날 확률이 높다.

부모의 양육태도와 관련해서는 부모와의 불안정한 애착관계를 꼽을 수 있다. 이들의 기질적인 특성 때문에 부모의 애정과 관심을 이끌어내지 못해 공감능력이나 대인관계 기술 등을 습득하기 어렵게 만들었을 가능성이 있으며, 부모의 무관심과 무시는 이들이 내면세계에 침잠하게 하는 원인이 되었을 수도 있다.

또는 청소년기 이전에 경험한 주요우울장애(또는 주요우울장애를 유발한 특정 사건)가 원인이 될 수 있다. 부모의 무관심 등 일반적인 양육태도만으로는 조현형 성격으로 이행하기 어렵다.


## 조현형 성격의 문제적 로맨스

### 잘못된 연애관

조현성 성격처럼 조현형 성격 역시 자신만의 정신세계에서 발전시켜 온 이성과 이성 관계에 대한 잘못된 생각들이 문제가 될 수 있다. 사랑하는 사람은 항상 같이 있어야 한다고 생각해서 상대방이 다른 일을 하는 것을 참지 못하거나, 심각한 경우에는 상대방의 동의 없이 자신만의 관계 망상에 빠져 스토킹 같은 범죄를 저지를 수도 있다.

## 많이 하는 행동

- 어디서 뭘 하는지 알 수 없다.
- 자신의 생각과 행동에 몰두한다.
- 알 수 없는 말들을 한다.
- 자신을 이해시키려 하는 모습을 보인다.
- 이해받지 못한다고 생각하면 상처를 받는다.

## 많이 하는 말

- 아무도 나를 이해할 수 없어.
- 자신의 관심사와 관련된 말들.
- 말수 자체는 많은 경향이 있다.

## 좋지 못한 성격 조합

현실 인식과 사회적 적응이 어려운 조현형 성격은 대부분의 사람들과 잘 지내기 어렵다.

## 조현형 성격과의 상호작용 시 대응 방안

조현형 성격 사람들은 기이하고 독특한 언행으로 사회적 관계에서 갈등을 유발할 가능성이 크다. 개인적 성격 스펙트럼에 따라 타인의 논리를 수용하거나 상호적 대화가 가능한 경우에는 다음과 같이 대응할 수 있다.

- 내면세계를 인정하고 존중한다.
- 공통의 관심사로 대화한다.
- 더욱 전문적인 지식과 논리로 상대한다.
- 망상이나 환각에 의한 행동, 도저히 이해할 수 없는 언행에는 대응하지 말고, 전문가의 도움을 요청해야 한다.

**B군 성격 스펙트럼**

B군 성격 스펙트럼은 대인 행동에서 독특성을 보이는 유형으로, '이 사람 이거 왜 이러지? 좀 문제 있는데?' 등의 느낌을 주는 사람들이다. 이 성격 스펙트럼의 특징은 타인에게 끊임없이 영향을 미치려 한다는 점이다. B군 성격 스펙트럼에는 반사회성 성격, 히스테리성(연극성) 성격, 자기애성 성격, 경계선 성격이 포함된다.

B군 성격은 사회적 규범을 넘나들 만큼 눈에 띄는 행동들이 특징이다. 정도가 약하면 매력적으로 보일만한 요소가 있기 때문에 B군 성격 스펙트럼의 연애는 은근히 흔하다. 이들과의 관계에서 중요한 것은 사회적으로, 또는 서로 간에 합의된 선(기준)이다. 그것을 무시하는 사람과의 관계는 피해야 한다.

**문제적 로맨스 심리 사전**

**B군 성격 스펙트럼**

# 반사회성 성격, 소시오패스

반사회성(antisocial) 성격은 자신의 이익을 위해서라면 사회 유지를 위해 모든 사람이 지켜야 할 법과 규칙을 지키지 않고 공격적인 행동을 보이는 성격유형이다. 자신의 행동이 타인에게 피해를 줄 수 있음을 알고 그것이 법과 규칙을 위반한다는 것을 알고 있지만 신경 쓰지 않는다.

## 자신의 이익을 위해서라면, 타인은 신경 쓰지 않는다

거짓말, 공격성, 충동성, 무책임함 등 반사회성이 지나치게 드러나는 경우에는 상대방이 알아서 피하게 된다. 하지만 그 정도가 약한 경우에는 리더십 있고 추진력 있는 성격, 심지어 매력적으로 보일 수 있기 때문에 쉽게 연애 관계에 들어가기도 한다. 또는 반사회성 성격 특유의 집요함으로 압도적인 부와 권력을 가진 경우에도 이성을 쉽게 유혹할 수 있다. 애초에 인간사회에는 '나쁜 남자/여자'에게 끌리는 사람들도 일정 비율로 존재한다.

반사회성 성격의 사람들은 연인 또는 배우자를 속이고 이용하며, 자신의 목적대로 가스라이팅하고, 또한 거기에서 죄책감이나 책임감을 느끼지 않는다. 관계의 악화나 갈등 상황에서 자신을 정당화하고 상대방의 탓을 한다.

따라서 이들과의 관계는 상처만 남길 가능성이 크다. 자신들의 목적에 부합한다면 관계를 끝내지 않으면서 철저히 이용할 것이고, 그렇지 않으면 가차 없이 내버린다. 이들의 부와 권력만을 취하려는 목적의 관계는 유지될 수도 있으나 오래 지속될 확률은 적다.

## 행동 범위

반사회성 성격장애로 진단받는 사람은 100명 중 4명에 이른다. 성격장애까지는 아니어도 반사회적 행동 특성을 보이는 이들까지 포함하면 더 많을 수도 있는, 생각보다 흔한 인간형이다. 지능이 높은 경우는 지적이고, 추진력이 강하며, 냉철하고 사리 분별이 분명한 모습으로 이성에게 어필할 수 있다.

관계가 좋을 때는 더없이 친절하고 호의적이지만, 사이가 나빠지면 급격히 공격적이고 폭력적인 행동을 할 가능성이 있다. 충동성이 크면 폭행을 동반한 학대가 동반될 수 있으며, 치밀하고 계획적인 타입들은 연인이나 배우자를 이용해 돈을 뜯어내거나 사기를 칠 수 있다.

**행동의 원인**

첫째, 반사회성 성격은 유전적 요인이 크다. 연구 결과 범죄성향, 정신병질, 반사회성 성격장애는 40~50%의 유전 가능성을 보인다. 타인에 대한 공감을 담당하는 뇌의 영역인 전두엽의 이상이나 편도체 기능 이상 등 뇌 기능 이상이 원인인 경우도 존재한다.

둘째, 부모 특히 어머니와의 기본적 신뢰의 결여, 그리고 힘과 폭력적 권위에 의한 양육이 반사회성 성격의 원인으로 꼽힌다. 심한 폭언과 체벌, '모든 문제의 원인이 너'라는 식의 적대적인 태도는 타인에 대한 강한 불신은 물론, 전반적인 세계를 적대적으로 지각하고 그에 대해 공격적인 행동을 표출하게 만든다.

어린 시절에는 힘이 약해서 부모의 학대를 참고 견디지만, 힘을 갖게 되면 남들을 마음대로 할 수 있다고 믿는다. 그러기 위해 힘을 추구하고, 힘으로 모든 것을 정당화하는 신념 체계를 발달시킨다.

## 반사회성 성격의 문제적 로맨스

**잘못된 연애관**

사랑하는 사이에서는 연인의 요구를 무엇이든 들어줘야 한다는 신념이 문제가 된다. 사랑에서 헌신은 필요하지만, 개인의 독립성이나 권리를 해치는 헌신을 요구해서는 안 된다. 또한 자신의 욕구를 채우기 위해서라면 죄의식 없이 반사회적 행동을 하는 경향 때문에 반사회성 성격의 연인으로 인해 데이트폭력, 성폭력 등의 피해자가 되거나 범죄에 연루될 수도 있다.

## 많이 하는 행동

- 나를 자기 마음대로 하려고 한다.
- 요구에 응하지 않으면 화를 낸다.
- 화내는 것을 막기 위해 요구를 들어주면, 더 무리한 요구가 뒤따른다.
- 사소한 것부터 거짓말을 많이 한다.
- 교통질서 등 사소한 규칙이나 법률을 잘 지키지 않는다.
- 동물이나 자신보다 지위가 낮은 이들을 함부로 대한다.

## 많이 하는 말

- (규칙을 어기며) 괜찮아, 해도 돼. 안 걸리면 돼.
- (해서는 안 될 거 같은 일을 하며) 왜? 재미있잖아?
- 뭐 어때? 아무도 날 어쩌진 못해.
- (요구를 안 들어주면) 이것도 못 해줘? 헤어지자.
- (내가 이러는 건) 너 때문이야, 나쁜 건 너야.

## 좋지 못한 성격 조합

첫째, 의존할 상대가 필요한 의존성 성격의 사람들은 반사회성 성격의 제멋대로 구는 면에 매력을 느끼고 쉽게 관계를 시작할 가능성이 크다. 그러나 자기주장이 강하지 못하여 이들에게 쉽게 휘둘리며 착취당하는 관계로 빠져들게 된다.

둘째, 소심하고 자신 없는 회피성 성격에게 반사회성 성격의 외면적 특성은 매력으로 작용할 수 있다. 거절을 잘 못하는 회피성 성격의 특징상 반사회성 성격의 요구와 가스라이팅에 시달릴 가능성이 크다.

## 반사회성 성격과의 상호작용 시 대응 방안

- 지나치게 자신의 뜻대로 하려 하면 거부 의사를 밝힌다.
- 독립적 개인으로서의 독립성을 침해하면 거부 의사를 밝힌다.
- 거부 의사에 지나치게 화를 내거나, 관계 유지를 빌미로 가스라이팅을 하려 하면 관계를 끊는다.
- 거짓말, 법률 위반 등 반사회적 행동이 반복되면 관계를 끊는다.
- 죄책감이나 양심을 느끼지 못하면 관계를 끊는다.
- 사랑하기 때문에 이 정도는 해줘야 한다는 생각은 위험하다.
- 폭행, 금품요구, 사기 등 범죄에는 공권력의 도움을 요청한다.

# 히스테리성 성격, 플러팅 장인

히스테리성(histrionic) 성격은 관심을 먹고 사는 사람으로, 타인 특히 이성의 애정과 관심을 끌기 위해 부단히 노력한다. 화려한 치장과 유혹적인 언행을 즐긴다. 때로는 이러한 언행과 감정표현이 지나쳐 '연극적'인 느낌을 주기 때문에 이 유형을 연극성 성격이라고도 한다.

## 이성의 관심과 애정을 끌기 위해 노력한다

히스테리성 성격은 '사랑' 측면에서 가장 문제적 캐릭터가 될 수 있는 성격이다. 행동거지가 눈에 띄고 유혹적이기 때문에 이성의 관심을 끌기 쉬우며, 히스테리성 성격의 목적 자체가 유혹에 있기 때문에, 상대방의 승낙만 있으면 쉽게 연애 관계로 이행될 수 있다. 더구나 본인이 신체적 매력을 겸비한 경우에는 성공률이 매우 높다.

그러나 이들의 사랑은 오래가지 못한다. 관계가 지속될수록 끊임없는 인정을 요구하기 때문에 상대방이 부담을 느낀다. 관심받는다고 느끼지 못하면 우울해하고 불안해하며, 자해 시도 등 과장된 행동을 하기도 한다. 또는 현재의 관계와는 별개로 다른 사람에게 꽂히면 그를 유혹하는 경우도 있는데, 상대도 비슷한 성향이 아니라면 당연히 갈등의 원인이 되고 관계가 지속되기 어렵다.

## 행동 범위

자신의 감정과 생각을 쉽게 표현하는 능력이 있다. 정도가 가벼울 때는 매력적으로 보일 수 있으며 행동이 경박하다는 평가(좀 쉬워 보인다) 정도지만, 심각해지면 과장되고 불안정한 정서 표현과 지나친 극적 행동이 나타난다.

자극 추구 성향이 높아 충동적인 행동을 한다. 타인의 애정과 관심을 갈망하여 이를 얻을 수만 있다면 거짓말도 서슴지 않는다. 감정 기복이 심한데, 누군가 보는 사람이 있을 때 더 그렇다. 눈에 띄는 차림이나 과장된 행동, 사소한 자극에 대한 지나친 반응, 극단적인 비이성적 감정표현 등이 특징이다.

## 행동의 원인

히스테리성 성격은 오이디푸스 콤플렉스와 관련하여 설명된다. 남근기(4~6세)가 되면 아이들은 이성 부모를 이성적 사랑의 대상으로 바라보게 되는데, 이때 이성 부모와 동성 부모의 관계에서 나타나는 복잡한 심리적 작용을 오이디푸스 콤플렉스라고 한다.

이를테면, 남자아이는 엄마를 사랑하고 아빠에게 질투심과 공포를 느끼며, 아빠에 대한 이러한 감정들을 해결하기 위해 '동일시'라는 방어기제를 사용하여 아빠의 사회적 역할(성 역할 포함)을 받아들이게 된다. 여기서 가족의 형태 및 관계에 따라 여러 형태의 상호작용이 나타나는데, 이들이 향후 아이들의 이성 관계의 유형에 영향을 미친다.

여성 히스테리성 성격장애 환자일 경우, 남근기 시기 어머니의 사랑을 받지 못하면 대신 아버지의 사랑을 받고자 과도한 애교(교태)를 부리게 되고, 이때 아버지의 긍정적 반응을 얻으면 이러한 행위 양식이 성격으로 고착화된다는 것이다. 남성의 히스테리성 성격장애는 반사회성 성격과 비슷한 행동양식을 보인다는 연구가 있다.

남녀 모두 어머니의 사랑을 받지 못한 것이 원인이 되어 아버지(또는 아버지의 대체자)의 사랑을 추구하는 성격으로 발전한다. 아버지는 처벌은 거의 하지 않고 아이의 과장된 행동에 간혹 긍정적으로 반응하는데 이것이 강화 효과를 일으켜 고유한 행동양식이 된다.

이들이 과장된 행동으로 이성을 유혹하는 이유는 사실 어머니

의 따뜻한 관심과 보살핌에 대한 결핍에서 비롯되기 때문에 이성
이 실제로 관심을 보이거나 관계가 깊어지면 당황하거나 회피하
는 모습을 보인다.

## 히스테리성 성격의 문제적 로맨스

### 잘못된 연애관

히스테리성 성격의 사람은 상대의 피상적인 관심과 사랑을 구분
하지 못하여 깊은 관계로 이행하지 못하는 경우가 많다. 연애 초반
의 격정이 지나가면 사랑이 식었다고 느껴 새로운 사랑을 찾아가
거나, 연애 중에도 자신에게 더 큰 관심을 보이는 이성이 있으면
마음이 움직인다. 때문에 연인의 동성친구들 간에 갈등을 불러일
으키거나 관계 단절을 가져오기도 한다.

### 많이 하는 행동

- 큰 목소리, 과장된 행동.
- 특히 이성 앞에서 변하는 목소리와 자세.
- 봐줄 사람이 많은 곳에서 과장된 행동.
- 이성을 유혹하기 위한 시선(눈맞춤)과 행동(터치 등).
- 화려한 옷차림과 화장, 눈에 띄는 액세서리.
- 관심을 못 받으면 불안해하거나 화를 내고 상대를 비난.

- 의도적인 연기.

## 많이 하는 말
- 나 어때?
- 우리 사귈래?
- 날 사랑해 줘.
- 나한테 관심 없어?
- 일상적인 플러팅

## 좋지 못한 성격 조합

첫째, 편집성 성격과 만나면 예정된 파국이다. 상대를 의심하고 집착하는 편집성 성격과 히스테리성 성격의 궁합은 그야말로 최악. 히스테리성 성격의 일거수일투족이 편집성 성격의 의심을 자극할 것이다.

둘째, 반사회성 성격과 만났을 때, 자유분방한(?) 히스테리 성격의 이성 편력은 상대를 자신의 마음대로 하려는 반사회성 성격의 통제 욕구를 심각하게 거스를 수 있다.

셋째, 매사가 잘 조직되어 있어야 하는 강박적 성격에게 예측할 수 없는 히스테리 성격의 감정표현과 행동은 큰 스트레스로 작용할 것이다.

반면, 히스테리성 성격끼리 만난다면 서로의 합의하에 스쳐 가는 쿨한 관계 중 하나가 될 수는 있다.

　　　　　　　　　　　문제적 로맨스 심리 사전

**히스테리성 성격과의 상호작용 시 대응 방안**

- 지나치게 과장된 감정표현과 행동에 대한 의견을 밝힌다.
- 피상적 매력에 근거한 애정이 아닌 공감과 배려, 마음을 나누는 관계를 가져야 한다.
- 관계에 대한 믿음을 저버릴 때는 뒤돌아보지 말고 떠난다.
- 폭력이나 자해 시도 등에는 전문가의 도움을 요청한다.

**B군 성격 스펙트럼**

# 자기애성 성격, 왕자와 공주

자기애를 의미하는 나르시시즘(narcissism)은 연못에 비친 자신의 모습을 사랑하여 결국 물에 빠져 죽고 말았다는 나르키소스 이야기에서 유래하였다. 자기애는 자존감의 바탕이 되지만, 자기애성 (narcissistic) 성격이 의미하는 바는 바람직한 자존감과는 거리가 멀다.

## 오만하고 공감 능력이 결여된 자기중심적 성격

자신을 객관적 사실 또는 남들의 평가보다 현저하게 과대평가한다. 자신이 주변 사람들과는 다른 특별한 존재라는 생각이 깔려 있으며, 때문에 매우 거만한 모습을 보인다. 매우 자기중심적이어서 공감 능력이 결여되어 있고 일방적이어서 사람들이 피한다. 하지만 자기애를 뒷받침할 만한 능력이나 재력, 권력을 가진 경우에는 주위에 많은 사람을 둘 수 있다.

오만할 정도로 자신감 있는 모습이 이들의 매력 포인트. 재력과 권력이 뒷받침되면 쉽게 연애 관계에 들어갈 수 있다. 하지만 매사 자기중심적인 모습이나 상대의 감정에 공감하지 못하고 배려하지 않는 모습이 자주 나타나기에 관계가 유지되기 어렵다. (반사회성 성격과 유사하다.)

자신의 우월감을 확인하기 위해 이성 관계를 이용할 수 있으며, 심하면 착취적 관계에 이르기도 한다. 갈등이나 문제 발생 시 대부분 합리화를 통해 해결하려 하지만, 반사회성이 높은 경우 자신의 가치를 손상시킨 사람에게 분노가 표출될 수 있다.

## 행동 범위

자기애성 성격을 가진 이들은 자신감 넘치는 모습, 도도한 매력으로 자신을 드러내지만(외현적 자기애), 회피적이고 불만에 가득 찬 모습이 나타나기도 한다(내현적 자기애). 자신의 가치를 알아주지 않는 타인과 세상에 대한 분노 때문에 이성에 대한 공격적 태도를 드러내는 것이다. 소위 '자격지심'이 가득한 케이스다.

외현적 자기애의 경우 관계가 일방적이고 착취적으로 흐르기 전까지는 관계가 지속될 수 있으나, 내현적 자기애를 가진 이들은 이성 관계를 거부하고 연애나 결혼을 한 이성들에게 분노를 표출하는 경향이 있어 이성 관계에 진입하기 어렵다.

## 행동의 원인

신생아 시기의 일차적 자기애에서 자기객관화가 이루어지지 않은
경우다. 정신역동이론에 따르면, 갓 태어난 아이들은 부모의 무조
건적인 지지와 보살핌을 자신의 능력 때문이라 착각하는 일차적
자기애를 갖는다.

하지만 성장하면서 대상(부모, 특히 어머니)과 자신을 분리하고 자
신을 사랑하는 부모를 사랑하게 되는 대상애(object-love)를 경험
한다. 이를 통해 자신이 사랑받을 만한 가치가 있다고 느끼면서 이
차적 자기애를 발달시키는데, 이는 타인을 사랑하고 타인으로부터
의 사랑을 바탕으로 자기가치감을 느끼는 성숙한 자기애다.

자녀가 원하는 바를 뭐든지 이루어 주는 부모의 지나친 애정,
또는 정서적으로 냉정한 부모의 성취에 대한 지나친 강조가 자기
애성 성격으로 이어질 수 있다. 고슴도치도 자기 새끼는 예쁘기 때
문에 어린 시절의 과대한 자기상은 이해할 수 있다. 그러나 성장하
면서 자신의 객관적 모습에 따른 객관화가 이루어져야 하는데, 자
기애성 성격은 끝까지 자기객관화를 이루지 못하여 과대한 자기
상에 집착하는 성격유형이다.

자기애성 성격장애는 성숙하지 못한 일차원적인 자기애의 형태
를 보이는데, 능력이나 성취가 자기애에 맞게 성장한 경우에는 외
현적 자기애로, 그렇지 못한 경우는 내현적 자기애로 발달한다.

# 자기애성 성격의 문제적 로맨스

## 잘못된 연애관

자기애성 성격은 상대방을 자신을 위한 액세서리나 몸종으로 여길 가능성이 크다. 매사 자기중심적으로 행동하고, 자신의 뜻대로 되지 않으면 상대의 탓을 한다. 자기애성 성격의 사람과 만나는 이들은 끊임없는 요구와 공감과 배려 없는 일방적 관계에 지쳐갈 것이다.

## 많이 하는 행동

- 공감, 배려가 부족한 언행이 많다.
- 자기중심적이고 상대방 탓을 한다.
- 변명, 합리화가 많다.
- 잘난 척을 많이 한다.
- 알아주거나 칭찬을 해 주지 않으면 삐치거나 화를 낸다.

## 많이 하는 말

- 사람은 능력(돈/지위)이지.
- 남을 무시하는 말, 비웃음(어떻게 사람이 저러고 살아?).
- 특권의식이 드러나는 말(난 급이 달라, 네가 어쩔건데?).
- 너는 내가 하라는 대로만 해.
- 넌 몰라서 그래, 네가 뭘 안다고 그래.

- 넌 내게 어울리지 않아.
- 아, 자존심 상해.

## 좋지 못한 성격 조합

자기애성 성격의 좋지 못한 성격 조합은 반사회성 성격과 비슷하다. 첫째, 의존할 상대가 필요한 의존성 성격의 사람들은 자기애성 성격의 자신감 넘치는 모습에 매력을 느끼고 쉽게 관계를 시작할 가능성이 크다. 그러나 자기주장이 강하지 못하여 이들에게 쉽게 휘둘리며 착취당하는 관계로 빠져들게 된다.

둘째, 소심하고 자신 없는 회피성 성격에게 반사회성 성격의 외면적 특성은 매력으로 작용할 수 있다. 그러나 거절을 잘 못하는 회피성의 성격상 이들의 요구와 가스라이팅에 시달릴 가능성이 크다.

## 자기애성 성격과의 상호작용 시 대응 방안

- 지나친 요구는 거절한다.
- 공감과 배려, 관계의 평등성을 강조한다.
- 자신의 인격, 권리를 유지한다.
- 적절한 칭찬과 찬사로 이들의 인정 욕구를 적절히 활용할 수 있다.
- 내가 부족하기 때문에 상대의 요구에 맞춰줘야 한다는 생각은 위험하다.
- 인격을 무시당하거나 침해당할 정도라면 관계를 끊는다.

# 경계선 성격, 치명적 사랑

경계선(borderline) 성격은 불안정하고 충동적인 감정표현과 집착 및 파괴적 행동을 보인다. 75% 정도가 여성이다. 성인기 초기부터 지속적인 불안정성을 보이며 심한 정서적 문제나 자해행위, 섭식장애, 약물중독 등으로 병원을 자주 드나든다.


## 예측 불가능하고, 불안하며 충동적인 감정표현

경계선이란 '신경증과 정신증의 경계'라는 의미다. 대체로 신경증은 감정조절의 문제를, 정신증은 현실 검증력의 문제를 동반하는데, 경계선 성격장애는 이 두 종류의 증상이 모두 나타난다. 예측 불가능한 다양한 돌출행동과 불안하고 충동적인 감정표현이 특징이다.

경계선 성격은 충동적으로 연애 관계에 빠진다. 이들의 불안하고 깨어질 것 같은 모습이 이성에게는 매력적으로 보일 수도 있다. 불안정한 자아상으로 자신에 대한 혼란을 느끼기 때문에 자신을 인정해주는 상대에게 집착하기 쉽다.

그러나 이들의 격한 감정 기복과 충동성, 과도한 음주, 자해와 자살 기도 등 자기 파괴적인 모습에 관계가 지속되기는 어렵다. 상대의 이별 요구는 경계선 성격들에게 버려진다는 공포를 불러일으켜 의존과 집착을 크게 만든다. 이러한 관계에서 자해나 자살 기도 등이 발생하면 걷잡을 수 없는 연쇄반응으로 이어지기도 한다.

## 행동 범위

감정표현이 커서 상대에게 분명한 인상을 주는 경향이 있다. 충동적으로 이성을 유혹하기도 한다. 이는 어떤 사람들에게는 피상적인 매력으로 작용할 수 있다. 세상에는 위험해 보이는 사람에게 끌리는 이들도 있다. 그리고 서로에게 끌리는 동안은 더없이 열정적이고 모험적이며 격렬한 사랑이라 느낄 수도 있다.

위기는 이들의 취약하고 혼란스러운 자기상에서 비롯된다. 존재에 대한 끝없는 불안은 현실에 발을 딛기 어렵게 하고, 특히 이성 관계 양상에서 '버림받지 않으려는 욕구'로 강하게 발현된다. 끊임없이 상대의 인정과 사랑을 요구하지만, 극단적 감정변화와 충동성은 관계를 성숙한 사랑이 아니라 집착과 파괴로 인도한다.

**행동의 원인**

첫째, 유전 및 생물학적 요인이다. 경계선 성격장애를 가진 이들의 부모들은 우울 및 관련장애가 있는 경우가 많으며, 특히 충동성 및 정서 조절과 관계있는 세로토닌의 기능 수준이 유의미하게 낮다. 또한 편도체의 과활성화와 전전두피질 활동의 저하 역시 원인으로 꼽힌다. 따라서 전문적인 치료가 필요하다.

둘째, 부모와의 관계다. 애착 형성 시기 부모(특히 어머니)와의 나쁜 관계가 원인으로 꼽힌다. 양육자의 정서적 학대나 혼란스러운 양육 방식, 예를 들면 어떤 때는 더없이 잘해주다가 갑자기 차갑고 가혹하게 대하는 양육 방식은 아이의 불안한 정서 상태를 야기한다. 특히 자녀를 부모의 감정 쓰레기통으로 삼는 정서적 학대나 부모의 좋지 않은 상황에 자녀 탓을 하는 언어폭력은 불안한 자기상의 직접적 원인이 된다. 자신에 대한 확신이 없으니 의존할 대상을 찾고, 다음에는 그에게서 버려질지 모른다는 불안에 시달리는 것이다.


## 경계선 성격의 문제적 로맨스

### 잘못된 연애관

나만 보고 나하고만 시간을 보내며 내가 하자는 대로 해야 하는, 모든 것을 내게 맞춰주는 것이 사랑이고 그렇지 않으면 사랑이 아니라고 생각한다. 연애 초반에는 서로가 그렇게 느낄 수 있으나 사람은 일도 해야 하고 자기 시간도 필요한 존재다. 이러한 연애관에서 비롯된 일방적인 요구들은 갈등의 원인이 되며, 일단 갈등이 진행되면 충동적이고 파괴적인 행동들이 이어지면서 관계가 파국을 향한다.

## 많이 하는 행동

- 웃다가 우는 등 극단적인 감정 변화.
- 인정 요구, 집착 행동.
- 음주, 도박, 약물 탐닉.
- 성적 행동.
- 기물파손, 자해, 자살 기도.
- 충동적이고 예측 불가능한 언행.

## 많이 하는 말

- 너 나 안 사랑하지?
- 우리 헤어져.
- 나 버리면 죽어버릴 거야.
- 무슨 일이 있어도 후회하지 마.

## 좋지 못한 성격 조합

첫째, 반사회성 성격은 경계선 성격의 사랑받고자 하는 욕구를 이용해 자신의 욕망을 채우는데 이용할 것이다. 그러나 곧 이들의 감정 기복과 집착을 귀찮아할 가능성이 크다. 그러한 행동을 못하게 하기 위해서 폭행 등의 반사회적 행위들을 할지도 모른다.

둘째, 강박성 성격도 어울리기 힘들다. 불규칙한 생활 습관, 술과 약물의 의존 등 충동적이고 파괴적인 경계선 성격의 감정표현과 행동은 매사가 잘 조직되어 있어야 하는 강박성 성격에게는 큰 스트레스로 작용할 것이다.

혹여, 상대를 감시하고 집착하는 편집성 성격의 관심을 경계선 성격이 애정으로 받아들일 소지가 있다. 그러나 경계선 성격의 충동성과 편집성 성격의 피해망상이 만나면 좋지 못한 결과가 예상된다.

## 경계선 성격과의 상호작용 시 대응 방안

- 자신이 사랑받고 있음을 느낄 수 있도록 한다.
- 감정 기복과 충동적 행동에 같이 흥분하지 않는다.
- 약물중독, 기물파손, 자해 등의 행동이 나타나면 전문가의 도움을 요청한다.
- 치료의 필요성을 설득하여 함께 전문가를 찾는다.
- 경계선 성격은 가장 불안하고 예측 불가능한 성격유형으로, 개인적 노력으로는 치료가 어렵다.

**C군 성격
스펙트럼**

C군 성격 스펙트럼은 눈에 띄지 않고 적응적으로 보이지만 본인이 힘든 유형이다. 조용하고 자기 일을 잘하는데 좀 신경 쓰이는 부류의 사람들이다. C군 성격의 특징은 '높은 불안 수준'이다. C군 성격 스펙트럼에는 강박성 성격, 회피성 성격, 의존성 성격이 포함된다.

C군 성격 스펙트럼은 불안을 해결하는 방식으로 구분된다. 자신이 통제할 수 있는 것들을 극대화하여 불안을 극복하려 하면 강박성, 불안의 원천을 피하면 회피성, 누군가에게 의존하는 것으로 나타나면 의존성 성격이다. 이들과의 관계는 이들의 불안을 이해하는 것이 관건이 된다.

**C군 성격 스펙트럼**

# 강박성 성격, 완벽주의자

강박성(obsessive-compulsive) 성격은 사소한 규칙에 집착하고, 규칙과 절차가 확실하지 않을 때 견디지 못한다. 이성과 도덕을 중요시하며, 제멋대로이고 충동적인 행동을 혐오한다. 자신의 행동이 완벽하다는 확신이 들지 않으면 행동을 주저하는 경향이 있다. 일반적으로 남자가 여자보다 2배 정도 많다.

## 통제욕이 강하며 융통성이 부족하다

엄근진(엄격, 근엄, 진지), 완고하고 보수적이다. 인색하고 통제욕이 강하며 융통성과 상상력이 부족하다. 구체적인 것과 세부적 조직화에 관심을 기울이고 규칙과 절차에 엄격하다. 정서 표현이 제한적이고 공감 능력이 떨어지기 때문에 인간관계, 특히 이성 관계에 진입하기 쉽지 않다.

완벽주의자로 유명한 철학자 칸트는 의외로 여성들에게 인기가 많았는데, 그중 유독 적극적인 여성이 있었다. 칸트는 결혼을 치열하게 고민했고, 결국 결혼을 해야 할 이유 354가지와 결혼을 하지 말아야 할 이유 350가지를 찾았다. 결혼을 결심한 칸트가 그 여성을 찾아갔을 때, 그 여성은 이미 결혼하여 두 아이의 엄마가 되어 있었다. 칸트가 결혼을 고민하는데 7년을 썼기 때문이다. (결국 칸트는 평생 독신으로 살았다.) 하지만 이건 칸트의 사례고, 타인들에게 근면하며 신뢰감이 느껴지는 인상을 주는 강박적 성격의 사람들은 일단 누군가를 사귀거나 결혼하면 상대방에게 매우 헌신적일 수 있다. 그러나 이성 관계나 결혼생활이 이들의 세상에 균열을 낸다면 그 결과는 짐작하고도 남음이 있다.

강박성 성격의 이성 관계는 어떠한 상황에서도 반드시 지켜져야 하는 자신의 규칙과 절차들, 또는 그것을 이해하지 못하는 상대방 때문에 위기에 빠질 가능성이 있다. 대개의 경우 그러한 규칙과 절차들은 타협이 불가능하기 때문에 관계 또한 유지되기 어렵다.

## 행동 범위

강박성 성격을 가진 이들은 매사에 신중하고 꼼꼼한 모습이 매력이다. 내면이 불안정한 이들에게는 그러한 면이 특히 신뢰감을 주는 매력으로 작용할 수 있다. 그러나 상대방이 이들의 규칙과 절차, 완벽주의적인 모습에 끝내 지쳐버리면 관계의 위기가 찾아올 것이다.

또한 강박성 성격의 이면에 자리한 불안이 이성 관계의 위험 요소가 된다. 불안이 의식으로 떠오르면 초조해하고 화를 내기도 하지만, 그 불안이 어디에서 비롯됐는지 본인도 알기 어렵기 때문에 관계의 갈등으로 이어지기 쉽다.

## 행동의 원인

첫째, 양육 방식 측면에서 보면 정신역동이론에서는 강박적 성격이 항문기(2~3세)에 기인한다고 본다. 항문기는 아이들이 배변 훈련을 하는 시기로 통제감과 밀접한 관련이 있다. 에릭슨은 이 시기를 '자율성 대 수치'라 칭한다. 배변처럼 자신의 몸을 통제할 수 있다는 경험이 누적되면 아이들은 자율성을 얻고, 그렇지 못하면 수치심을 경험한다.

지나치게 엄격한 배변 훈련과 같은, 과잉 통제적인 양육을 받은 아이들은 자신을 무능력한 존재로 인식하게 되고(낮은 자존감), 이를 극복하고 부모의 눈에 들기 위해 자신에게 부족한 능력(통제감)을 최대한 구현하려 한다. 통제할 수 있는 행동들을 만들고 그 범위를 늘려가는 것이다.

둘째, 불안에서 벗어나기 위한 방법으로 어떤 생각이나 행위에 집착하게 되기도 한다. 특히 기억에 남아 있지 않은 어린 시절의 불안이 성장기 이후의 강박적 행동을 설명하기도 한다. 영유아기에 경험하는 불안 중 대표적인 것이 분리불안, 즉 주 양육자(엄마)

가 나를 떠날지 모른다는 불안이다.

주 양육자와 안정적인 애착 관계를 형성하지 못한 사람은 만성적인 불안을 느끼게 되고, 불안에서 벗어나기 위해(엄마가 나를 떠나지 않게 하기 위해) 여러 가지 행동을 시도하게 된다. 예를 들면, 칭찬을 받기 위해 청소를 열심히 하거나 규칙과 질서를 잘 지키는 등의 행동들이 성격으로 굳어지는 것이다.

## 강박성 성격의 문제적 로맨스

### 잘못된 연애관

강박성 성격은 상대방이 자신의 규칙과 절차들을 존중하고 지켜야 한다고 생각하기 쉽다. 하지만 연인이나 배우자는 독립적인 개인이다. 두 사람이 서로에게 맞춰가야 하겠지만, 한쪽의 일방적인 요구만 존재하는 것은 바람직한 이성 관계라 할 수 없다. 그러한 점을 인지하고 또 동의한 경우에도 강박적 성격의 소유자들의 내적 고통은 피하기 어렵다.

### 많이 하는 행동

- 자신만의 규칙과 절차가 중요하다.
- 규칙과 절차가 어긋나면 많이 불안해한다.
- 누군가 자신의 규칙과 절차를 무시하면 초조해하거나 화를

낸다.

- 자신의 불안과 관련된 주제를 회피하는 경향이 있다.

**많이 하는 말**

- 나는 이 시간에 이걸 해야 돼.
- 사람은 계획대로 살아야 해.
- 너는 왜 그렇게 게을러/더러워/계획이 없어?
- 왜 (우리가 정한) 규칙을 지키지 않는 거야?

**좋지 못한 성격 조합**

충동적이고 예측이 어려운 히스테리성 성격과 경계선 성격은 강박성 성격과 상극이다. 서로의 피상적인 매력에 끌려 연애 관계는 시작될 수 있다. 그러나 시간이 흐를수록 강박성 성격은 이들의 감정 기복이나 충동적인 행동을 견디지 못하고, 이들 역시 강박성 성격의 통제를 견디지 못할 것이다.

의지할 타인을 찾는 의존성 성격의 경우에는 매사를 조직하고 통제하는 강박성 성격이 신뢰할 수 있고 안정적으로 느껴질 가능성이 있다.

**강박성 성격과의 상호작용 시 대응 방안**

- 규칙과 절차에 대한 지나친 요구에는 선을 긋는다.
- 공감과 배려, 관계의 평등성을 강조한다.

- 나에 대한 요구가 아니라 자신의 규칙인 경우에는 존중해 준다.
- 불안해하거나 화를 내는 것이 잦아지면 전문가(의사/상담사)의 도움을 요청한다.
- 강박이 집착이 되어 심리적 건강과 적응에 문제가 생길 정도라면 전문가의 도움을 받거나 관계를 재고해야 한다.

**문제적 로맨스 심리 사전**

# 회피성 성격, 슈퍼 샤이

회피성(avoidant) 성격은 다른 이들의 부정적인 평가를 가장 두려워한다. 다른 사람을 맞닥뜨리는 낯선 상황이나 새로운 경험을 두려워하며, 늘 익숙한 환경에 머물고자 한다. 부끄러움이 많으며 조심스럽고 경계하는 모습을 보인다.

## 타인의 부정적 평가를 두려워한다

회피성 성격은 보통 말이 느리고 부자연스러우며 자주 머뭇거린다. 잠재적 위협을 두려워하며, 별일 아닌 일들에 과민하게 반응하고, 다른 사람들의 조롱과 비난을 걱정한다. 극단적인 경우에는 은둔 수준으로 위축되기도 한다. 때문에 이들이 이성 관계를 맺을 가능성은 크게 떨어진다.

그러나 이들에게는 강렬한 애정 욕구가 있다. 타인에게 인정받고 사랑받고 싶지만, 거절당하는 두려움이 더 큰 것이다. 이런 이유로 이들은 불안과 슬픔, 좌절감 등을 자주 경험한다. 어떻게 이성 관계에 진입하더라도 이들의 낮은 자존감과 불안, 지나친 의존 등은 상대를 지치게 할 수 있다.

## 행동 범위

회피성 성격의 사람들은 소수의 익숙한 사람들 사이에서는 편안함을 느끼기 때문에 이러한 이들과 사랑에 빠질 가능성이 있다. 오랫동안 지켜봐 온 사람들은 부끄러움 뒤에 숨은 이들의 장점을 눈치챌 수 있다. 회피성 성격을 가진 사람들은 에너지가 바깥으로 드러나지 않는 대신 풍부한 환상과 상상으로 가득 찬 내면을 갖고 있다.

때로 타인과의 교류와 애정에 대한 이들의 욕구는 시나 음악으로 표현되기도 한다. 슈베르트는 좋아하는 여인에게 말도 못 걸 정도로 소심하고 내성적이며, 늘 불안과 우울에 시달렸지만, 그의 음악은 섬세하고 아름답다.

자의식이 강하지만 자존감이 부족한 편이다. 타인의 부정적 평가를 두려워하는 것만큼이나 자신의 성취를 평가절하하며, 스스로를 고립시키고, 삶이 공허하다고 생각한다. 회피성 성격을 사랑하는 사람들은 이러한 부분에 주의할 필요가 있다.

**문제적 로맨스 심리 사전**

## 행동의 원인

첫째, 생물학적 요인이다. 대단히 내향적이고 소심한 기질은 유전성도 어느 정도 작용할 것으로 보인다. 교감신경계가 과도하게 흥분하고, 억제적이며, 외부의 위협에 과도한 민감성을 보인다.

둘째, 부모와의 관계 측면에서 보면, 과도한 수치심과 죄의식을 유발시키는 양육 태도가 회피성 성격장애의 원인이 된다. 대개 2살 무렵에 시작되는 배변 훈련은 스스로의 몸을 통제할 수 있다는 자율성을 경험하게 해 주지만, 부모의 지나치게 엄격한 개입은 수치심을 야기한다(에릭슨의 '자율성 대 수치' 단계).

또한 4살 무렵부터 아이들의 인지능력과 신체 능력이 발달하여 행동의 주도성을 획득하려 한다. 하지만 이에 대한 부모의 과도한 제재는 죄의식을 불러일으켜 주도적이지 못하고 타인의 평가에 민감한 성격을 형성한다(에릭슨의 '주도성 대 죄의식' 단계).

어렸을 때 경험한 수치심은 '내가 할 수 있는 일이 없구나', '나는 뭘 해도 잘 못하는구나'와 같은 부정적인 자아상으로 연결되고, 다른 사람들의 부정적인 평가가 두려워 관계와 새로운 상황을 회피하게 된다.

# 회피성 성격의 문제적 로맨스

## 잘못된 연애관

회피성 성격은 '이런 부족한 나를 좋아해 줄 사람은 없을 것'이라는 잘못된 믿음을 갖는다. 때문에 연애를 시도조차 하지 못하게 된다. 하지만 누구나 장점이 있고 매력이 있다. 풍부한 내면에서 비롯되는 장점을 잘 표현한다면 이성에게 충분히 어필할 수 있을 것이다. 이들의 특성을 잘 알고 이해하는 사람이라면 먼저 다가가 줄 수도 있다.

## 많이 하는 행동

- 눈치 보기.
- 눈을 잘 마주치지 않는다.
- 타인의 눈에 잘 띄지 않는다.
- 구석진 곳에 혼자 머문다.
- 공상에 빠져 있다.

## 많이 하는 말

- 말을 별로 안 한다.
- 분명치 않은 발음(웅얼웅얼)으로 되묻게 하는 경우가 많다.
- 난 그런 거 잘 못 해.
- 난 안 할래.

- (칭찬했을 때) 별거 아냐, 누구나 다 하는 건데 뭘.

## 좋지 못한 성격 조합

자신감이 없고 부끄러움이 많은 회피성 성격은 자신감이 넘쳐 보이는 자기애성 성격이나 리더십이 있어 보이는 반사회성 성격에게 이끌릴 수 있다. 먼저 다가가 사귀자는 말을 하지 못해 쉽게 관계가 시작되지는 않지만, 이들(자기애성/반사회성 성격)이 의도를 갖고 집요하게 요구하면 거절하지 못해 관계로 이어질 수 있다.

같은 회피성 성격이라면 서로의 특성을 잘 이해하고 좋은 관계가 될 수 있지만, 같은 이유로 갈등과 문제를 경험할 수도 있다.

## 회피성 성격과의 상호작용 시 대응 방안

- 이들의 불안과 부끄러운 태도 등을 이해하고 지나치게 몰아세우지 않는다.
- 말수가 적기 때문에 비언어적 신호에 민감할 필요가 있다.
- 자신을 표현할 심리적 여유를 준다.
- 칭찬 등으로 낮은 자존감을 북돋아 준다.
- 이들의 내면세계(상상 등)를 존중하고 화제로 삼는다.
- 평가에 대한 불안 때문에 고립이 심해져 심리적 건강이나 사회적 적응에 문제가 생길 정도라면 전문가의 도움을 받거나 관계를 재고해야 한다.

# 의존성 성격, 분리불안

의존성(dependent) 성격은 상대에게 지나치게 의존하고 보호받으려 한다. 매사 자신이 없으며 독립적인 생활을 하지 못한다. 자신을 나약한 존재라고 생각하여 무슨 일이든 스스로 해결하지 못하고 의지할 사람을 찾는다. 의지할 대상을 찾고 나면 그에게 매우 순종적인 태도를 보인다. 성격장애 중 가장 흔한 편이며, 여성이 남성보다 많이 진단된다.

## 타인의 애정과 보호를 갈구한다

의존성 성격은 의존할 상대를 찾기도 하고 연약해 보이는 모습이 이성(주로 남성)의 보호 본능을 자극하여 쉽게 이성 관계에 진입할 수 있다. 애정과 보호가 결핍되면 위축되고 긴장하며 우울해하는데, 의존하던 상대에게 버림받으면 커다란 좌절을 느끼며 현실 적응에 어려움을 겪는다.

따라서 의존 대상이 자신을 거절하지 않도록 하기 위해 순종적이고 헌신적인 태도를 취한다. 의존 대상과 헤어지면 일시적으로 극심한 혼란을 경험하지만, 곧 다른 의존 상대를 찾아 유사한 관계를 형성한다.

의존성 성격의 이러한 특성들 때문에 관계가 잘 유지될 것 같지만, 이성 관계는 독립적인 두 사람의 관계다. 매사 지나치게 소극적이고 결정을 내리지 못하며 책임을 회피하는 모습에 상대방도 지칠 수밖에 없고, 에너지가 부족해 쉽게 지치며 성(性)적인 흥미도 결여되어 있기 때문에 관계를 지속시킬 동력을 찾기 어렵다.

### 행동 범위

의존성 성격의 사람들은 연약한 모습을 보여 상대의 지지와 보호를 유도한다. 이들이 찾는 대상은 신뢰할 수 있고 자신의 의식주를 해결해 주며, 어른으로서의 책임을 지지 않아도 되도록 보호해 주는 사람이다. 이러한 보호자가 있으면 의존적 성격의 사람들은 사교적이고 따뜻한 사람, 협조적인 사람처럼 보인다.

그러나 계속되는 보호의 요구에 지친 상대방이 떠나갈 가능성이 있으며, 이들이 의존하는 상대가 좋지 않은 의도를 갖고 있거나 배려 없는 사람일 때 일방적으로 시달릴 확률이 높다. 한마디로 어떠한 사람을 만나느냐에 따라 운명(?)이 크게 좌우되는 유형이다.

## 행동의 원인

첫째, 기질적 취약성으로 선천적으로 병약하게 태어난 경우이다. 어려서부터 부모와 주변 사람들의 보호를 받고 자라기 때문에 의존적 성격이 될 수 있다. 또한 생물학적으로는 정서의 조절과 동기 등에 관여하는 변연계의 과민성이 지나친 긴장과 공포를 야기하여 의존적 성향을 만들 수 있다고 본다.

둘째, 부모와의 관계 측면에서 볼 때 부모의 과잉보호 때문이다. 자녀의 자율성과 주도성을 인정하지 않고 의존 행동에 대해서는 보상이 주어진 경우, 타인에 대한 의존적인 반응 양식을 발달시키게 된다. 불안이 많고 조급한 부모, 또는 완벽주의 성향의 부모가 자녀의 자율적 행동을 참거나 기다려 주지 못하고, 자녀의 일을 대신 해주거나 중요한 결정을 대신 내려주는 경우가 많다.

이들은 분리불안, 즉 버려지는 것에 대한 불안 때문에 의존하는 상대에게 극단적으로 헌신하는데, 때로는 지나친 의존 행동으로 상대를 부담스럽게 하여 관계 유지가 어려워지기도 한다.

# 의존성 성격의 문제적 로맨스

### 잘못된 연애관

의존성 성격은 사랑하는 사람을 위해서는 무엇이든 할 수 있다는 잘못된 신념을 가질 수 있다. 그래야 버려지지 않는다고 생각하기 때문이다. 물론 사랑하는 사람을 위해서는 꽤 많이 헌신하고 희생하고 싶고 또 그렇게 된다. 하지만 지나친 의존과 희생은 상대방을 부담스럽게 할 수 있으며, 또 좋지 못한 의도를 가진 이들의 먹잇감이 될 수 있다. 또한, 그토록 헌신한 상대의 거절이나 배신은 의존성 성격에게 커다란 충격을 준다.

### 많이 하는 행동

- 순진한 말과 행동.
- 남의 말을 잘 믿는다.
- 다른 사람들로부터 좋은 것만 보려고 한다.
- 의존 욕구를 감추기 위해 질병이나 불행한 과거 등을 들먹인다.

### 많이 하는 말

- 잘못했어, 안 그럴게.
- 내가 모자라서(부족해서) 미안해.
- 하라는 대로 할게.

- 말 잘 들을게.
- 날 떠나지 마.
- 상대의 비위를 맞추는 말.

## 좋지 못한 성격 조합

상대를 이용하거나 착취하려는 반사회성 성격이나 자기애성 성격과의 만남은 최악이다. 반사회성 성격은 의존성 성격을 휘어잡고 잘 리드해 줄 것 같은 느낌에 끌리기 쉽고, 자기애성 성격은 특유의 자신감 있는 언행에 매력을 느낄 가능성이 크다. 하지만 둘 다 결과는 좋지 못하다. 변덕스럽고 혼란스러운 히스테리성 성격과 경계선 성격 또한 의존성 성격이 믿고 의지하기에 적합한 상대가 못 된다.

## 의존성 성격과의 상호작용 시 대응 방안

- 지나친 의존 요구, 헌신에는 선을 긋는다.
- 서로의 독립성을 존중한다.
- 무작정 보호받는 대상이 아니라 독립적 개인으로 대한다.
- 작은 것부터 스스로 결정할 수 있도록 돕는다.
- 의존의 원인이 되는 불안이나 의존 행동이 지나쳐 심리적 건강이나 사회적 적응에 문제가 생길 정도라면 전문가의 도움을 받거나 관계를 재고해야 한다.

# 7장

# 위험한 사랑,
# 사랑의 어두운 그림자

유지현

# 그것은 사랑이 아니다

영미권 영화에서 결혼식 장면 중 엄숙히 결혼 서약을 하며 "죽음이 우리를 갈라놓을 때까지(Til Death Do Us Part.)"[1] 라는 말로 마무리를 하는 것을 클리셰처럼 볼 수 있다. 한평생 함께하겠다는 낭만적인 의미이지만 그것이 비뚤어진 마음에서 뱉어진 것이라면, 혹은 상대는 이미 인생을 같이 할 마음이 사라졌다면 이 말은 공포에 가까운 집착과 저주의 말로 느껴질 것이다. 사실 영화나 소설에서 이 문구가 사용된다면 로맨틱한 느낌보다는 '아, 이거 범죄물이겠군', '스릴러 공포겠군'이라는 연상을 하게 만든다. 그만큼 '영원한 사랑'의 가치가 빛을 잃었다는 뜻도 될 것이고, '영원한 사랑'이 허상이라는 증거일지도 모르겠다. 이번 챕터에서는 로맨스가 악몽으로 치닫는 사례를 살펴본다.

# 가정폭력, 친밀한 사이에서 일어나는 폭력

가정폭력(domestic violence)은 결혼이나 동거 생활에서 발생하는 폭력이나 학대를 일컫는 말이다(가정 학대 domestic abuse, 혹은 친족 내 폭력 family violence). 이러한 폭력이나 학대는 함께 거주하는 중이거나 한때 같이 살았던 사이인 가족이나 그 구성원의 상해나 죽음을 유발하는 폭력이나 성폭력을 아우르는 광의의 용어이다. 전 배우자나 전 연인 간에도 발생하기 때문에 '친밀한 파트너 폭력(intimate partner violence, IPV)'이라고도 하며, 이때 두 사람은 이미 헤어졌거나 더 이상 함께 살고 있지 않는 경우도 있다.

가정폭력은 여러 형태로 나타난다. 신체적, 언어적, 정서적, 경제적, 종교적, 가족 계획(재생산)에 관련된 폭력이나 억압, 자유의 박탈 그리고 성적 학대이다. 가정폭력은 미묘하지만 강제적인 부부강간 같은 것에서부터 목 조르기, 구타 등 신체적 학대, 그리고 소위 여성 할례로 불리는 대음순/소음순/클리토리스의 절제 및 변형, 산성 물질 투척 등에 의한 영구적인 신체 손상과 이에 따른 사망, 스토킹과 해킹 등을 이용한 통제와 관찰 같은 것들도 포함한다.

위키피디아에서는 가정폭력에서 나타나는 학대의 종류를 신체적 학대, 언어적 학대, 정신적 학대, 성적 학대, 경제적 학대, 사회적 격리, 의도적으로 괴롭히기 등으로 나열하고 있다.[2]

## 신체적 학대

주먹으로 얼굴 또는 머리를 치거나 발로 참, 밀침, 머리를 잡아당김, 짓누름, 목을 조름, 물건을 이용한 폭행, 물건을 부숨, 끓는 물이나 찬물 뿌림, 담뱃불 들이댐, 침을 뱉음, 방에 가둠, 다쳤는데도 병원에 보내지 않음, 그 밖의 일방적인 폭력 행위.

남성이 여성에 비해 체격이 크기 때문에 주먹을 사용할 경우 여성의 얼굴을 타격하기 쉽다. 얼굴과 가슴은 치명상을 가할 수 있는 신체 부위이다. 또한 발로 찰 경우 여성의 배를 타격하게 되는데 여성이 임신 중인 경우 매우 치명적일 수 있으며, 유산의 공포를 느끼게 할 수 있고 실제 유산하게 할 수도 있다. 머리채를 잡아당기는 것은 보통 여성이 남성보다 머리카락이 긴 특성을 이용한 것으로, 머리채를 잡힌 여성은 저항을 하기가 극히 어렵다. 그 상태에서 맞거나 목이 졸릴 수 있다. 목을 조르는 행위는 생명에 대한 직접적 위협을 가하는 것이다. 당하는 여성 입장에서는 죽을 수 있다는 극도의 공포를 느껴, 이후 남성에게 반항하지 못하거나 반항할 생각조차 못 하게 된다. 마주 보며 양손으로 목을 조르는 행위와 뒤에서 끌어안고 팔로 목을 감아 조르는 행위는 상처를 남기지 않는 경우가 많아 형사 처벌을 받을 가능성이 낮다. 그러나 극한의 공포는 사람에게 저항을 포기하게 하는 원인이 되며, 실제 이런 행위를 하는 경우 행위자는 살인미수에 준하여 처벌함이 옳다.

물건, 즉 가재도구나 가구를 파괴하는 행위도 가정폭력에서 흔하게 발생한다. 술을 많이 마시고 들어왔거나 화가 나 있는 상태에서 귀가했을 때, 여성이나 자녀를 구타하지 않고 대신 손에 잡히는 대로 물건을 던지거나 부수는 것으로 공격성을 손쉬운 대상을 향해 해소한다고 볼 수 있다. 이때 여성이나 자녀를 대상으로 한 욕설이나 인격 모독적 언어폭력을 가함으로써 그들이 자신에게 대항하지 못하도록 하는 경우도 있다. 여성 소유의 물건을 부수는 것도 이런 이유로 볼 수 있다. 이때 여성이 방 안으로 도망가 문을 잠그게 되면 주먹이나 발 혹은 망치나 도끼 등 도구를 사용하여 방문을 부숴 파괴하기도 한다. 부서진 물건은 남성의 폭력 행위를 나타내는 증거물이지만, 동시에 피해를 되새기게 하는 역할도 하기 때문에 고치지 못하고 두는 경우 이를 볼 때마다 피해자는 공포에 떨게 된다.

## 언어적 학대

> 욕설, 폄훼하는 발언, 비방하고 다니는 행위, 허위사실을 유포하는 행위, 협박하는 행위.

최근 물리적, 신체적 폭력만을 인정하던 고전적인 폭력 기준에서 무형의 언어를 사용하는 폭력에 대해서도 폭넓게 이것을 가정폭력으로 인정하는 것이 사회적 추세가 되었다. 이에 단순히 욕설을 하는 것뿐 아니라, 듣는 사람으로 하여금 모욕감이나 모멸감을 느끼게 하는 행위도 언어폭력으로 인정되었다.

특히 여성이 열등하고 무능력하다고 비난하는 것은 당사자에게 심한 심리적, 정신적 피해를 입힐 수 있다. 누구나 신체적, 정신적, 사회경제적 열등감을 가질 수 있으며 이를 언급하는 것은 큰 모욕감과 모멸감을 준다. 사랑했던 사람이나 배우자가 이를 공격할 경우 받게 되는 충격은 이루 말할 수 없다. 최근에는 여성이 임신, 출산, 육아로 인하여 경력이 단절되어 가정주부로 지내는 것을 들어 무능력하다고 비난하는 것도 언어적 학대로 인정하고 있다. 영국의 경우, 경력 단절을 이유로 배우자가 무능력하다며 비난한 경우 이혼 소송 시 불리하게 작용하게 된다.

### 정신적 학대

> 무시함, 일거수일투족 감시, 애완동물을 학대하는 등 스트레스가 되는 행위를 되풀이함.

두려움과 불안, 공포는 무형의 감정이지만 그 사람의 행동을 통제하는 원인이 되기도 한다. 어떤 결과를 예상하고 그것에 대한 두려움을 느끼는 것만으로도 무력해져 저항을 포기하기도 한다. 육체적이나 물리적으로 저항 수단을 가지고 있지 못할 때에도 두려움, 불안, 공포를 느낄 수 있다.

지극히 예전부터 남성은 자신이 육체적으로 여성보다 강인하다는 점을 이용하여 여성을 학대하고 통제해 왔고, 이러한 이점을 가르치지 않아도 거의 본능적으로 습득하고 있었다. 그러나 최근 법적 제도를 통해 이를 처벌하고 사회적으로도 여성을 학대하는 남성을 좋지 않게 보는 풍조가 확산되자 남성들은 좀 더 교묘하게 여성을 통제하게 되었는데, 그것이 바로 정신적으로 학대하는 것이다. 남성들은 여성에게 화를 내면서도 여성들을 때리지는 않게 되었다. 대신 여성이 두려움과 불안, 공포를 느끼게 하여 자신에게 대항하지 못하도록 하는 전략을 사용하는 것을 택했다. 지속적으로 여성을 무시하여 여성이 소위 눈치를 보게 하는 수동공격적 전략부터 인간관계와 옷 입는 방식에 지나치게 많은 규칙을 정해두고 지키게 하는 등 적극적으로 여성의 삶의 방식을 한정하는 전략이 그것이다.

이런 경우 여성은 신체적으로 상처가 남는 학대를 당한 것은 아니지만 관계에서 주도권을 빼앗긴 상태로 무기력해진다. 둘 사이에 낳은 자녀나 여성이 소중히 여기는 존재를 해치겠다고 위협하여 이에 여성이 자신의 지시를 듣게 하는 심리적 조종 방법도 있다. 과거 모 예능 프로그램에서 한 출연진이 과거에 배우자와 말다툼하게 되자 당시 유아였던 자녀를 방안으로 데리고 들어가 문을 잠그고 마치 아이를 해칠 것처럼 겁을 주었다고 웃으며 말한 것이 논란이 된 적이 있다. 이런 식으로 남성이 여성에게 자신의 말을 듣지 않으면 소중히 여기는 자녀나 애완동물을 해칠 것처럼 겁을 주어 두려움, 공포, 불안을 느끼게 하여 결과적으로 자신의 의도대로 행동하게 하는 것은 매우 흔한 학대의 유형이다.

심한 경우 남성은 자녀나 애완동물을 납치하기도 한다. 최근 데이트폭력(교제폭력)에서 가해자가 피해자 소유의 애완동물을 납치하여 유기하거나 죽이기까지 하는 사건에 대한 보도가 많았다. 아마 보도된 이상으로 많은 사건이 일어났을 것으로 추정된다. 여성이 깊이 사랑하는 애완동물에게 위해를 가할 것처럼 협박하거나, 눈 앞에서 공격하거나, 유기하거나, 죽이는 것(죽인 애완동물을 뻔히 보이도록 전시하는 것 포함)은 스토킹에서도 관찰되는 위해행위이다. 또한, 피해 여성에게 극도의 두려움, 공포, 불안 및 좌절감과 상실감을 느끼게 하여 무기력하게 만들어 결과적으로 가해자에게 종속되게 만드는 결과가 나타난다.

### 성적 학대

> 성교의 강요, 피임을 하지 않음, 특별한 성적 행위를 강요함, 이상한 질투를 함(의처증/의부증, 배우자의 성적 정절에 대한 망상적 의심), (신체적, 언어적 학대 후의) 강간, 원하지 않은 임신을 했는데 낙태를 하지 못하게 하는 것.

대한민국에서는 2011년 11월에 '부부강간죄'를 인정한 세 번째 판결이 있었다. 이전에는 부부간 성관계를 여성이 거부하는 것을 이혼 시 귀책 사유로 보곤 했다. 결혼한 부부 사이에는 성관계를 해야할 의무가 있다는 것이 법원의 해석이었다. 즉, 여성은 남성이 원하면 성관계를 해줘야 한다는 것이었다.

그러나 원하지 않은 성관계를, 특히 신체적 학대, 언어적 학대,

정신적 학대 후 고통과 모멸, 두려움을 느끼고 있는 여성에게 강요하는 것은 성적 학대에 해당한다. 독일과 스위스, 호주 등에서는 여성에게 폭력을 가한 후 강제로 성관계를 하면 강력한 형사적 처벌과 함께 민사적 제재도 가하고 있다. 특히 고액의 벌금을 부과하여 여성에 대한 성적 학대를 예방하는 조치를 하고 있다. 이렇게 확보된 벌금에 기반하여 피해 여성을 보호하고 지원하는 제도적 장치나 시설을 운영하는 데 적극적으로 활용하는 것이다. 이에 비해 한국은 가해 남성에 대하여 별도의 형사적, 민사적, 경제적 처벌을 하고 있지 않으며, 피해 여성을 지원하는 제도는 거의 전무한 실정이다.[3]

부부간 강간, 연인 간 강간의 끔찍한 점은 피해자가 타인의 도움을 구하기 어렵다는 점이다. 한때 사랑했던 사람과 원하지 않는 성관계 혹은 원하지 않은 형태의 성행위를 하는 것이 성적 자기결정권을 침해당하는 범죄 피해라는 것을 타인에게 인정받는 것조차 어렵다. 성관계 도중 얻어맞거나 언어폭력을 당하거나 피임도구를 사용하지 않아 원하지 않은 임신을 하기도 한다.

최근에는 친밀한 관계 간 성관계 중 피해자가 알지 못하는 상태에서 혹은 원하지 않는데도 피해자의 몸이나 성관계 장면을 촬영하는 범죄 행위가 크게 늘었다. 예전에는 녹음·녹화 장비를 숨겨서 불법 촬영 후 유포하겠다고 협박하는 경우가 많았다면, 요즘은 누구나 고화질의 동영상 녹화가 가능한 휴대전화를 소지하고 있어 손쉽게 성관계 장면 촬영 가능해져 이런 류의 범행이 십 대 청소년까지 퍼져 있는 상태이다.

## 경제적 학대

직업을 갖지 못하게 함, 생활비를 주지 않음, 지출한 내용을 세세하게 기록하고 따짐, 저축과 생활비 등 집안의 돈을 동의 없이 써버림, 계획 없이 계속해서 빚을 짐.

가부장적, 남성 우월적 성향의 남성이 여성을 통제하면서 신체적 학대를 하지 않고도 여성을 자신에게 종속하게 만드는 수법으로, 남성 쪽의 사회경제적 능력이 좋은 경우에 많이 관찰된다. 하지만 무능력한 경우에도 신체적, 정신적 학대를 하는 동시에 여성을 정신적으로 피폐하게 만들기 위해 이런 종류의 학대를 하기도 한다. 여성은 생존을 위해서 가정에 얽매이게 되며 빚을 갚기 위해 장시간 노동을 해야 하고, 심지어 남성의 요구로 돈을 벌기 위해 범법행위를 하는 것을 강요당하기도 한다.

## 사회적 격리

가족이나 친구들로부터 격리 시킴, 전화나 편지의 발신자 및 내용을 집요하게 캐물음, 외출을 방해함.

이런 종류의 학대는 관계 망상에서도 많이 나타나는 유형이며, 여성이 남성을 대상으로 행하기도 하지만 대개 남성이 여성을 통제하기 시작할 때 많이 사용하는 수법이다. 여성이 받고있는 사회적 지지를 끊어내어 자신에게만 의지하게 만들어 통제하기 쉽게 만든다.

## 의도적으로 괴롭히기

상하거나 적절하지 못한 음식 주기, 음식에 독극물을 넣어서 오랫동안 중독시키기, 이물질이 묻은 옷을 주어 피부병 일으키기, 잠을 못자게 괴롭히기, 자존감을 떨어뜨리는 가스라이팅.

상대가 원하지 않는 음식을 주거나, 굶기거나, 너무 많은 양의 음식을 주는 것은 학교 폭력이나 군대 내 폭력에서도 사용되는 학대이다. 오염된 옷을 입히거나, 계절에 맞는 옷을 입게 하지 못하도록 하거나, 특정한 옷만 입게 하는 방법으로 학대하기도 한다.

잠을 자지 못하게 괴롭히는 것(sleep deprivation)은 고문의 방법으로도 사용될 정도로 사람을 육체적, 정신적으로 인간을 고통스럽게 하는 학대이다. 그러나 사법당국이 잠을 자지 못하도록 하는 행위를 폭행으로 간주하고 있지 않기 때문에, 이를 악용하여 남성들이 여성들을 괴롭히는 수단으로 많이 활용하는 것이 현실이다. 잠을 재우지 않는 학대로 고통받는 여성들에 대한 연구는 미국과 프랑스에서 많이 이루어졌다. 이는 신체적 우위가 없이도 실행 가능하기 때문에 여성들이 남성을 상대로 행하기도 한다. 잠을 자지 못하게 괴롭히는 수법들은 다음과 같다.

① 잠이 들자마자 깨우기: 상대방이 잠이 든 것을 확인한 후 깨워서 예전에 싸웠던 주제에 대해 말하도록 하거나, 들어줄 수 없는 부탁 같은 것을 하거나, 자신이 원하는 것을 들어주지 않으면 잠을 잘 수 없다고 우기는 행동.

② 코를 골거나 잠꼬대를 하는 등 자신의 수면을 방해했다고 깨우기: 실제 상대방이 그런 적이 없어도 그렇게 주장하여 숙면을 방해함.

③ 자기 직전에 이상하거나 이론적으로 이해하기 어려운 말을 하거나 망상에 관련한 이야기를 하여 잠을 이루지 못하게 하기.

④ 위와 같은 이유로 잠이 부족해져 낮잠을 자면 깨워 비난하기.

⑤ 밤잠을 자야 할 시간에 자신과 장시간의 전화통화나 영상통화를 하도록 강요하기: 일하고 있는데 외롭다고 하거나 보고 싶다고 하는 이유로 통화를 요구하여 잠을 자지 못하게 하고, 통화 중 졸거나 잠이 들 경우 비난하기.

⑥ 잠을 자다가 집에 누군가 침입했다거나 수상한 소리를 들었다며 상대방을 깨우기: 집을 수색하고 아무 일이 없었다고 설득해도 자신을 의심하는 것이냐며 비난하여 이후 잠들 수 없게 만들기.

⑦ 잠든 동안에 죽이겠다는 등 공격적인 위협 하기.

⑧ 아침에 공격적 방법을 이용하여 깨우기: 소리를 지르거나 거칠게 흔들거나 심지어는 물을 뿌리기도 함.

⑨ 자고 있을 때 의도적으로 성관계를 시작하여 잠 깨우기.

**기타**

문화권에 따라 가정폭력은 사회적 규범을 어긴 여성에게 죽을 때까지 돌을 던지거나, 남편이 사망할 경우 자살을 강요하거나, 결혼 시 시가가 요구하는 지참금을 만족스럽게 지불하지 못한 신부를 죽이는 것을 포함한다. 영국의 내무부는 2015년, 가정폭력에 이 내용 외에도 상대방을 강압적으로 통제하는 행위를 포함시켰다.

## 학대의 대물림이 발생하다

전 세계적으로 가정폭력의 피해자는 대다수 여성이며, 여성 가정폭력 피해자는 더 심각한 형태의 폭력을 경험하는 경향이 있다. 세계보건기구(WHO)는 모든 여성의 3분의 1이 평생을 살면서 한번은 가정폭력의 피해자가 된다고 추정한다. 일부 국가에서는 가정폭력이 정당화되거나 법적으로 허용되는 것으로 간주되기도 하는데, 특히 여성이 불륜을 저질렀거나 그랬다고 의심받는 경우이다.

연구에 따르면 양성평등이 덜한 국가에서 가정폭력 비율이 더 높다. 가정폭력은 남성과 여성 피해자를 통틀어 전 세계적으로 피해 신고율이 낮은 범죄 중 하나이며, 남성 피해자에 대한 사회적 낙인으로 인해 남성의 경우 피해 신고를 해도 무시당하거나 병원 의료진이 상처를 보고도 가정폭력의 피해자로 의심하지 않을 가능성이 높다.

가정폭력은 학대자가 자신이 피해자를 폭행 또는 통제할 권리를 갖고 있다고 믿을 때, 또는 그것이 사회적 문화적으로 용납될 수 있거나 정당화될 수 있거나, 피해자가 신고할 가능성이 없다고 생각할 때 발생한다. 그리고 이런 구조적 문제는 다른 가족 구성원들에게 폭력이 대물림 되는 악순환을 일으킬 수 있다. 많은 사람들이 가정폭력을 그저 가족 간의 어쩔 수 없는 갈등으로 여겨 자신을 학대자나 피해자로 인식하지 않을 수 있다. 타인의 신고, 응급실이나 병원 방문, 수사기관 등의 공적 개입이 일어나고 나서야 자신이 가정폭력의 피해자나 방관자임을 인식하는 것이다.

학대적인 관계에서는 마치 연쇄살인의 냉각기처럼, 긴장이 고조되고 폭력 행위가 저질러진 후 학대자가 용서를 구하고 피해자와 화해하여 평온해지는 폭력의 순환이 생길 수 있다. 피해자는 학대자에 의한 고립, 통제, 학대자에 대한 트라우마적 결속(스톡홀름 신드롬 혹은 학대적 의존 관계), 가정폭력을 당연시 하는 문화에 의해 자신의 상황을 수용하고 포기, 경제적 독립을 할 수 없어 가정이나 관계에 묶임, 폭력에 대한 두려움, 피해자가 되었다는 수치심 또는 자녀를 데리고 탈출할 수 없음 등등 때문에 폭력 상황에 갇힐 수 있다.

학대의 결과로 피해자에게는 신체적 장애, 조절되지 않은 공격성, 만성 건강 문제, 정신 질환, 경제적 문제 및 건강한 관계를 형성하는 사회적 능력 저하라는 상흔이 남는다. 피해자는 외상 후 스트레스 장애(PTSD) 같은 심각한 심리적 문제를 겪을 수 있고, 가정폭력이 일어나는 가정에서 자라는 아동은 어릴 때부터 회피, 위협에 대한 과잉 경계, 통제되지 않은 공격성과 같은 심리적 문제를 보이는 경우가 많으며, 이는 직접적 학대를 당하지 않아도 대리 외상을 일으킬 수 있다.[4]

2019년 3월, '전북 군산 아내 살인 사건'의 경우 자신의 어머니를 가정폭력 끝에 살해한 아버지에게 사형선고를 내려달라고 한 딸의 국민청원이 사회적으로 큰 반향을 일으켰다. 결국 범인은 2심에서 무기징역을 선고받고 복역 중이다. 그러나 사건 발생 2년 후인 2021년 2월, 이 범인의 세 딸 중 한 명이 자신의 조카를 지속적으로 학대하다가 죽인 사건이 알려져 또 한 번 큰 충격을 주었다.

전문가들은 학대 피해자들에 대한 적극적인 심리치료 등 사후관리로 '학대 대물림'을 끊어야 한다고 강조한다. 김미숙 한국아동복지학회 감사는 "학대 피해를 경험한 사람이 가해자가 될 가능성이 높다는 연구 결과가 이미 많다"며 "직·간접적인 학대 피해와 이로 인한 트라우마를 제때 적절히 치료하지 못하면 학대가 되풀이될 수 있어 적극적이고 신중한 개입이 필요하다"고 말했다. 공정혜 대한아동학대방지협회 대표는 "학대를 경험한 피해자들은 자녀를 어떻게 양육해야 하는지 그 방법을 모를 수 있기 때문에, 부모 교육을 의무화할 필요가 있다"며 "다만 학대 피해 경험이 가해자에게 면죄부가 되어선 안 된다"고 말했다.[5]

## 배우자 살해, 가정폭력의 가장 극단적 사례

가정폭력 중 가장 극단적인 사례는 배우자 살해이다. 미국의 배우자 살해 연구에 따르면[6] 성별을 통제하지 않았을 때 배우자 살해와 관련된 9가지 주요 위험 요인은 ①과거 가정폭력을 행사한 이력, ②아동폭력 피해 경험, ③배우자와의 동거 여부, ④배우자와 나이 차이가 큰 경우, ⑤약물 및 알코올 남용, ⑥성적 질투심, ⑦별거에 대한 위협, ⑧스토킹, ⑨성격장애 유무였다.

성별에 따라 시행된 문헌 연구에서는 남편에 의해 살해된 아내들 중 81%가 신체적 학대를 당했고, 23%는 임신 중 구타를 당했으며, 72%가 괴롭힘과 스토킹을 당한 것으로 나타났다. 남편을 살해한 아내의 대다수는 학대에 대한 자기방어나 복수가 범행 이유였다. 이를 설명하는 이론은 성별에 따라 다음과 같았다.

남편이 아내를 살해하는 경우 첫째, 진화심리학적 관점에서 아내에 대한 성적 소유권을 갖고 있다고 믿을 때 이 권리가 위협받는다고 느끼면 아내에게 폭력을 행사하거나 살인을 저지른다는 것이다. 이러한 권리의 위협은 아내의 불륜이 의심되거나 아내가 결별, 이혼을 요구할 때 발생할 수 있다. 실제 연구에서도 아내 살해범에게서 높은 수준의 성적 질투, 파트너에 대한 통제 욕구가 강한 것이 관찰되었으며, 별거 중인 것도 살해 위험 요소로 밝혀졌다.

둘째, 첫 번째와는 달리 여성의 경제력이 향상되고 사회적으로 남녀평등이 중요시되며 여성이 남성에게 의존하는 정도가 낮아지

**문제적 로맨스 심리 사전**

면서 남성이 느끼는 (과거의 남성성에 대한 상대적인) 초라함 때문에 이에 대한 보복 심리로 아내를 살해한다는 가설이다.

아내가 남편을 살해하는 경우 첫째, 페미니스트들이 제시한 자기방어이론에 따르면 '매 맞는 아내 증후군' 즉, 오랫동안 학대받아 온 여성이 남성에게서 자신과 자녀를 지키기 위해 살인을 저지른다는 것이다. 그러나 다른 연구에서는 신체적 상해의 상황과 정도는 성별에 따라 차이가 있지만 배우자 간의 폭력과 살인은 남성 측의 일방적인 폭력과 학대보다는 상호 간 폭력과 더 관련이 있다고 보기도 한다.

둘째, 사회의 변화가 여성의 폭력 행동에 영향을 미친다는 일반 권력 통제 이론도 있다. 가부장적 사회가 점점 양성평등 사회로 변화함에 따라 가부장적 가정에서 자란 딸보다는 성평등적 가정에서 자란 딸이 비행 행동을 포함한 반사회적 위험 행동을 할 가능성을 높인다는 것이다.


## 미디어에서 다루는 가정폭력

한국에서는 가정폭력을 별것 아닌 것처럼 혹은 우스꽝스러운 일처럼 다뤄왔다. "여자와 북어는 사흘에 한 번 패야 한다"고 남자들끼리 말하거나, 코미디 프로그램에서 남편에게 두들겨 맞아 얼굴에 멍이 든 아내가 멍 자국 위에 달걀을 살살 굴리며 등장하면 녹

음된 웃음소리가 터져 나온다던가 하는 식이다.

가장의 '기를 세우기 위해' 남편이 아내를 휘어잡는 척을 하면 아내가 거기에 맞장구를 쳐주거나, 연극일지언정 시가 식구나 직장 동료 같은 가까운 지인들 앞에서 남편이 아내보다 상대적으로 신체적, 경제적, 심리적인 우위를 점하며 이에 아내가 분해 하거나 결과적으로 굴복하는 것을 우스갯거리로 삼는 경향이 있었다.

20세기의 코미디 프로그램이나 드라마에서 '고등교육을 받은 젊은 여성이 고루한 남편/시가와 평등을 놓고 다투는' 내용이 등장하기 시작했는데, 이 주제가 진지하게 다뤄진 작품은 그리 많지 않았다. 1991~1992년에 방영되어 평균 시청률 56.9%라는 대기록을 남긴 MBC 드라마 〈사랑이 뭐길래〉는 여고 동창이 사돈지간이 되면서 두 집안의 서로 다른 가풍을 그려낸 코믹 가정극인데, 극 중 여자 주인공인 박지은(하희라)이 가부장적 독재자 시부인 이병호(이순재) 집안의 아들 이대발(최민수)과 결혼하여 시가를 변화시키는 이야기를 그렸다.

*#너는내여자니까 #시집가면죽어도그집귀신*
*#남자는하늘여자는땅 #남자가어떻게맞고살아*

## 저는 오늘 꽃을 받았어요

다음의 시는 사랑하는 사람의 가스라이팅에 의해 병리적이고 폭력적 관계에서 탈출하지 못하다가 결국 죽음을 맞이하고 마는 한 여성의 비극을 노래하고 있다. 점진적으로 폭력이 강해지면서 피해자가 학습된 무기력에 의해 가해자를 떠나지도 못하고 자신의 처지에 굴복하고 마는 과정을 담담히 "저는 꽃을 받았어요(I got flowers today)"라는 말을 되풀이하는 방법으로 호소한다. 이 시를 쓴 폴레트 켈리(Paulette Kelly)는 13년간 가정폭력의 피해자로 있다가 탈출한 여성으로, 같은 처지의 여성들을 돕는 단체를 세웠다.

### 저는 오늘 꽃을 받았어요

저는 오늘 꽃을 받았어요.

제 생일이거나 무슨 다른 특별한 날이 아니었어요.

우리는 지난밤 처음으로 말다툼을 했지요.

그리고 그는 잔인한 말들을 많이 해서

제 마음을 아주 아프게 했어요.

그가 미안해하는 것도 그 말들이 모두 진심이 아닌 것도 저는 알아요.

왜냐하면 그는 오늘 저에게 꽃을 보냈거든요.


저는 오늘 꽃을 받았어요.

우리의 결혼기념일이라거나

무슨 다른 특별한 날이 아닌 데도요.

지난밤 그는 저를 벽에 밀어붙이고는 제 목을 조르기 시작했어요.

마치 악몽 같았어요.

현실이라고 믿을 수가 없었어요.

온몸이 아프고 멍투성이가 되어 아침에 깼어요.

그가 틀림없이 미안해할 거예요.

왜냐하면 오늘 그는 저에게 꽃을 보냈거든요.


저는 오늘 꽃을 받았어요.

'어머니의 날'이거나 무슨 특별한 날이 아니었어요.

지난밤 그는 저를 마구 때렸어요.

그 전의 그 어느 때보다 훨씬 더 심하게요.

제가 그를 떠나면 저는 어떻게 될까요?

어떻게 아이들을 돌보죠?

돈은 어떻게 하구요?

저는 그가 무서운데 떠나기도 두려워요.

그렇지만 그가 틀림없이 미안해할 거예요.

왜냐하면 오늘 그는 저에게 꽃을 보냈거든요.

**문제적 로맨스 심리 사전**

저는 오늘 꽃을 받았어요.

오늘은 아주 특별한 날이었어요.

바로 제 장례식 날이었거든요.

지난밤 드디어 그는 저를 죽였지요.

저를 때려서 죽게 만들었어요.

제가 좀 더 용기를 갖고 힘을 내서 그를 떠났더라면

저는 아마 오늘 꽃을 받지는 않았을 거예요.


- 폴레트 켈리

# 그것은 구애가 아니다

구애는 상대방에게 상대방에 대한 호감을 고백하면서, 자신에게 관심을 주고 관계를 진전시켜 나갈 것을 요청하는 행위이다. 하지만 모든 구애가 다 구애자가 원하는 결말을 맞는 것은 아니다. 구애를 받은 사람이 구애를 거부했을 때 구애자는 상처를 받는다. 하지만 대개의 경우 힘들더라도 거절을 받아들이기 마련이다. 하지만 구애의 거부를 인정하고 상대를 존중하는 것이 아니라 구애의 거부를 자신의 자존심에 대한 공격으로 받아들이고, 이를 구애의 상대에게 폭력으로 되돌리는 사례들이 있다. 이번 챕터에서는 구애나 관심 표현이 거부당했을 때 대상을 향해 벌어지는 폭력들에 대해 알아본다.

# 산성 물질 공격, 날 거절하다니 넌 망가져야 해

산성 물질을 피해자에게 던져 죽게 하거나, 눈이 멀게 하거나, 외모를 망가뜨릴 목적으로 저지르는 범죄를 산성 물질 공격(acid attack)이라고 하며, 가정폭력 범죄에 아예 항목이 따로 있을 정도이다. 산성 물질 공격은 신체적, 정신적 트라우마가 평생 지속되며 치료비가 많이 들고 화상을 치료하는 값비싼 수술을 수 차례 받아야 하는 등 생존자의 삶을 황폐화한다.

주로 개발도상국, 남아시아에서 많이 발생한다. 방글라데시에서는 산성 물질의 판매를 제한한 뒤 발생이 15~20% 감소했지만, 인도에서는 매년 꾸준히 해당 범죄가 증가하고 있다. 네팔은 구애를 거절한 여성에게 남성이 산성 화학물질을 뿌리는 범죄가 근절되지 않자 해당 범죄자를 처벌하는 형량을 대폭 높였으며, 피해자에게 보상금을 지원하는 법률 개정안을 발표했다.

관련 실존 인물로는 인도의 산성 공격 생존자이자 산성 공격 피해자의 권리를 위한 운동가이며, 현재 TV 진행자로 활발히 활동하고 있는 락스미 아가르왈(Laxmi Agarwal)이 있다. 그는 2005년, 15세였을 때 뉴델리에서 공격받았다. 2020년 발리우드에서 그의 전기 영화인 〈차팍(Chhapaak)〉이 개봉하기도 했다.

한국도 예외는 아니다. 연합뉴스에서 '염산 투척' 등의 키워드로 뉴스를 검색하면 이별, 이혼을 거부하는 남성들이 그들의 전 애인이나 배우자에게 염산을 뿌려 화상을 입히는 일이 적지 않음을 알 수 있다. 염산은 화장실 변기의 찌든 때를 제거하는 용도로 쉽게 구입이 가능하기 때문에 가해자들이 직접적 구타 대신 선호하는 공격 도구이다.

## 스토킹, 원하지 않는 소통과 접촉으로 괴롭히다

스토킹(stalking)은 '보답받지 못한 사랑에 대해 상대방에게 일방적으로 불쾌하고 연속적인 구애'를 하는 것으로 알려져 있지만, 최근에는 범죄로 규정되었다. 또한, 이전에는 범죄로 보지 않았지만 그런 행위 자체가 옳지 않다고 모두가 인식하고 있던 비정상적 형태의 집착이라고 할 수 있다. 옥스퍼드 영어 사전에 따르면 스토커(stalker)는 스토킹을 저지르는 사람, 즉 '다른 사람을 따라다니는 사람, 특히 범죄적인 목적을 가지고 따라다니는 것을 말함. 자신이 집착하는 (보통 공인) 사람을 따라다니거나 괴롭히는 사람'으로 정의된다.

원래 스토킹이라는 단어는 사냥할 때 목표물인 동물을 추적하는 것을 일컫는 말이었으나, 현재는 사람을 상대로 한 행위로 의미가 확대되었다. 이런 의미 변화는 1970년대에 미국 신문에서 사진기자나 광적인 팬들이 연예인들을 뒤쫓는 행동과 연쇄살인범들이 피해자들을 목표로 삼아 하는 행동을 뜻하는 두 가지 의미로 변화가 일어났다. 파파라치라고 불리게 된 일부 사진기자들은 연예인이나 공인의 사생활을 취재하기 위해 지나칠 정도로 카메라를 들이밀어서, 그들의 일상을 황색 저널리즘의 먹잇감으로 만들었다. 스토커들의 행위도 이와 별다르지 않다.

## 극도의 공포와 불안에 시달리는 피해자

기본적으로 스토킹은 원래 단어가 가졌던 뜻처럼 특정 장소나 시간대에 한정하여 특정 대상을 뒤쫓는 것에 한정되지 않고, 다른 사람이 원하지 않는 소통이나 물리적 접촉을 포함하고 있다. 스토커들은 피해자가 원하지 않는 방식으로 편지, 전화, 문자메시지, 이메일을 보내거나, 피해자 소유의 물건을 망가뜨리는 방식으로 자신의 존재를 알린다. 계속해서 따라다니며 감시하기도 한다. 피해자가 원하지 않는 선물을 집이나 직장으로 보내는 간접적 괴롭힘도 스토킹에 해당한다.

스토커들이 이런 행동을 할 때 피해자들은 경계심, 공포, 이후의 육체적 폭력에 대한 두려움을 느낀다. 스토커들의 행동은 피해자들이 부정적 감정을 느끼게 만드는 것이며, 이를 통해 그들을 통제하는데 그 목적이 있다. 스토킹 행위는 피해자들이 스토커의 존재를 알아차리는 순간 성립 및 완성된다는 특성이 있다. 따라서 스토킹 범죄의 주요 요소는 '공포'이다. 스토킹 피해자가 극도의 공포를 느끼지 않는다면 스토킹은 성립하지 않는다. 스토킹이 피해자에게 공포와 불안을 일으키는 이유는 피해자는 스토커에 대해 아는 바가 별로 없지만, 스토커는 피해자의 모든 것을 알고 있다는

'정보의 비대칭성' 때문이다.

## 스토킹처벌법, 그 이후

한국의 경우, 1998년 사회정신건강연구소가 여성 1,327명을 대상으로 실시한 설문조사 결과 응답자의 30%인 400명이 "스토킹을 당한 적이 있다"고 답했다. 이 수치는 당시엔 상당히 충격적이었고, 한국에서 스토킹이 만연해 있다는 것을 본격적으로 알려준 계기가 되었다.

미국의 경우 여성의 8%, 남성의 2%가 스토킹 피해자로 알려져 있으며, 국내에서는 20대 여성의 10%가 스토킹 피해자로 추정된다.[7] 한국은 그동안 입법이 미뤄져 오다 2021년 10월, 〈스토킹범죄의 처벌 등에 관한 법률(스토킹처벌법)〉이 시행된 이후 신고가 폭증했다.

기본소득당 용혜인 의원이 경찰청에서 받은 자료에 따르면, 경찰은 스토킹처벌법이 시행된 2021년 10월 21일부터 2022년 9월 30일까지 하루 평균 85.7건씩 모두 2만 9,156건의 스토킹 피해 신고를 접수했다. 스토킹처벌법이 시행되기 전인 2018년 6월 1일부터 2021년 10월 20일까지 3년 4개월간 접수된 신고 건수 1만 9,711건보다 47.9% 많은 수치다. 스토킹 범죄가 증가했다기보다는 스토킹이 범죄로 인정되면서 피해자들의 신고가 적극적으로 이루어졌다고 해석된다.

더불어민주당 이탄희 의원이 공개한 경찰청 자료에 따르면, 법 시행 이후 2022년 8월 31일까지 스토킹 피해자에 대한 경찰의 신변안전조치는 모두 5,694건이었다. 법 시행 이전에는 통계가 집계되지 않은 탓에 직접 비교는 어렵지만, 신고 대비 건수 등을 보면 경찰이 스토킹 피해자 보호에 적극 대처했다는 평가가 나온다.

하지만 피해자를 가해자로부터 분리하는 가장 확실한 수단인 인신구속에는 수사기관과 법원 모두 소극적이었다. 용혜인 의원이 공개한 경찰청 자료에 따르면 법 시행 후 경찰이 신청한 구속영장은 모두 377건이었고, 이 가운데 254건(67.4%)이 발부됐다. 발부 비율이 낮은 것은 아니지만, 법 시행 후 검거된 스토킹 피의자 7,141명 중 254명(3.6%)만 구속돼 피해자와 분리됐다는 점은 한계로 지적된다. 용 의원은 "구속되지 않은 가해자는 계속 피해자에게 연락해 협박하는 등 위해를 가하는 사례가 많다"고 지적했다.

검찰이 송치받은 스토킹 범죄를 상대적으로 처벌이 약한 약식재판에 넘긴 경우도 잦았다. 법무부가 용 의원에게 제출한 자료에 따르면, 법 시행 후 검찰이 기소한 스토킹 범죄 2,017건 중 1,253건(62.1%)이 약식기소였다. 약식재판은 판사가 당사자 진술을 듣지 않고 처벌을 결정하는 재판으로, 대부분 과태료 등 가벼운 처분이 내려진다.

약식 아닌 정식재판이 이뤄지더라도 상당수 가해자는 벌금형이나 집행유예 등 가벼운 처벌을 받았다. 대법원 자료에 따르면 법 시행 후 선고된 스토킹 범죄 1심 판결 233건 중 집행유예가 72건(30.9%)으로 가장 많았다. 벌금형은 38건(16.3%), 공소기각도 26건

(11.2%)에 달했다. 실형이 선고된 1심 판결은 63건(27.0%)에 그쳤다. 그나마 선고된 평균 형량도 13.4개월에 불과했다. 경찰청 관계자는 "스토킹 범죄에 대한 경찰의 강력한 조치가 처벌까지 이어져야 하는데 검찰과 법원은 현장에서 직접 피해자를 접촉하는 경찰과 온도 차가 있다"며 "스토킹 범죄에 대한 강력한 엄벌 의지가 검찰과 법원 단계에서도 공유돼야 한다"고 지적했다.[8]

#내가가질수없다면그누구도가질수없어

#왜나를사랑하지않아 #언제까지나지켜볼거야

#내가그렇게불편할까요내가나쁜걸까요

# 그것은 섹스가 아니다

연인이 되고 부부가 된다고 영원히 행복하게 살게 되는 것은 아니
다. 두 사람의 사랑을 확인하는 행위 중 하나인 성관계에 있어서도
폭력이 개입하고 두 사람 간의 관계에 어두움을 드리울 수 있다.
이번 챕터에서는 친밀한 두 사람 사이에서 일어나는 성폭력인 강
간과 비동의간음[9]에 대해 알아본다.

## 결코 합의되지 않은 성관계

> 여성들은 동의에 의한 성관계와 강간 사이의 연속선상 어딘가에 위
> 치지울 수 있는 수많은 비동의적 성을 경험하고 있다.
> – 최은순, 《여성과 형사법》[10]

성관계, 섹스는 로맨스에서 두 사람의 사랑을 확인하는 정점적 행위로 여겨지고, 많은 작품에서도 키스에 이어 사랑을 확인하는 마지막 단계로 묘사되곤 한다. 따라서 최근의 영화나 드라마에서 낭만적 사랑이 성립하면 연인은 키스하고, 성별이 어떻든 간에 두 사람이 눈이 맞으면 바로 침대로 직행하는 것이 당연한 것처럼 묘사되는 추세다.

하지만 현실의 사례들을 들춰 보면 심연이 존재하기 마련이다. 바로 친밀한 관계에서 한쪽이 원하지 않는 성관계가 발생 내지 지속되는 일이다. 첫 성관계 연령이 낮아짐에 따라 십 대층에서도 "남자친구가 성관계를 원하는데 어떻게 해야할지 모르겠다", "하고 싶어하는데 거절하면 관계에 악영향을 줄 것 같다"는 상담 사례가 굉장히 많이 존재한다.

상대가 때리지도 협박하지도 않았는데 서로 상의를 하여 성관계한 것이 무엇이 문제 되느냐고 할 수 있지만, 명확한 동의가 아닌 '조금이라도 관계에서 우위를 점하고 있는 사람이 관계의 지속이나 애정의 확인 요구 등을 이유로 상대방을 몰아붙여서' 하게 되는 성관계는 결코 합의된 성관계가 아니다. 쌍방 동의가 없는 이상, 이것은 성관계를 원치 않는 사람의 성적 자기결정권을 침해하는 일이다. 하지만 성관계가 두 사람 사이의 문제이다 보니 많은 연인, 나아가 부부 사이에서도 이 문제는 쉬쉬하는 문제이다. 최근에는 강간으로 신고, 고소되는 사건의 많은 수가 사실상 이런 문제라고 할 수 있다. 이것을 법률적으로는 '비동의간음'이라고 한다.

## 원하지 않는 성행위를 하지 않을 자유

우리나라 형법상 비동의간음죄는 현재 입법화되지는 않았지만, 강간죄의 보호법익인 성적자기결정권의 실질적인 보장을 위해 도입이 필요하며, 해외 입법례에서도 폭행/협박이 아닌 피해자의 동의에 기반한 성폭력 범죄의 입법화가 이루어지고 있어 비동의간음죄 도입이 필요함을 시사하고 있다.

현행법상 강간죄의 구성요건인 폭행/협박은 아주 좁은 의미에서 '저항을 불가능하게 하거나 현저히 곤란하게 하는' 정도여야 한다. 따라서 상대방의 동의 없이 성적 침해가 발생한 경우, 현행법상으로는 강간죄가 성립하지 않아 실질적으로 성적 자기결정권을 침해하는 중대한 범죄가 처벌되지 않음으로써 입법적 공백 상태가 존재하게 된다. 성적 자기결정권은 성행위 여부와 파트너 선택에서의 자기결정권을 포함하지만, 성폭력 범죄에 있어서는 타인과 성행위를 할 적극적 자유가 아니라, 원하지 않는 성행위를 하지 않을 소극적 자유를 의미하는 것이다.[11] 최근 비동의간음죄 논란이 뜨거웠다. 2023년 2월, 한동훈 법무부장관이 "100% 억울한 사람이 생길 것이다"라며 토론을 하자고 제안하고, 이에 여성 국회의원들과 여성단체가 대거 반발하기도 했다.

코로나19 기간 동안 식당이나 주점 운영이 제한되면서, 많은 젊은이들이 데이팅 앱을 통해 알게 된 사람과 이야기를 나누고 술을 마시기 위해 첫 만남을 기성세대보다 상대적으로 캐주얼하게 여기던 모텔에서 가졌다. 상대가 "얘기만 하자, 같이 영화만 보자"라고 말하는 것을 믿은 여성들이 모텔에 동행하자, 함께 술을 마시거나 가벼운 신체 접촉을 한 뒤 돌변한 남성들이 "모텔까지 따라왔으면 암묵적으로 성관계에 동의한 것 아니냐"며 성관계를 강요하거나 강간하는 패턴이 반복되는 것이다. 이러한 경우 가해 남성들은 "여성 측이 먼저 유혹했다", "서로 좋아서 한 건데 말을 바꾸었다", "나를 모함한다, 억울하다, 무고죄로 맞고소하겠다"라고 맞선다. 변명도 "이 여성은 거친 성관계를 좋아한다", "때리고 목을 졸라달라고 했다", "강간당하는 상황을 즐긴다"고 상대방을 깎아내리는 내용으로 마치 다 함께 짠 것처럼 동일하다. 사실상 여성이 남성을 강간으로 고소한 경우 남성이 여성을 무고죄로 맞고소하는 사례가 너무 많아, 현재는 여성의 강간 사건이 종료된 후에 남성이 무고 고소를 할 수 있도록 수사 절차를 변경한 상태이다.[12]

**#너도좋아서했잖아 #사랑한다면증명해봐**

# 8장

# 행복한 연애,
# 안전한 이별

박성미 《행복한 연애를 위한 소통의 기술》 | 유지현 《안전이별》

# 행복한 연애를 위한 소통의 기술

사랑에 빠지는 데에는 여러 우연과 필연적 요소가 필요하고, 연애를 시작하는 데에는 상대에 대한 착각과 환상이 가미되지만, 헤어지는 이유는 하나다. 함께 있고 싶지 않아서. 함께 있는 것보다 혼자인 게 낫다고 생각할 때, 아니면 다른 사람과 있는 게 낫다는 평가가 생길 때 우리는 헤어짐을 결심한다. 연애의 시작은 당사자 두 사람의 마음이 맞아야 하지만, 헤어짐은 한 사람만 이별을 결심하면 가능하다. 사랑을 잃는, 실연의 아픔에 자유로운 사람은 없다. 각자의 방식으로 이별의 아픔을 추스를 뿐이다.

이별이 고통스러운 줄 알면서도 이별을 반복해야 했고, 이별보다 더 고통스러운 관계를 유지하는 사람, 사랑이라는 이름으로 연인에게 최선을 다하면서도 매번 연인을 떠나보냈던 사람들은 이 챕터를 유념해서 읽어주길 바란다.

## 사랑을 지속시키는 긍정의 힘

연애 기간이 길어져도 사랑을 지속하게 하는 힘은 어디에서 오는 걸까? 연인과의 관계를 건강하게 유지하는 방법은 무엇일까?

답은 간단하다. 긍정성이다. 연인 사이에 긍정적인 대화가 많이 오고 가야 한다. 부부치료사로 유명한 존 가트맨과 줄리 가트맨 박사는 장기 연구를 통해 행복한 부부들은 갈등을 온화하게 접근하며, 갈등 상황에서 나누는 대화에서도 긍정성과 부정성 비율이 최소 5:1이었다는 것을 발견했다.[1] 보통 '잉꼬부부'라고 칭하는, 사이좋은 부부는 대화에서 긍정성과 부정성 비율이 약 20:1이 되며, 이혼으로 치닫는 부부의 경우 0.8:1도 되지 않았다. 부부 금실의 황금 비율 5:1은 '가트맨 비율'로도 불리며, 연인과 부부 관계를 건강하게 지속하기 위한 대화에서 놓치지 말아야 할 중요한 것이다. 긍정적인 대화는 비단 연인과 부부 관계에서만 효용적인 것이 아니라, 다른 사회적 관계에서도 유대감을 유지하는데 중요한 덕목이다.

## 갈등, 피할 수 없지만 관리할 수 있다

행복하게 연애하기 위한 방법을 더 구체적으로 살펴보기 전에 가트맨이 이론화한 '이혼으로 가는 네 가지 지름길'이 무엇인지 살펴보려 한다. 바로 '비난, 방어, 경멸, 담쌓기'다.[2] 행복하지 않은 부부들은 상대를 비난하고, 상대의 비난에서 자신을 방어하고, 갈등이 심화될 때에는 경멸하는 태도를 보이며, 아예 대화를 단절하는 담쌓기를 한다.

그런데 여기서 한 가지 의문이 들 것이다. "아니, 싸울 때는 다 그런 거 아냐?" 일정 부분 맞는 말이다. 평소에는 금실이 좋은 부부라 하더라도 명절에 시가에 갔다 오기만 하면 다툴 수 있고, 다툴 때에 상대를 상처 주고 자신이 상처받지 않으려 저 네 가지 즉, 비난, 방어, 경멸, 담쌓기를 다 실행할 수 있다. 아무리 연인 사이가 좋다 하더라도 갈등은 피할 수 없다. 가트맨 또한 부부 행동 관찰 연구에서 행복한 부부라 하더라도 갈등을 겪으며, 행복하지 않은 부부와 다름없는 빈도로 갈등을 경험한다는 것을 알게 되었다. 가트맨에 따르면, 부부 갈등의 69%는 영속적 문제로, 해결이 아니라 관리가 필요한 갈등 영역이다. 갈등의 당사자와 헤어지고 아무리 나와 비슷한 성향의 사람을 만나더라도 둘 사이의 해결 불가능한 영속적 문제 69%는 유지된다.

행복한 부부와 행복하지 않은 부부의 가장 큰 차이는 갈등의 강도에 있었다. 행복한 부부는 갈등하게 된 그 원인이 해결되면 갈등을 종료하며, 그렇지 않다 하더라도 갈등 상황을 오래 지속하지 않았다. 그러나 행복하지 않은 부부는 갈등이 점차 심화되어 마치 불이 옮겨붙어 큰불이 되는 것처럼 조절 불가능할 정도가 되었다.

그렇다면, 왜 행복하지 않은 부부는 갈등을 크게 만드는 것일까? 어느 한 사람의 순간적 오판으로 그런 것일까? 그들에게는 상황을 읽고 통제하는 힘이 부족한 것일까? 가트맨은 개인의 능력보다는 관계의 역동에서 원인을 찾았고, 그 원인은 '평소에 얼마나 자주 서로에 대해 긍정적인 표현을 많이 했는가'에 있었다. 행복한 부부는 평소에 '열린' 자세로 긍정적인 대화를 많이 했기 때문에 서로에 대한 호감과 신뢰를 유지할 수 있었고, 이로 인해 갈등 상황에서도 갈등 촉발 요인에만 반응할 뿐이었다.

그러나 행복하지 않은 부부는 평소에도 서로에 대한 공격적인 표현을 농담 삼아 일상적으로 한다거나 부정적인 정서를 불러일으키는 대화를 많이 했다. 그래서 한 번 갈등하기 시작하면, 이전에 있었던 불쾌한 관계 경험까지 떠올리며 갈등이 커지게 되는 것이었다. 커플 간 행복과 불행은 일상적인 대화에서의 긍/부정성이 매우 강력하게 작동한다는 것을 알 수 있다.

## 행복을 위한 네 가지 대화 방식

그렇다면, 행복하게 연애하기 위한 긍정적인 대화 방식에는 무엇이 있을까? 첫 번째, '경청'이다. 연인의 말을 귀로만 잘 '전해 듣는' 것뿐만 아니라, 얼굴을 마주하고 연인의 표정과 목소리에 담긴 감정을 살펴본다. 메타인지를 활용해서 연인의 말에 담긴 의도까지도 정확하게 파악하면 좋겠지만, 그건 경청이 전제되어야만 효과가 있다. 실제로 매 순간 경청을 실천하는 것은 어렵더라도, 연인 간 경청하려는 노력이 중요하다.

두 번째, '칭찬'이다. 연인과 행복하기 위해선 아주 작은 부분에서라도 연인의 긍정적인 면을 찾아 칭찬하는 것이 좋다. "노란색이 잘 어울려. 얼굴이 환해 보이네"라던가, "밥 먹고 편하게 쉬고 싶었을 텐데 바로 식탁을 치웠네"와 같이. 여기서 중요한 것은 진심에서 우러나오는 것만 칭찬으로 해야 한다는 점이다.

세 번째, '감정 인정과 자기 개방'이다. 연인의 감정에 대해 적절성을 판단하지 말고, 연인이 표현하는 그대로 인정한다. 감정을 섬세하게 다뤄본 적이 없는 초보의 경우에는 연인이 했던 표현을 그대로 하는 것이 가장 안전하다. "~해서 기분 나빠"라고 연인이 말하면 "아고, 기분 나쁘겠다"와 같이 표현을 반복하는 것이다. 또한, 연인에게 뭔가 숨기는 것 같은 모습을 보이는 것은 매우 좋지 않으며, 자신의 생각이나 마음을 솔직하게 말하는 것 또한 필요하다.

여기에서 유념할 것은 솔직하게 말하는 거지, 되는대로 감정을 쏟아내면서 막말하라는 말은 절대 아니다. "나는 네가 그렇게 말해 주니 기분이 좋다/나쁘다/기쁘다"와 같이 자신의 감정과 생각을 개방하면서 동시에 섬세하게 표현하는 게 좋다. 감정 인정과 자기 개방은 다른 항목보다 조금 더 섬세한 노력이 필요하다.

마지막으로 네 번째는 '질문과 피드백'이다. 연인의 생각이나 감정을 짐작하지 말고 질문하고 답을 얻는 과정으로, 자기 개방과도 연관된다. 또한, 연인이 나에게 질문했을 때에도 솔직하면서 사려

깊게 대답한다. "나 파란색 옷이 안 어울려?"라는 물음에 "파란색보다는 노란색이 더 괜찮을 것 같은데?"라고 대답하는 식이다.

처음에는 조금 어렵겠지만, 연인과의 긴 행복을 위해서는 평소에 행복을 위한 네 가지 대화 방식을 꼭 기억하고, 실천하기 쉬운 것부터 시작해서 조금씩 증량하는 것이 좋다. 나 또한 연인의 장점을 많이 발견하면서 사랑이 깊어지고, 연인 또한 나의 노력에 좋은 방향으로 변화할 것이다.

우리는 모두 인생의 매 순간이 처음이라 헤매고 당황할 때가 있더라도, 함께 하는 사람들과 만드는 이야기를 통해 인생을 조금 더 즐겁게 살 수 있다. 내가 쓰러져도 옆의 사람이 날 일으켜 주고, 내가 또 옆 사람을 일으켜 주는 역할을 하는 것이 인생을 아름답게 만든다. 관계는 우리에게 참으로 소중하다.

마지막으로 강조하고 싶은 것은 타인에 대한 호기심과 존중, 연민이다. 타인의 몇 가지 제한된 언행만으로 그 사람을 함부로 규정하지 않고 호기심을 갖고 알아가려고 노력한다면, 그리고 나와 다른 의견에도 존중하는 자세로 대하고 관계로 인한 혼란과 고통 가운데서도 타인을 연민(compassion)한다면, 우리는 관계로 인한 인생의 풍요로움을 경험할 것이다. (호기심과 존중, 연민은 실천에 용이한 순으로, 호기심<존중<연민으로 실천의 난이도가 높아지며, 대상 또한 개인에서 다수, 인류까지 뻗어나간다.)

# 안전이별

앞서 스토킹과 관련하여 언급했지만, 일방적인 구애가 상대의 거부에도 불구하고 범죄로 발전하거나 로맨스가 끝나고 나서도 이것을 한쪽이 받아들이지 못하고 관계에 집착하는 경우가 있다. 많은 경우 집착 당하는 피해자는 신체적, 심리적, 언어적 위협을 당하고 큰 고통을 겪으며 심지어 살해되기도 한다.

요즘 인터넷 게시판에는 "안전한 이별을 하고 싶다"는 조심스러운 그러나 절박한 도움 요청글이 올라온다. 이미 이별 통보 후 전 애인에게 위협을 당하고 있다고 호소하는 사람들도 있고, 상대방의 특성상 이별을 고했을 때 자신의 안전을 보장받지 못할 거라는 예상을 하고 차마 이별을 고하지 못하는 고통을 호소하는 이들도 있다. 이미 '안전이별'은 감금당하지 않고, 얻어맞지 않고, 사진이나 동영상 유출 협박에 시달리지 않는 이별을 일컫는 신조어가 되었다. 이에 따라 '이별범죄', '이별살인'이라는 말도 생겼다.[3] 자신이 안전이별을 해야 하는 상황이라면, 주변 사람이 현 연인이나 전 연인에게 협박 및 위협당하고 있다면 어떻게 해야 할까?

## 연인을 살해하는 남성의 8단계 행동 패턴

영국 글로스터셔대학의 범죄학 전문가 제인 몽크톤 스미스 박사는 영국에서 벌어진 372건의 연인 간 살인 사건을 연구했다. 그리고 가해자가 보이는 행위에서 8단계로 이루어진 패턴을 발견했다. 스미스 박사에 따르면, 연인을 통제하려고 드는 행동이 살인으로 이어질 가능성을 보여주는 중요한 지표가 될 수 있다고 말했다.[4]

- 1단계: 본격적으로 연인 관계가 되기 전, 가해자에 의한 스토킹이나 괴롭힘.
- 2단계: 연애가 진지한 관계로 빠르게 발전함.
- 3단계: 강압적 통제. 두 사람의 관계를 가해자가 강압적인 통제로 장악.
- 4단계: 상황 발생. 연애가 끝나거나 가해자가 피해자를 통제하기 힘들어지는 상황 발생.
- 5단계: 갈등 고조. 스토킹이나 자살 협박 등 가해자가 피해자를 통제하려는 수법이 다양해지고 그 빈도가 증가.

- 6단계: 생각 변화. 가해자가 피해자에 대한 복수나 살인 등을 실행에 옮기기로 결심.
- 7단계: 계획. 가해자가 살인에 쓸 도구를 구입하거나, 피해자가 혼자 있는 기회를 엿봄.
- 8단계: 살인. 연인을 살인. 이 과정에서 희생자의 아이나 다른 이들도 피해를 입음.

스미스 박사는 "가해자의 연인 살인에서 '갑작스러운 분노에 의해 충동적으로' 등의 표현을 써왔지만, 이는 사실과 다르다"고 말했다. 실제 사례를 보면 6단계 및 7단계처럼 고의로 살인을 계획하며, 그 이전에 항상 강압적으로 피해자를 통제하려는 시도 및 행동이 있었다는 것이다. 가해자가 6단계에 도달할 경우, 8단계 즉 살인을 시도하는 과정까지는 단순히 시간과 운만이 남았다고 볼 수 있다. 따라서 피해자는 3~5단계를 지나기 전에 관계를 정리하고, 가해자로부터 분리되어야 한다.[5]

이별 통보 후 괴롭힘에 시달리는 피해자들은 "사귈 땐 그런 사람인지 몰랐어요" 하고 말한다. 하지만 전문가들은 사귀는 과정에서 '이별범죄'를 저지를 사람들의 단초가 보인다고 한다. 한국여성의전화, 가정폭력상담소 등 한국에서 여성을 대상으로 한 범죄 피해를 꾸준히 다뤄온 기관에서 수집된 사례를 분석한 결과, 다음과 같은 사람들이 가정폭력과 데이트범죄를 저지를 가능성이 있다고 말한다.

- 상대방을 자신의 마음대로 휘두르려고 하고 타협을 모르는 사람.
- 자존감이 낮아서 자신을 비난하는 말을 못 참는 사람.
- 내 차, 내 집, 내 가족 등 특별한 것에 대한 소유욕이 지나치게 강한 사람.
- 충동적이고 자제력이 낮은 사람.
- '내 여자를 위해 목숨까지 바칠 수 있다'고 하는 등 집착이 과도한 사람.

## 안전이별 매뉴얼

혹 이런 사람과 사귀다가 이별을 해야 한다면? 전문가들은 단둘이 있는 공간에서 이별 통보를 피하라고 조언한다. 또 이별 통보 후 상대방의 태도가 돌변하면 일절 연락을 하지 말라는 것도 전문가들의 한결같은 조언이다.

이별을 받아들이지 못해 화를 내다가도 "너밖에 없다"고 울며불며 매달리는 상대를 보면 마음이 흔들릴 수 있다. 하지만 그럼에도 냉정하게 대하는 것이 상대를 위한 것이라고 한다. 확실하게 이별 통보를 하는 것이 무섭거나, 상대가 불쌍하다고 느껴져 매정하게 연락을 끊지 못하고 전화나 문자 연락을 받아주거나 재결합을 요구하는 상대방에게 모호한 메시지를 주면 상대방은 희망을 품고 계속 매달리게 되고 더 집착한다.

이별 통보 후 협박의 메시지를 지속적으로 보낸다면 '경찰에 신고하겠다'고 강하게 경고해야 한다. 이때 증거 확보는 필수이므로 무섭거나 혐오스럽다고 협박 메시지를 지우지 말고 캡처해서 남겨둬야 한다. 부득이하게 상대방을 꼭 만나야 할 일이 있다면 불상사를 대비하여 공공장소에서 지인을 대동하고 만날 것을 권한다. 그러나 만나지 않는 것이 제일 좋다.

한때 사랑했던 사람과 이별하면서 '이렇게까지 냉정해야 하나' 하는 생각도 들 수 있다. 하지만 현실은 다르다. 실제로 한국여성의전화, 경찰서, 가정폭력상담소 등에서 사건 사고를 바탕으로 만든 매뉴얼대로 대응하면 우려와는 달리 대다수의 상대방이 포기하고 이별을 받아들인다고 한다. 다음의 매뉴얼을 기억하라.

- 전화 통화는 하지 마라. 그것이 상대가 원하는 것이다. 한 번으로 끝나지 않는다.
- 문자로 자신의 뜻을 분명히 밝히고 전화와 문자를 차단하라.
- 경찰에 신고하고, 상대에게도 그 사실을 알려라.[6]


## 안전이별을 위해 경찰에 신고하는 법

경찰에 신고한다고 해도 어떻게 해야할 지 모르는 사람이 대부분일 것이다. 하지만 상대방이 원하지 않는데 찾아와서 만날 것을 종용할 경우, 112 신고를 하는 것이 우선이다. 이렇게 하면 수사기관에 기록이 남는다.

오래 사귀었거나 동거했거나 법적 배우자라서 주거지에 들어올 수 있는 경우 일부러 물건을 부수거나, 아이나 애완동물을 해치겠다고 위협하거나, 자해하는 등의 대인범죄를 저지를 수 있다. 주거지 내부에 함께 생활할 때 사용했던 CCTV나 홈캠이 있을 경우 상대방이 비밀번호를 알고 있거나, 외부에서 애플리케이션 등을 이용해 접속하여 온라인으로 감시할 위험이 있으니 와이파이 비밀번호를 교체하거나 보안 관련 전문가의 조언을 얻어야 한다. 이때에도 원치 않은 침입 흔적을 발견한 즉시 112 신고를 해야 한다.

만약 안전 문제로 즉시 신고하지 못했다면 현장을 사진이나 동영상으로 촬영하여 기록으로 남기고, 신체적으로 다쳤을 경우 즉시 진료를 받아서 의료 기록을 남기면 좋다. 진단서를 발급할 때 의료진이 다친 이유를 물을 경우 '상대방의 폭행'을 원인으로 답하면 된다.

이별을 통보했는데도 계속 연락하거나, 관계를 끊을 경우에 해코지하겠다고 전화, 메일, SNS 등으로 협박한다면 이 내용을 전부 저장하여 따로 보관한다. 만약 이런 피해에 대하여 다른 사람과 상담을 한 내용이 있다면, 이것도 증거자료가 될 수 있으니 보관한다. 112 신고 후 조사를 받거나, 사정상 시일이 지나 고소를 하게 되었을 때 피해자 진술을 하면서 상대방의 가해 사실을 뒷받침하는 자료로 제출하면 된다.

영국의 범죄 전문가 스미스 교수의 '연인을 살해하는 남성의 8단계 행동 패턴'을 기억하고, 적어도 3단계에서 이 관계가 더 이상 지속될 가치가 없다는 것을 인정한 뒤, 4~5단계의 피해를 입기 전 관계를 종결해야 한다. 만약 합의하에 혹은 자신의 힘으로는 그 관계에서 빠져나올 수 없는 상태라면 주변 사람에게 적극적으로 알리고, 경찰에 신고하여 최대한 빨리 타인이 관계 종결에 개입하게 하자. 그것이 원하지 않는 관계로부터 당신을 안전하게 지켜줄 유일한 방법이다.

*#안전이별 #촉을믿어라*
*#고통스러우면사랑이아니다 #스토킹엔신고가답*

# 저자들의 말

# 박성미

르네 마그리트(René Magritte)의 작품 〈연인들〉을 보면, 얼굴을 온통 천으로 가린 남녀가 키스를 하고 있다. 서로를 확인하지 못한 채 천을 통해 전해오는 감각으로 상대를 짐작하는 모습에서 우리는 사랑의 진실을 깨닫게 된다. 알지 못하기 때문에, 혹은 다 알지 못하더라도 사랑은 가능하다. 나는 2024년의 20대, 30대가 사랑을 모른다고 생각하지 않는다. 오히려 지나치게 잘 안다고 여긴다. 얼굴에 가린 천을 치우고 두 눈을 부릅뜨고 상대를 보니, 마그리트의 〈연인들〉과 같은 키스는 나누지 못하는 것이 아닌가 싶다. 그래서 두 눈을 뜬 김에 연인 사이에 존재하는 사랑에 대해 명확하게 알기 바라는 마음으로 이 책을 쓰게 됐다.

《문제적 로맨스 심리 사전》은 사랑에 대한 심리학 이론과 현상 분석, 행복한 관계 맺는 법과 안전하게 이별하는 법, 사랑으로 파생되는 어두운 면까지 다루려 했다. 이 책의 본문을 다 읽고 이 글을 읽는 독자들이 '사랑'을 사랑하게 되었으면 좋겠다. 사랑은 객체가 낯선 타인과 강렬하게 연결되어 더 넓은 세계를 보게 하는, 아주 독창적인 진화적 산물이자 신의 선물이기 때문이다. 이 책을 읽은 당신이, 아직 사랑하기를 두려워하거나 사랑에 대해 알고 싶어하고 사랑을 더 잘 하고 싶어하는 지인들에게 추천한다면, 이 세상이 사랑으로 풍요로워질 거라 믿는다. 사랑은 무한대니깐 나누면 자꾸 커질 것이다.

# 유지현

"사랑과 전쟁은 수단을 가리지 않는다(All is fair in love and war.)"는 속담이 있다. 이번 책에서 사랑의 어두운 면에 대해 먼저 쓰기 시작하면서 계속 떠올렸던 말이기도 하다. 마음에 든 사람에게 강렬한 인상을 주기 위해서, 서로 호감을 갖기 시작한 사람과의 관계를 확정하기 위해서, 경쟁자가 나타났을 때 상대를 물리치거나 내 사랑을 빼앗기지 않기 위해서, 심지어는 나를 떠나겠다고 하는 상대를 붙잡기 위해서 작게는 허세를 부리기도 하고 크게는 위법을 저지르고 상대와 나를 해치기까지 하는 행위와 현상을 일컫는 말이다. 한국에서는 "열 번 찍어 넘어가지 않는 나무는 없다"는 속담이 여기에 대응하는 것 같은데, 마음에 든 상대를 쟁취하려면 일단 상대의 의사는 차치하고라도 계속 시도하고 남한테도 알려서 전반적 상황을 구애자로서의 내가 유리한 쪽으로 끌고 오라는 의미로 읽힌다.

누구나 사랑, 로맨스라고 하면 인생에 있어서 꼭 필요한 경험이고 나에게 하나뿐인 짝을 만들어 주기 때문에 그 과정이 행복하고 아름다워야 한다고 생각한다. 로맨티시스트인 나로서도 그것이 사실이었으면 좋겠다. 다만 어떻게 하면 멋진 로맨스를 경험할 수 있을까, 라는 질문에는 '정상적인 사람이라면 누구나 연애는 해야 하는 것'이라는 '평범에 대한 집착'이 앞서 있거나, 마치 게임 매뉴얼처럼 '먼저 이렇게 한 다음 저렇게 하면 상대가 나를 좋아하게 된다'며 상대는 내가 정해진 룰에 따라 쟁취해야 하는 '목표물'이라고 생각하거나, 심지어는 내가 원하는 대로 연애가 진행되지 않으면 큰일 나는 것처럼 생각하지는 않나? 요즘 세태가 그런 건 아닌가 싶은 의심이 든다. 직업병 때문에 이 멋진 일의 어두운 면만 보고 있는 것은 아닐까 걱정도 들지만, 이것은 현대 사회에서 로맨스가 더욱 복잡하고 어려운 일이 되어 가고 있다는 것의 방증이라 할 것이다.

우리는 혼자 살아갈 수 없기에 내 편, 내가 고르고 나를 선택해준 강력한 지지자를 원한다. 그런 관계는 여러 종류가 있겠지만 로맨스에 의해 맺어지기도 한다. 이 책에서 로맨스를 함께 들여다보고 함께 고민해보고 함께 어려움을 헤쳐나갈 수 있었으면 한다.

## 한민

연애가 어렵게 느껴지는 건 생각할 거리가 많아졌기 때문이다. 개인의 모든 행동이 선택의 영역으로 들어온 현대 사회에서 사람들은 일거수일투족을 조심해야 한다. 생각 없이 한 행동이 나의 시간과 자산에 심각한 영향을 미칠 수 있기 때문이다. 그러나 사랑은 이성과 합리로 판단할 수 있는 것이 아니다. 사랑은 우리에게 삶의 활력과 살아갈 이유를 준다. 사랑 없이 살아갈 이유를 찾는다는 건 생각보다 빡빡한 일이다. 때로는 머리가 아닌 가슴을 따라보자. 불확실한 세상에서 누군가를 사랑한다는 것이 두렵고 어려워 보일 수 있다. 하지만 인간의 능력이 희한한 게, 가다 보면 길이 되기도 한다.

## 1장. 무엇이 우리를 사랑에 빠뜨리는가?

1.  Walster, Aronson, Abrahams & Rottoman(1996)
2.  Margolin & White(1987)
3.  머레이비언 법칙=7:38:55로, 언어적 요소 중요성 7%, 청각적 요소 중요성 38%, 시각적 요소의 중요성 55%를 법칙화함.
4.  Thompson & Layton(1971)
5.  Zajonce(1968)
6.  Mita, Dermer & Knight(1977)
7.  Schiffenbauer & Schiavo(1976)
8.  Rubbin(1973)
9.  Hill, Rubbin & Peplau(1976)
10. Murstein(1972)
11. Levinger, Senn & Jorgensen(1970), Meyer & Pepper(1977)

## 2장. 나만의 사랑 스타일을 찾아라

1.  John Alan Lee, 《The Color of Love》, New Press
2.  Hendrick의 복수형으로 클라이드와 수잔을 모두 포함.
3.  Robert J. Sternberg & Karin Weis 《The New Psychology of Love》, Yale University Press
4.  Hendrick, C., Hendrick, S.S, & Dicke, A.(1998)의 검사를 이희경《긍정 심리학 핸드북》에서 번역 및 수정.
5.  권석만, 《사랑의 심리학》, 시그마프레스

6. Karin Sternberg, 이규미, 손강숙 역,《사랑의 심리학 101》, 시그마프레스

7. Karin Sternberg, 이규미, 손강숙 역,《사랑의 심리학 101》, 시그마프레스

8. 권석만,《사랑의 심리학》, 시그마프레스

9. Karin Sternberg, 이규미 외 옮김,《사랑의 심리학 101》, 시그마프레스

10. 성격 스펙트럼에 대한 자세한 설명은 본 저자들의 전작《문제적 캐릭터 심리 사전》에 나와있다. 성격 스펙트럼은《DSM‒5》의 성격장애 분류를 바탕으로 문제적 캐릭터의 성격을 분류, 구성했다. 총 3개의 성격 스펙트럼으로 구성되었고, A군 성격 스펙트럼은 편집성·조현성·조현형 성격이 포함되며, B군 성격 스펙트럼은 반사회성·히스테리성·자기애성·경계선 성격, C군 성격 스펙트럼은 강박성·회피성·의존성 성격이 포함된다.

## 3장. 사랑은 무엇으로 구성돼 있을까?

1. Sternberg, R. J., & Grajek, S. (1984). The nature of love. Journal of Personality and Social Psychology, 47(2), 312~329.

2. 상대에게 처음부터 금전적 목적으로 접근하여 상대를 속여 연인이 되었다고 믿게 한 후 돈을 빌려 잠적하는 수법의 로맨스 스캠이 대표적인 로맨스(romance) 사기(scam) 범죄이며, 최근엔 SNS를 사용하여 광범위하게 피해자를 늘려가고 있다.

3. 세레나데(영어: serenade, 이탈리아어: serenata; 소야곡)는 17~18세기에 이탈리아에서 발생한 연흥을 위한 가벼운 연주곡을 일컫는다. '저녁음악'이라는 뜻으로, 본래는 옥외 음악이었던 것이 후대에는 연주회용 악곡이 되었다. 성악의 세레나데에서는 저녁 무렵 사랑하는 여성이 기대고 있는 창가를 향해 남성이 부르는 사랑의 노래이며, 기악에서도 해거름의 휴식

때에 사람들에게 들려주기 위하여 만든 음악을 일컫는다. 위키백과.

4. 경제학 용어로서, 이미 투자를 하거나 지출을 해서 다시 회복하는 것이 어려운 비용을 말한다. 사람들은 본전 심리가 있기 때문에 지불한 비용이 아까워서라도 그 값을 다 사용하려고 해서 합리적인 선택을 못하게 된다. 빨리 포기한다면 투자액 자체를 늘이는 것을 막아서 매몰 비용은 적어지지만, 본전 심리 때문에 계속해서 투자해 매몰 비용이 늘면 결국 손해가 계속 커지게 된다.

5. 권석만,《젊은이를 위한 인간관계의 심리학》, 학지사

6. 김향숙 (2001). 대학생의 애착·사랑 유형에 따른 성행동. 동국대학교 대학원 가정학과 박사논문.

7. 이세나 (2019). 거부민감성과 이성 관계 만족의 관계에서 친밀감에 대한 두려움과 자기침묵의 매개효과. 아주대학교 교육대학원 심리치료교육전공 석사논문.

8. Downey & Felman. (1996). Implications of rejection sensitivity for inmate relationship. Journal of Personality and Social Psychology, 70(6)

9. Downey & Felman. (1996). Implications of rejection sensitivity for inmate relationship. Journal of Personality and Social Psychology, 70(6)

10. 성정아, 홍혜영(2014) 대학생의 이성 관계에서의 불안정 성인애착이 친밀감 두려움에 미치는 영향. 한국심리학회지 상담 및 심리치료, 26(2)
유아진, 서영석(2017) 단절 및 거절 도식과 정서적 단절의 관계에서 거부민감성과 친밀함에 대한 두려움의 매개효과. 상담학연구, 18(5)

11. Ayduk, Mendoza-Denton, Mischel, Downey, Peake & Rodriguez. (2000). Regulating the interpersonal self: Strategic self-regulation

for coping with rejection sensitivity. Journal of Personality and Social Psychology, 79(5)

12. Downey, Freitas, Michaeli & Khouri. (1998). The self-fulfilling prophecy in clode relationships: Rejection sensitivity and rejection by romantic parteners. Journal of Personality and Social Psychology, 75(2)

13. 김중술, 《新 사랑의 의미》, 서울대학교출판부

14. 김향숙 (2001). 대학생의 애착·사랑 유형에 따른 성행동. 동국대학교 대학원 가정학과 박사논문.

15. Brennan & Shaver. (1995). Dimensions of adult attachment, affect regulation, and romantic relationship functioning. Personality and Social Psychology Bulletin, 21(3)

16. 드럼 연주가 남궁연 씨의 "사랑은 옆에 있으면 환장할 것 같은 사람이 아닌 옆에 없을 때 죽을 것 같은 사람하고 해라"라는 말로 유명해졌다.

## 4장. 애착이 사랑에 미치는 영향

1. 친밀 관계 경험 검사는 본 서의 저자들 중 박성미(2010)의 석사학위 논문에서 인용한 것으로, Fraley et al.(2000)의 검사를 국내에 번안하여 타당화한 김성현(2004)과 문장을 더 매끄럽게 수정한 이성애(2007)의 논문을 인용한 검사이다.

**5장. 요즘 연애, 어때?**

1. 데이비드 버스, 《욕망의 진화》, 사이언스 북스
2. 데이비드 기븐스, 《러브 시그널》, 민음인
3. 성인이 되어서도 어린 시절의 특질을 유지하는 것으로, 성숙한 몸에 어릴 적의 얼굴 형태를 유지하는 것을 말한다. '베이글녀(=베이비 페이스의 글래머 여성)'가 적절한 예가 되며, 일반적으로 유형성숙적 특질을 지닌 여성의 얼굴을 '미인'이라고 평가한다.
4. 자만추 NO! 앱만추 시대! 데이팅 앱, 에브리띵 [스페셜리포트], 매일경제, 2024. 1. 25.
5. 공유경 외 2인, 연애 리얼리티 프로그램 몰입 및 지속 시청 의도에 영향을 미치는 요인에 관한 연구, 한국콘텐츠학회논문지(2023), vol. 34 no. 3
6. 인구주택총조사 결과로 분석한 우리나라 청년세대의 변화[2000~2020], 통계청, 2023. 11. 27.
7. [동상이몽] 미혼 남녀의 연애/결혼/출산 관련 인식 조사, 마크로밀 엠브레인, 2013. 4.
8. [청년 리포트]⑧ "취업 때까지는 연애하지 않을 겁니다", KBS, 2016. 2. 24.
9. 2021년도 가족과 출산조사, 한국보건사회연구원, 연구보고서 2021 – 50, 수정본 2023. 3. 20.
10. 양난미 외 2인, 대학생의 연애 비선택 경험에 대한 질적 연구, 한국콘텐츠학회논문지(2020) vol. 20 no.4
11. 'IP씨앗' 웹소설, 587만명이 본다…산업 규모 1조원 넘겨, 연합뉴스 2023. 9. 7.
12. 김경애, 로맨스 웹소설의 구조와 이념 연구, 현대문학이론연구(2015) 제

62집.

13. 로맨스 웹소설과 리얼돌을 동일한 선상에 두고 분석하는 것이 합당하다고 여기지 않을 수 있다. 로맨스 웹소설은 많은 수의 여성이 안전하게 즐기는 콘텐츠인 반면, 리얼돌은 비교적 소수의 남성이 자신의 성욕을 해결하기 위해 사람과 매우 비슷한 모양과 촉감으로 제작한 제품이기 때문이다. 그러한 논란이 있더라도 로맨스와 리얼돌은 각각 현대 여성과 남성의 욕망 (그것이 다수가 용납하는 욕망이든 아니든 간에)을 파악할 수 있는 소재라는 판단에 분석을 시도했다.

14. 나무위키, 리얼돌, 2024. 1. 2. https://namu.wiki/w/%EB%A6%AC%EC%96%BC%EB%8F%8C#rfn −9

15. '로봇과의 동침하는 날도'…인공지능 탑재한 리얼돌 화제, AI타임즈, 2022. 5. 18.

16. Youtube 채널 〈마이러브돌〉 참고 https://www.youtube.com/watch?v=−ntNI8glad0

17. 윤지영, 리얼돌, 지배의 에로티시즘: 여성 신체 유사 인공물에 기반한 포스트 휴먼적 욕망 생태학 비판, 문화와 사회(2020) 제 28권 1호.


## 7장. 위험한 사랑, 사랑의 어두운 그림자

1. 영어권 기독교식 결혼식의 결혼 서약에서 마지막으로 읊는 문장으로 성공회 기도서(초판 1549년, 개정판 1662년)에 등장하는 오래된 영어 구절이다.

2. 위키피디아 Domestic Violence 항목.

3. 최영인, 염건령. 신체적 학대~성적 학대까지 인용. 가정폭력범죄와 여성에 의한 스토킹범죄의론(2005), pp. 11 −41.

4. 이상 위키피디아 domestic viloence 항목. https://en.wikipedia.org/wiki/Domestic_violence

5. 한겨레 2021. 3. 14. https://www.hani.co.kr/arti/society/society_general/986728.html

6. 홍영호, 김빛나, 송지선. 살인범죄의 실태와 유형별 특성: 가족살인범죄를 중심으로(2019) :한국형사정책법무연구원

7. 최영인, 염건령. 가정폭력범죄와 여성에 의한 스토킹범죄의론(2005), pp. 119 – 121.

8. "스토킹처벌법 1년, 신고 3만 건 육박, 실형은 고작 27%", 연합뉴스, (2022.10.19.), https://www.yna.co.kr/view/AKR20221019114400004

9. 윤덕경, 이미정, 유경희, 강지명, 한민경(2020). 비동의간음죄의 비동의 판단기준 마련을 위한 국내외 사례 연구. 서울: 한국여성정책연구원

10. 최은순,《여성과 형사법》, '법과 사회' 제8권, pp. 95 – 120

11. 이재상,《형법각론》, 2013:155

12. 2018년 5월 11일 발의된 성희롱·성범죄 대책위원회(위원장 권인숙 의원) '성폭력범죄 피해자에 대한 2차 피해 방지' 관련 권고

## 8장. 행복한 연애, 안전한 이별

1. 존 가트맨 & 줄리 가트맨《가트맨 부부치료 초급 매뉴얼》, 가트맨연구소

2. 존 가트맨 & 줄리 가트맨《가트맨 부부치료 초급 매뉴얼》, 가트맨연구소

3. 내 딸이 알아야 할 안전이별 5가지 수칙: 이별사망 2015년 60명.(2016. 7.29.) 조선일보 스페셜. https://weekly.chosun.com/news/articleView.html?idxno=10340

4. 연인을 살해하는 남성의 '8단계 행동 패턴'. (2019. 8. 31). BBC뉴스코리아. https://www.bbc.com/korean/international-49534770

5. 연인을 살해하는 남성의 '8단계 행동 패턴'. (2019. 8. 31). BBC뉴스코리아. https://www.bbc.com/korean/international-49534770

6. 내 딸이 알아야 할 안전이별 5가지 수칙: 이별사망 2015년 60명.(2016.7. 29.) 조선일보 스페셜. https://weekly.chosun.com/news/articleView. html?idxno=10340

**사랑과 연애에 관한 모든 것의 심리학**

# 문제적 로맨스
# 심리 사전

초판 1쇄 인쇄 | 2024년 4월 11일
초판 1쇄 발행 | 2024년 4월 25일

| | |
|---|---|
| 지은이 | | 박성미 · 유지현 · 한민 |
| 펴낸이 | | 전준석 |
| 펴낸곳 | | 시크릿하우스 |
| 주소 | | 서울특별시 마포구 독막로3길 51, 402호 |
| 대표전화 | | 02-6339-0117 |
| 팩스 | | 02-304-9122 |
| 이메일 | | secret@jstone.biz |
| 블로그 | | blog.naver.com/jstone2018 |
| 페이스북 | | @secrethouse2018 |
| 인스타그램 | | @secrethouse_book |
| 출판등록 | | 2018년 10월 1일 제2019-000001호 |

ⓒ 박성미 · 유지현 · 한민, 2024

ISBN 979-11-92312-92-7  03180